MARIA DE LURDES RODRIGUES

A Escola Pública
Pode Fazer a Diferença

A ESCOLA PÚBLICA
PODE FAZER A DIFERENÇA
(Reimpressão da edição de Junho/2010)

AUTORA
MARIA DE LURDES RODRIGUES

EDITOR
EDIÇÕES ALMEDINA. SA
Av. Fernão Magalhães, n.º 584, 5.º Andar
3000-174 Coimbra
Tel.: 239 851 904
Fax: 239 851 901
www.almedina.net
editora@almedina.net

PRÉ-IMPRESSÃO | IMPRESSÃO | ACABAMENTO
G.C. GRÁFICA DE COIMBRA, LDA.
Palheira – Assafarge
3001-453 Coimbra
producao@graficadecoimbra.pt

Agosto, 2010

DEPÓSITO LEGAL
313049/10

Os dados e as opiniões inseridos na presente publicação
são da exclusiva responsabilidade do(s) seu(s) autor(es).

Toda a reprodução desta obra, por fotocópia ou outro qualquer
processo, sem prévia autorização escrita do Editor, é ilícita
e passível de procedimento judicial contra o infractor.

Biblioteca Nacional de Portugal – Catalogação na Publicação

RODRIGUES, Maria de Lurdes, 1956-

A Escola Pública pode fazer a diferença
ISBN 978-972-40-4285-5

CDU   37.014
          373
          371

*Dedico este livro aos que eram alunos
quando fui ministra da Educação.*

*Dedico este livro aos professores que fazem
a diferença na escola pública.*

*Dedico este livro, também, aos adultos que tornaram possível
o Programa Novas Oportunidades.*

ÍNDICE

Introdução	9
1. Políticas para fazer a diferença	11
I. Equidade	53
2. Escola a tempo inteiro	55
3. Universalização do pré-escolar	73
4. Escolaridade obrigatória até aos 18 anos	81
5. Ensino profissional na escola pública	95
6. Reforço dos apoios sociais	109
7. Igualdade de acesso à sociedade de informação	119
8. Discriminação positiva das escolas	127
9. Inclusão na educação especial	137
10. Integração através do ensino do português	147
II. Qualidade	153
11. Reconstrução das escolas secundárias	155
12. Modernização tecnológica das escolas	165
13. Recuperação e acompanhamento dos alunos	175
14. Plano para a matemática	183
15. Plano para a leitura	193
16. Ensino artístico da música e da dança	199
17. Segurança escolar	209
III. Eficiência	219
18. Aulas de substituição	221
19. Avaliação externa das escolas	229
20. Gestão eficiente e participada	235
21. Disciplina na escolaridade obrigatória	245
22. Mais competências para as autarquias	253
23. Carreira docente com avaliação	263
24. Estabilização do corpo docente	285
25. Voz às escolas	295
IV. A escola compensa	299
26. O programa "Novas Oportunidades"	301
Agradecimentos	317
Bibliografia	325

INTRODUÇÃO

1. POLÍTICAS PARA FAZER A DIFERENÇA

Dois grandes temas ocupam o debate sobre política educativa, em Portugal como em muitos outros países.

Em primeiro lugar, o debate sobre o nível de conhecimentos transmitido e adquirido: qual é efectivamente o nível de conhecimentos e quais são as competências adquiridas na escola pelos alunos? Estes sabem hoje menos do que no passado? O nível de exigência da escola baixou ou aumentou? Os adultos que fizeram a quarta classe da instrução primária no tempo dos nossos avós sabiam mais do que os jovens que hoje concluem o 9.º ano?

Em segundo lugar, o debate sobre o papel do Estado e da escola pública na estruturação, organização e financiamento do sistema educativo: deve continuar a ser público o financiamento da educação e devem ser públicas as escolas? A quem pertence a escola pública, quais devem ser as responsabilidades do Estado, dos professores, das comunidades educativas locais e dos pais? Qual é, ou deve ser, o papel das famílias e do mercado, qual o lugar dos princípios da liberdade de oferta e de procura em matérias de educação?

O primeiro tema é antigo e tem acompanhado ao longo dos tempos o desenvolvimento dos sistemas de ensino, seja por nostalgia em relação ao passado, seja por angústia em relação às incertezas do futuro, ou em consequência da necessidade de actualização periódica dos conteúdos e métodos de ensino, que decorre das exigências de desenvolvimento do conhecimento e da vida económica e social. Relatos históricos demonstram que remonta a séculos, e é recorrente, a ideia de que o nível de conhecimentos das novas gerações é inferior ao das gerações que as precederam. Em mais de vinte séculos de um contínuo de invenções, de progresso técnico e científico, de modernização social e económica, tudo indica justamente o contrário, mas isso não é suficiente para convencer os mais pessimistas.

O segundo tema, no que à educação especificamente diz respeito, é relativamente mais recente, tendo estado na base, a partir dos anos 1980, de políticas influenciadas por posições neoliberais que combinam, em modalidades diferentes, a diversificação dos meios de financiamento do ensino e a diversificação dos estatutos das instituições responsáveis pela organização e prestação do serviço público. Tais políticas, concretizadas em alguns países, desdobram-se em múltiplos planos, como a generalização de propinas em alguns segmentos ou níveis do ensino, o cheque-ensino como instrumento de uma proclamada liberdade de escolha da escola pelos encarregados de educação, o ensino doméstico, a retracção de oferta pública de educação e a liberalização de alguns segmentos do sistema de ensino, ou a contratualização entre o Estado e a direcção das escolas de objectivos relacionados com a prestação do serviço público de educação.

Verdadeiramente nova é a articulação entre estes dois temas. Esta articulação é materializada, por exemplo, no exercício do chamado *ranking* das escolas, que de uma forma explícita faz associar os resultados escolares ao estatuto público ou privado da escola. Na prática, a seriação das escolas a partir dos resultados dos exames obtidos pelos alunos tem funcionado como indicador único para a avaliação das escolas. Mesmo os defensores dos *rankings* sabem e reconhecem que este é um instrumento grosseiro, insuficiente e simplista para avaliar as escolas, mas insistem em fazê-lo invocando a importância de divulgar essa informação junto das famílias e defendendo que, sendo um elemento de competição entre as escolas, ajuda a melhorar as suas práticas. De facto, a polémica dos *rankings* teve um enorme mérito: trouxe para a agenda das escolas e dos professores a questão dos objectivos de melhoria dos resultados escolares dos alunos. Mas teve também efeitos perversos sobre o conjunto do sistema de ensino. Um dos mais negativos foi a sofisticação dos meios de escolha dos melhores alunos por parte das escolas. Diferentemente do que se tem argumentado, não foram as famílias que ficaram com mais informação para a escolha da escola para os seus filhos. Foram as escolas que passaram a poder escolher e reservar lugares para os melhores alunos, e portanto para aqueles com os quais o trabalho é mais fácil. Os restantes alunos, com os quais o trabalho pedagógico é verdadeiramente mais difícil, ficam nas escolas que não têm práticas de escolha dos alunos. Neste sentido, a competição introduzida é negativa, melhora não a qualidade do trabalho pedagógico mas os mecanismos de selecção e de recrutamento dos alunos. As escolas "boas" ficarão facilmente melhores, porque recrutam melhores alunos, e as escolas "menos boas" enfrentarão tendencialmente mais dificuldades.

Na realidade, sabe-se pouco sobre estes dois temas. Não existem estudos nem investigações sobre eles que sustentem um debate informado e baseado sobretudo em factos e em informação rigorosa. Por essa razão, os debates têm um fundo sobretudo ideológico, simplificador e redutor das complexidades que os problemas apresentam.

Saber pouco sobre os contornos e a amplitude de determinados problemas é uma coisa, reconhecer que eles existem é outra, pensar sobre eles e enfrentá-los é outra ainda. O primeiro passo é portanto o do reconhecimento de que em quase todos os sistemas de ensino, independentemente do seu estatuto e modelo de organização, existem problemas de qualidade das aprendizagens e um espaço amplo para melhorar, bem como o reconhecimento de que existem problemas de eficiência e de eficácia dos sistemas educativos e efeitos perversos passíveis de serem corrigidos com o desenho de novas políticas. O segundo passo é o reconhecimento de que não há milagres nem receitas simples, apenas trabalho árduo na procura de soluções que não desviem o país da rota daqueles com os quais se compara, isto é, os países da União Europeia e da OCDE.

Um dos contributos mais importantes para a reflexão sobre estas questões vem justamente da OCDE, organização que, no âmbito da avaliação das políticas de educação em diferentes países, procura medir os resultados obtidos e identificar, numa perspectiva comparada, os factores ou variáveis do sucesso tanto das políticas educativas como das práticas pedagógicas e de organização das escolas. Na maior parte dos países da OCDE, é o Estado que tem a responsabilidade do financiamento, da organização e da prestação do serviço público de educação, em geral assegurando as orientações curriculares, os referencias de formação de professores e de qualidade dos espaços físicos e tecnológicos, os critérios para o dimensionamento das turmas e a definição dos níveis de conhecimento e de competências em cada nível de ensino. Nos países mais desenvolvidos, a grande maioria dos alunos, em regra mais de 90%, frequenta o sistema público de educação. Só em países como o Chile, o Peru, Filipinas e Tailândia é significativamente inferior, na ordem dos 60%, a percentagem de alunos no sistema público. A tendência nos últimos anos tem sido para continuar a aumentar o papel e o esforço financeiro do Estado na educação, com o objectivo de continuar a assegurar a universalidade e a uniformização curricular no ensino básico como condição de equidade e igualdade de oportunidades para todas as crianças e jovens. Os estudos de avaliação empreendidos pela OCDE sugerem importantes reservas às opções de políticas educativas, iniciadas em alguns países, que passam pela diminuição do papel do Estado como regulador e financiador da educação, sobretudo por induzirem um aumento das desigualdade e não conseguirem promover a qualidade geral dos sistemas de ensino.

O PISA corresponde ao esforço mais consistente através do qual a OCDE procura obter resposta para as dúvidas sobre se os alunos têm hoje menos competências em matemática, língua materna e ciências, mas sobretudo sobre a adequação do nível das aprendizagens às necessidades da vida actual. A série de dados já obtida é insuficiente para estudos longitudinais, mas é muito rica nas comparações entre diferentes países; e, sobretudo, dá indicações precisas sobre as dimensões que devem ser objecto de intervenção nos diferentes sistemas educativos.

Como já se referiu, mesmo sendo insuficiente o conhecimento disponível sobre estes dois temas não podemos fugir às questões que eles revelam. Ninguém se pode considerar dispensado de se pronunciar e de dar um contributo para os debates em curso, mesmo que esse contributo signifique apenas participar na reflexão sobre as variáveis que explicam as desigualdades dos resultados escolares, da qualidade das aprendizagens e do nível de competências adquiridas na escola, sejam estas variáveis endógenas ou exógenas ao sistema educativo e às escolas. Todavia, tal reflexão deve servir não para alimentar o fatalismo, a sensação de que nada se pode fazer, mas para identificar a margem de intervenção, o espaço de acção individual e colectiva que existe para mudar e reformar. Deve servir para a definição de novas políticas públicas que possam fazer a diferença.

O âmbito das políticas de educação

A política de educação é apresentada neste livro através da descrição das diferentes políticas de educação, bem como dos processos da sua concretização. Não se trata da apresentação do conjunto dos produtos legislativos estáticos, ou do conjunto dos discursos ou das decisões tomadas ao longo da legislatura, mas antes de um conjunto de processos desenvolvidos em diferentes frentes, em diferentes patamares de acção e com diferentes instituições. As políticas educativas são aqui descritas como processos complexos que vão da decisão à concretização, condicionadas portanto por uma inscrição num espaço e num tempo determinados e concretizando-se através da mobilização de recursos.

Não se pode considerar que o conjunto das medidas configurem uma reforma da educação, porque de facto não foi introduzida uma mudança nos princípios de funcionamento do sistema educativo, ou uma mudança na sua estrutura e organização. Mesmo quando o termo reforma é usado ao longo do livro, o seu significado respeita apenas a alterações na forma de "pensar os problemas" ou do "fazer". As políticas de educação lançadas entre 2005 e 2009 inscrevem-se numa linha de continuidade política, cujas origens recentes podemos encontrar nos dois momentos de efectiva reforma da educação em Portugal: em 1970, com a reforma Veiga Simão, e em 1986, com a aprovação da Lei de Bases do Sistema Educativo. Estes foram os dois últimos momentos de reforma, nos quais se definiram princípios de funcionamento, de estrutura e de organização que ainda hoje orientam e enquadram as políticas educativas.

O conjunto das medidas de política educativa apresentadas neste livro configura antes passos, por vezes pequenos passos, com um triplo objectivo. Em primeiro lugar, tornar efectivos os princípios e os objectivos do sistema educativo que, em alguns casos, estavam há muito estabelecidos mas tardavam em ser concretizados. Em segundo lugar, corrigir ou minimizar os efeitos perversos de medidas tomadas em períodos anteriores que estavam também já identificados em diagnósticos do sector. Finalmente, melhorar o ritmo de evolução e de aproximação do país às metas europeias em matéria de educação.

A definição de medidas de políticas, e a tomada de decisão sobre elas, é apenas um dos patamares do processo de intervenção política. Para a concretização e o êxito das medidas é necessário a afectação dos recursos financeiros adequados, é necessária a capacitação e a disponibilização de recursos humanos qualificados e competentes para a sua execução, bem como a identificação dos instrumentos ou meios técnicos e tecnológicos. É igualmente requerida a mobilização de agentes ou instituições responsáveis pela concretização dessas mesmas políticas.

A intervenção política desenvolve-se em vários patamares, que vão da tomada de decisão pelo Governo ou a Assembleia da República, passando pelos serviços da administração central, regional e local, pelas escolas enquanto unidades orgânicas, pelas salas de aula e por outros espaços escolares, como por exemplo as bibliotecas. O essencial dos recursos humanos e financeiros afectos à execução das medidas de política educativa, bem como o conjunto das orientações e regras de funcionamento são canalizados para estes espaços de acção, distinguindo-se ainda outras instituições de prestação directa do serviço público envolvidas na concretização das políticas educativas, como as instituições de ensino superior, as associações de professores e as instituições de solidariedade social, entre outras. Em todos os patamares e espaços de acção há portanto instituições e actores, ou agentes de execução das políticas públicas. Em função das regras e das missões que lhes estão atribuídas, gozam todas de maior ou menor espaço de iniciativa e de poder de decisão, tendo sempre uma autonomia relativa, uma capacidade de apropriação e de interpretação, bem como recursos, com base nos quais fazem escolhas, determinando dessa forma também o sucesso das políticas públicas. A distância que vai do patamar da decisão à sua concretização tanto pode permitir uma apropriação positiva como negativa, tanto pode merecer a aprovação como o veto, verificando-se variações muito significativas nos resultados. Manuel Sarmento (2000) e João Sebastião (2009) realizaram trabalhos de investigação empírica sobre práticas pedagógicas e organizacionais nas escolas portuguesas explorando estas distâncias, bem como os "complexos processos através dos quais as políticas se transformam em práticas pela mediação das interpretações – frequentes vezes divergentes e críticas – que delas são feitas e dos dispositivos de resposta – frequentes vezes de resistência – que são postos em campo" (Sarmento, 2000: 535).

Convém que se retirem todas as conclusões deste conhecimento. Em primeiro lugar, nada se deve exclusivamente aos decisores, às políticas ou à sua definição, nem nada se deve exclusivamente à forma como escolas, professores e alunos interpretam e se apropriam das políticas. Para o melhor e para o pior somos todos responsáveis pelos resultados que no país vão tendo as políticas de educação, incluindo os pais e encarregados de educação, os serviços do Ministério da Educação e as autarquias, bem como os seus técnicos e profissionais, as instituições de formação e os formadores de professores, as instituições científicas e os peritos – mesmo que, evidentemente, com níveis de responsabilidade, de capacidade e de recursos muito diferentes. Em segundo lugar, a acção é política tanto no patamar da decisão como no patamar da execução. A crítica, o veto ou a resistência às políticas é também intervenção política, e considerar *a priori* que as atitudes de crítica e de resistência têm uma "bondade" e uma superioridade natural é não aceitar que, nas sociedades democráticas, a superioridade só pode advir da legitimidade democrática e do respeito pela democraticidade dos procedimentos. Finalmente, é desejável a diminuição das distâncias entre a decisão e a execução política, sobretudo tendo em conta que o futuro será de maior descentralização, de maior autonomia profissional e organizacional e de maior diversificação dos actores. Contudo, para reduzir essa distância é essencial não só desenvolver os mecanismos de conhecimento, de informação e de avaliação dos resultados da intervenção política, nos seus vários níveis, mas também reforçar as dimensões éticas e deontológicas de auto-regulação profissional, bem como renovar os mecanismos de regulação de todo o sistema educativo.

A definição das políticas é uma actividade assente em ideias. Ideias para olhar os problemas como problemas, ideias para os resolver, famílias de ideias, visões do mundo. Mas não é apenas isto. A política é um mundo de ideias cuja concretização necessita de recursos – desde logo recursos financeiros, e, por isso, o desenho de políticas públicas requer a capacidade de identificar e avaliar com clareza os recursos necessários à sua execução. Como os recursos escasseiam, sejam eles financeiros ou outros, a política exige escolhas e decisões sobre prioridades. A necessidade de escolher implica capacidade de decisão, ou de influenciar a decisão, na definição das prioridades. E o momento da escolha é muito importante porque implica recuar de novo às ideias, à avaliação da importância e da urgência relativa de cada um dos problemas que a política procura resolver, a par da avaliação da oportunidade e da identificação dos aliados e dos combates a travar.

Há quem considere o mundo da política como um mundo de ideias virtuosas e que falar ou referir os recursos financeiros necessários à concretização dessas ideias é uma coisa para economistas, ou uma atitude "economicista", como agora está na moda dizer-se em tom depreciativo e acusatório. Também há quem considere que, em política, se podem resolver todos os problemas, alimentando-se a ilusão de que os recursos são ilimitados e de que não estamos obrigados a fazer escolhas nem a definir prioridades. Há quem considere ainda que se podem resolver todos os problemas em condições perfeitas e de uma forma também perfeita, ignorando que as condições da acção nunca são, por definição, perfeitas. Ou seja, que não existem constrangimentos que limitam a acção de quem decide e que, também por definição, não existe *the one best way*. E há também quem considere que, no mundo das ideias políticas, não há espaço para avaliação das oportunidades, nem para alianças e menos ainda para combates.

Neste ponto vale a pena regressar a Max Weber e recordar o seu grande contributo para a compreensão dos paradoxos, das dificuldades e das virtualidades da acção política, bem como para a compreensão da diferença que existe entre a acção orientada pela *ética da responsabilidade*, que exige a avaliação das finalidades, dos meios e das consequências, e a acção orientada pela *ética das convicções*, sempre justificada exclusivamente pelos fins últimos. Citando:

> A política consiste numa dura e prolongada penetração através de tenazes resistências, e para ela se requer, ao mesmo tempo, paixão e medida. É absolutamente certo, e assim o prova a história, que neste mundo nunca se consegue o possível se não se tentar, constantemente, fazer o impossível. Mas para ser capaz de o fazer é necessário [...] armar-se com aquela força de ânimo que permite suportar a destruição de todas as esperanças; caso contrário, tornar-se-ão incapazes de realizar mesmo aquilo que hoje é possível. Só quem está certo de não desanimar quando, segundo o seu ponto de vista, o mundo se mostra demasiado estúpido ou demasiado abjecto para o que ele tem a oferecer; só quem, face a tudo isto, é capaz de responder com um "no entanto"; só um homem assim formado tem vocação para a política (Weber, 1919: 99).

A forma encontrada para descrever as políticas de educação, entre 2005 e 2009, responde sistematicamente às seguintes questões: o que se fez e porquê? Como se fez, com quem e com que recursos? Apresenta-se, portanto, como uma descrição objectiva e racional. Objectiva, porque remete sistematicamente para os factos, racional porque justificada pela explicação das suas razões. E as razões correspondem sempre a escolhas. Há sempre lugar para fazer escolhas, entre várias possibilidades e caminhos. Não caminhar é também uma escolha. Ao contrário do que diz Jacques, o Fatalista, o futuro não "está escrito lá em cima", é preciso escrevê-lo, é preciso escolhê-lo.

Há evidentemente riscos associados às escolhas, como há efeitos não esperados da acção. Por isso, o pior que nos pode acontecer, a nós portugueses, é que, em política, ou melhor, que quem exerça funções políticas, com legitimidade democrática e com capacidade de intervenção, deixe de decidir, de escolher e de escrever o futuro. Se assim for, outros o farão, com certeza absoluta, pois a personagem de Diderot não tem mesmo razão. O destino de cada um não está escrito no céu, pode é ser escrito pelo próprio ou ser escrito por outros.

O conteúdo das políticas

Objectivos

Uma parte importante do livro concentra-se na descrição de 24 medidas de política educativa e de um programa, seleccionadas de entre um conjunto mais vasto de iniciativas e acções realizadas durante o mandato do XVII Governo.

No programa de Governo afirmava-se a necessidade de "avançar no caminho da inclusão e da igualdade de oportunidades, defendendo e valorizando o serviço público de educação e a escola pública aberta a todos", e apresentavam-se cinco ambições para a legislatura:

- "estender a educação fundamental, trazendo todos os menores de 18 anos, incluindo aqueles que já estejam a trabalhar, para percursos escolares ou de formação profissional;
- "alargar a educação pré-escolar a todas as crianças na idade adequada e consolidar a universalidade do ensino básico de nove anos, reforçando os instrumentos de inclusão e de combate ao insucesso na escola básica;

- "dar um salto qualitativo na dimensão e na estrutura dos programas de educação e formação dirigidos aos adultos;
- "mudar a maneira de conceber e organizar o sistema e os recursos educativos, colocando-nos do ponto de vista do interesse público geral e, especificamente, dos alunos e das famílias;
- "enraizar em todas as dimensões do sistema de educação e formação a cultura e a prática da avaliação e da prestação de contas".

Para a concretização do programa contido nestas ambições, definiram-se várias medidas e metas, convergindo todas elas para a realização de três grandes objectivos. A saber: em primeiro lugar, melhorar a equidade e diminuir as desigualdades escolares; em segundo lugar, promover a qualidade das aprendizagens e a modernização das escolas; e, finalmente, obter ganhos de eficiência na gestão dos recursos educativos, defendendo o interesse público geral. São também estes grandes objectivos da política educativa que estruturam este livro, organizado em quatro partes.

Na primeira parte, apresentam-se medidas que visaram a promoção da *equidade* do sistema educativo e a diminuição das desigualdades escolares. As clivagens sociais, económicas e territoriais que caracterizam a sociedade portuguesa pesam negativamente sobre o sistema educativo e o trabalho das escolas, impedindo que estas se constituam como plataformas efectivas de igualdade de oportunidades de acesso à educação e aos recursos educativos. Em países como Portugal, em que as desigualdades se traduzem na existência de um elevado número de famílias com rendimentos e níveis de qualificação abaixo da média nacional, o peso das condições de partida afecta inexoravelmente o trabalho das escolas, cujos recursos devem ser os necessários e suficientes para superar ou inverter esta situação, ainda que parcialmente. As medidas de discriminação positiva de escolas, segmentos da população escolar ou famílias que, por força das suas características sociais, económicas ou outras apresentam desvantagens comparativas que dificultam ou impedem o acesso, em condições de igualdade, à educação ou a recursos educativos, são essenciais para o equilíbrio e a equidade no sistema, mas também para que a escola possa cumprir a missão que lhe está confiada.

Foram objecto de intervenção prioritária as escolas do 1.º ciclo, cujo funcionamento, estado de abandono e degradação e insuficiência de recursos educativos afectaram negativamente a qualidade do serviço prestado e a oportunidade de um percurso escolar bem sucedido para os alunos que os frequentavam, sobretudo em meios rurais desertificados ou na periferia das grandes cidades. O conjunto das medidas conducentes à concretização da renovação das condições físicas e organizacionais das escolas do primeiro ciclo e da escola a tempo inteiro convergem para o objectivo da melhoria da equidade no sistema educativo, porque promove padrões de qualidade em todas as escolas e promove o acesso a recursos escolares e educativos de qualidade em condições de igualdade para todas as crianças.

Foram ainda objecto de intervenção, com um programa de discriminação positiva, as escolas básicas e secundárias inseridas em contextos sociais e económicos críticos – TEIP2 –, onde as condições de ensino e de aprendizagem são mais difíceis e os resultados escolares muito abaixo das médias nacionais. Estas escolas receberam recursos e acompanhamento adicionais adequados e proporcionais às suas necessidades.

A promoção da equidade e a diminuição das desigualdades no acesso à educação exige ainda o desenho de políticas dirigidas a segmentos especiais de alunos, como os que apresentam necessidades de educação especial decorrentes da sua condição física ou mental, que não têm o português como língua materna, ou ainda os alunos cujas famílias têm dificuldade em suportar os custos com a educação e necessitam de apoio da acção social escolar para adquirirem manuais escolares, refeições e transporte, mas também para acederem ao computador e à ligação à Internet em casa.

Também do ponto de vista geográfico existem clivagens que afectam o sistema educativo e o trabalho das escolas, como é evidente nos défices de cobertura do pré-escolar em concelhos das áreas metropolitanas de Lisboa e do Porto de maior pressão demográfica.

Por fim, a intervenção política para o alargamento da escolaridade obrigatória até aos 18 anos e a generalização dos cursos profissionais nas escolas secundárias públicas, sendo medidas que visam em primeiro lugar combater o abandono escolar precoce, beneficiam mais explicitamente os segmentos de jovens com maiores dificuldades em prosseguir e concluir com êxito o seu percurso escolar.

A ESCOLA PÚBLICA PODE FAZER A DIFERENÇA

Na segunda parte, apresentam-se as medidas de promoção da qualidade. A garantia de qualidade das aprendizagens é hoje uma exigência social que encontra resposta na aplicação de exames nacionais, de provas de aferição e de provas internacionais, como as do PISA. Mas a qualidade das aprendizagens é tributária da qualidade do sistema de ensino em geral, ou seja, da qualidade dos espaços físicos e dos meios tecnológicos, da qualidade da organização pedagógica, da qualidade e de adequação dos recursos humanos, da qualidade dos programas e instrumentos de ensino. Daí a exigência de uma abordagem mais abrangente e não exclusivamente centrada na avaliação dos alunos.

No que respeita às condições físicas e tecnológicas, à degradação e à obsolescência dos edifícios escolares, bem como à escassez de equipamentos, designadamente de computadores e ligações à Internet, constituíam uma realidade corrente, apesar de todo o investimento feito no sector da educação. Nas últimas décadas, as deficiências a este nível suscitavam simultaneamente uma adaptação conformista às más condições e a invocação delas para justificar todas as dificuldades com os resultados. De facto, se o progresso tecnológico e a requalificação urbana, dos espaços de cultura e desportivos tinham chegado a muitos pontos do país e a muitos sectores, as escolas foram ficando para trás. Por exemplo, no âmbito do programa das cidades digitais, lançado entre 1999 e 2004, foram ligadas em rede instituições do ensino superior, instituições científicas, espaços públicos de cultura e da administração central e local, mas ficaram de fora as escolas básicas e secundárias. Ora, as escolas são importantes espaços públicos de socialização habitados por crianças e jovens durante toda a infância e adolescência, constituem um património edificado muito importante e valioso, exigindo-se a sua qualificação. A valorização da educação, do saber e do conhecimento pelos jovens e pelas suas famílias, bem como a dignificação das profissões do ensino exigem o desenho de medidas de política educativa que permitam manter os espaços e os edifícios escolares como espaços qualificados.

O programa de reconstrução e de modernização das escolas secundárias, o programa de requalificação das escolas básicas mais degradadas, o Plano Tecnológico da Educação e o programa de conclusão da rede de bibliotecas escolares são exemplos de iniciativas cujo primeiro objectivo foi a modernização e a melhoria da qualidade dos espaços físicos e dos recursos de apoio às actividades de ensino e de aprendizagem, tendo-se definido referenciais mais exigentes para todas as escolas. O conjunto da intervenção no 1.º ciclo contribuiu, antes de mais, para melhorar as condições de equidade, porque proporcionou a milhares de alunos o acesso a recursos escolares que antes estavam disponíveis apenas para uma parte. Todavia, pode considerar-se que duas das medidas – o programa de construção de centros escolares pelas autarquias, para substituir ou renovar as antigas escolas primárias, e a generalização do ensino do Inglês – são também paradigma do objectivo de modernização do sistema educativo, de actualização das exigências de qualidade para aquele nível de ensino.

No que respeita à qualidade das aprendizagens, melhorias neste campo de intervenção requerem uma definição tão clara quanto possível de referenciais de qualidade para a organização curricular e para os programas, para os instrumentos de ensino e para a organização e funcionamento pedagógico, mas requerem também a criação de plataformas de articulação entre os serviços do Ministério da Educação e as escolas. O Plano de Acção para a Matemática e o Plano Nacional de Leitura, bem como as iniciativas no domínio da educação para a saúde e da educação para a cidadania são exemplo de intervenção, cujo principal objectivo é o da melhoria da qualidade das aprendizagens em áreas disciplinares básicas e essenciais. A medida dos planos de recuperação visou também a melhoria das práticas pedagógicas e de acompanhamento dos alunos, essenciais à garantia de qualidade das suas aprendizagens. Por outro lado, a generalização da avaliação externa das aprendizagens dos alunos, que implicou a realização de exames no 9.º ano de escolaridade, a introdução de provas de aferição no 4.º e no 6.º anos de escolaridade em Português e Matemática, bem como alterações ao regime de exames do ensino secundário constituíram passos essenciais no desenvolvimento de informação sobre a qualidade das aprendizagens dos alunos.

As exigências de garantia da qualidade não se esgotam porém na questão das aprendizagens. A tendência para a descentralização e para o reforço da autonomia das escolas impõe o desenvolvimento de mecanismos de avaliação, acompanhamento e controlo externos que permitam aferir a conformidade com as regras da transparência e do rigor na gestão dos recursos públicos, bem como com o cumprimento da missão atribuída às escolas. Os programas de avaliação externa das escolas, de avaliação dos manuais escolares, de avaliação dos professores e do pessoal não docente foram lançados e concretizados.

Não é apenas às escolas que se aplicam as exigências de avaliação e controlo externo. Também as próprias políticas públicas devem ser objecto de avaliação e acompanhamento, sendo estes instrumentos essenciais para a produção de informação e conhecimento com base no qual se pode melhorar a intervenção política. Assim, instituiram-se mecanismos de acompanhamento externo e realizaram-se estudos de avaliação externa internacional das principais (ou mais complexas) medidas de política educativa, como o regime da educação especial, a Iniciativa Novas Oportunidades, a generalização dos cursos profissionais nas escolas secundárias, o programa da Parque Escolar, o programa de intervenção nas escolas do primeiro ciclo, do ensino especializado da música e do Plano Nacional de Leitura.

Importa ainda referir um conjunto de medidas de natureza simbólica destinadas a distinguir a qualidade e a assinalar a importância da educação, como a festa dos 1001 músicos que reúne no Dia Mundial da Música alunos e professores de música de todas as escolas do país. O prémio nacional de professores, o prémio de mérito para os melhores alunos do ensino secundário, bem como as cerimónias que se organizam nas escolas para a entrega dos prémios e dos diplomas são iniciativas que reconhecem o mérito e o esforço, celebram a excelência na educação. São rituais da maior importância no nosso sistema de ensino no qual prevalecem ainda práticas de desvalorização do estudo e do mérito dos bons alunos, depreciativamente qualificados com demasiada frequência como "marrões".

Na terceira parte, apresentam-se as medidas relacionadas com a eficiência. As preocupações com a eficiência do sistema educativo requerem sobretudo uma atenção às questões da organização e gestão dos recursos públicos. As escolas ultrapassaram há muito o estatuto de meros estabelecimentos de ensino, tendo-se transformado em unidades orgânicas de grande dimensão e complexidade. Numa escola atingem-se facilmente grandes números: 1.000 ou mais alunos, de todas as idades e com diferentes características e exigências; 200 profissionais de educação, entre professores, psicólogos, engenheiros, pessoal técnico e administrativo, monitores e vigilantes; edifícios com mais de 50 salas de aula, laboratórios, bibliotecas, salas TIC, pavilhões desportivos, refeitórios, bares, papelarias e milhares de metros quadrados de espaço envolvente. O horário de funcionamento e os serviços prestados têm vindo a ser alargados, podendo implicar actividades em horário pós-laboral e durante o fim-de-semana, como é o caso dos cursos de português para estrangeiros e dos centros Novas Oportunidades.

A dimensão das escolas e a complexidade das suas actividades exigem portanto níveis mais elevados de autonomia e novos meios e instrumentos de gestão e de administração, compatíveis e adequados. A gestão do sistema de ensino herdada do passado é ainda uma gestão centralizada, baseada em instrumentos, como o concurso de professores e o Estatuto da Carreira Docente, que não são adequados às novas exigências, gerando efeitos não esperados e níveis de ineficácia e ineficiência que afectam negativamente as escolas e o sistema educativo. As iniciativas de revisão do modelo de gestão das escolas, de transferência de competências do Ministério da Educação para as autarquias, de alteração do regime de concurso e de colocação de professores e do Estatuto da Carreira Docente tiveram como principal objectivo progredir na modernização da gestão do sistema de ensino e resolver alguns dos bloqueios gerados pela aplicação dos regimes que estavam em vigor.

A reforma da formação inicial de professores e do regime de habilitações para a docência, adequando-os às exigências do processo de Bolonha, bem como as alterações ao regime da formação contínua visaram reforçar as componentes científicas e disciplinares de cada área de docência. Os programas de formação contínua de professores do 1.º ciclo em Matemática e em Português são um exemplo de modernização das metodologias de formação contínua de professores, designadamente pelas exigências de supervisão de aulas e de avaliação e classificação dos formandos. O programa de ocupação plena dos tempos escolares, que se tornou conhecido sob a designação de "aulas de substituição", foi uma medida que visou simultaneamente uma gestão eficiente dos recursos públicos e uma melhoria das práticas pedagógicas e de acompanhamento dos alunos.

O impulso dado às bibliotecas escolares, que permitiu concluir a rede em todas as escolas básicas, e a definição de um modelo de funcionamento das bibliotecas nas escolas do 1.º ciclo integradas em agrupamentos, bem como a criação de um regime de dedicação plena

26 A ESCOLA PÚBLICA PODE FAZER A DIFERENÇA

e de melhoria das condições de trabalho dos professores coordenadores das bibliotecas, permitiram encerrar de forma muito positiva o primeiro ciclo de dez anos de vida da rede de bibliotecas escolares. Medidas de renovação dos meios de comunicação e informação entre o Ministério da Educação e as escolas, com o lançamento do *Boletim dos Professores*, ou a realização de reuniões regulares entre os membros do Governo e os directores de todas as escolas, bem como a criação do Conselho das Escolas foram passos convergentes no sentido dar "voz" às escolas e de reconhecer a centralidade que estas devem ter no sistema educativo.

Os sistemas de informação e de conhecimento são elementos muito importantes numa estratégia de modernização e para garantir a eficiência da gestão. Deu-se um importante impulso a esta área com a criação da MISI (para a recolha e tratamento de informação mensal sobre recursos humanos e financeiros, alunos e acção social escolar), e do SIGO (recolha e tratamento de informação sobre recursos e formandos abrangidos pelo programa Novas Oportunidades). As duas plataformas, sendo muito diferentes, permitiram avanços enormes quanto ao conteúdo e à natureza da informação disponível, mas também no que respeita à sua utilização para múltiplos fins: administrativos, de produção de informação estatística e de gestão dos recursos humanos e financeiros pelo Ministério da Educação. Apenas um exemplo para se compreender melhor a situação. Em 2005, não havia, em qualquer serviço do Ministério da Educação, registo dos quadros de professores, das suas habilitações, idades e outras características sociodemográficas, como não existia informação sobre o pessoal não docente ou sobre os alunos e as suas características. Não existiam dados pormenorizados sobre os alunos nas escolas privadas profissionais ou com contrato de associação. As Estatísticas da Educação baseavam-se numa recolha de dados realizada especificamente para esse efeito junto das escolas, com procedimentos obsoletos e pesados que exigiam anualmente o preenchimento em papel, pelas escolas, de cerca de 35 formulários/matrizes. A produção e publicação das estatísticas tinha, em regra, um atraso sistemático superior a três anos, o que quer dizer que, quando chegavam a ser publicadas, eram conhecimento ultrapassado para a intervenção, tendo apenas utilidade histórica. Todos estes problemas estão hoje resolvidos com as plataformas de informação criadas, sendo no entanto necessário continuar a estudar e a investir neste domínio e continuar a procurar soluções que permitam dispor de informação rigorosa em tempo útil mas sem sobrecarregar as escolas.

O concurso para apoio a projectos de investigação orientada na área das ciências da educação, em colaboração com a Fundação para a Ciência e a Tecnologia, teve como principal objectivo criar um espaço de ligação entre o Ministério da Educação e as instituições científicas através da produção de conhecimento e informação, de base científica, orientado para a compreensão e a resolução dos problemas sentidos nas escolas. As questões críticas relativas à qualidade da formação inicial e da formação contínua de professores, bem como das práticas pedagógicas e da ética profissional dos professores, que respeitam tanto a estes como às instituições de ensino superior responsáveis pela sua formação, necessitam de ser mais bem compreendidas e conhecidas. No concurso lançado em 2008, a Fundação para a Ciência e a Tecnologia aprovou 11 projectos de investigação, número que ficou aquém do que era expectável tendo em conta o potencial científico existente no país, pelo que é necessário continuar a investir no crescimento desta plataforma.

Finalmente, na quarta e última parte apresenta-se a Iniciativa Novas Oportunidades, programa de qualificação dos recursos humanos dirigido aos adultos.

A qualificação dos recursos humanos é transversal aos três grandes objectivos da política educativa. Em primeiro lugar, a Iniciativa Novas Oportunidades contribui decisivamente para diminuir as desigualdades sociais e as clivagens geracionais para as quais, há décadas, se procurava no nosso país uma solução. Por outro lado, a criação dos centros Novas Oportunidades nos espaços escolares e de formação contribuiu para modernizar e tornar mais eficiente o uso dos recursos públicos da educação e formação de adultos. Portanto, tendo em conta as metodologias específicas que foram e continuam a ser desenvolvidas, deu-se com este programa um impulso significativo à qualidade da oferta formativa para os adultos.

A apresentação da iniciativa obedece à mesma forma de organização da informação em que se baseou a apresentação das restantes medidas. Sublinhe-se, no entanto, uma importante diferença. A Iniciativa Novas Oportunidades foi lançada e concretizada por dois ministérios, o Ministério da Educação e o Ministério do Trabalho e da

A ESCOLA PÚBLICA PODE FAZER A DIFERENÇA

Solidariedade Social. Foi, e continua a ser, um exemplo paradigmático da articulação interministerial necessária e indispensável para a resolução de problemas através da intervenção pública.

A questão dos adultos está presente nas atribuições do Ministério da Educação desde 1952 e foi sempre uma questão importante, embora de certa forma marginal. O essencial dos recursos e da atenção do Ministério da Educação foi, ao longo de décadas, orientado principalmente para a organização da educação dos jovens, num quadro de aumento continuado do número de alunos e de crescimento e expansão do sistema educativo. O Ministério do Trabalho e da Solidariedade Social, apesar de ter a formação profissional dos adultos como uma das suas atribuições centrais, via a sua intervenção fortemente limitada pelo facto de a responsabilidade da certificação escolar, de jovens e de adultos, pertencer ao Ministério da Educação. Um dos elementos mais importantes da estratégia de articulação interministerial consistiu, justamente, em associar a certificação escolar aos processos de formação profissional, mobilizando as estruturas e instituições dos dois ministérios, num programa concebido para responder com a escala adequada a um problema de enorme dimensão. Hoje, o número de adultos que beneficia desta política pública é superior a um milhão de efectivos. Se considerarmos que o número de crianças e jovens a frequentar o sistema de ensino básico e secundário, incluindo o pré-escolar, é da ordem de 1,5 milhão, mais facilmente compreenderemos a dimensão e a importância do esforço que estão hoje a realizar as instituições do sistema educativo e do sistema de formação profissional.

Modalidades de intervenção

As políticas públicas podem ser também analisadas considerando a modalidade de intervenção. No caso da política educativa, encontram-se com nitidez seis grandes tipos de acção:

- distribuição ou afectação de recursos humanos, financeiros ou tecnológicos essenciais à prestação do serviço de educação;
- organização curricular, de programas de ensino e de orientação pedagógica;
- organização, gestão e administração dos recursos públicos;

- matérias relativas à produção de informação e conhecimento, à avaliação, acompanhamento e controlo dos vários elementos constitutivos do sistema educativo;
- medidas de política simbólicas que visam distinguir, sublinhar ou reconhecer a qualidade ou excelência;
- medidas de política constituintes.

As medidas de distribuição de recursos incluem o conjunto de iniciativas que visam essencialmente reforçar, redistribuir ou afectar recursos humanos, tecnológicos e financeiros às escolas. Exemplo deste tipo de medidas é o Plano Tecnológico de Educação, que permitiu atribuir às escolas milhares de novos computadores e outro equipamento informático e de comunicação, reforçando os meios e modernizando as condições de ensino e de aprendizagem em todas as escolas. Outro exemplo de medidas de distribuição de recursos é o programa de apoio a escolas em meio crítico (TEIP2), que discrimina positivamente escolas com piores condições de partida tendo em vista a promoção da equidade

As medidas de organização e gestão incluem as decisões sobre o conjunto de regras e outros instrumentos de enquadramento da gestão e organização do sistema educativo e de funcionamento das escolas. Podem ser aqui consideradas a alteração da orgânica do Ministério da Educação, as alterações ao Estatuto da Carreira Docente, o quadro legal das habilitações profissionais para a docência e, até, o Estatuto do Aluno e o modelo de organização, autonomia e gestão das escolas. São, em regra, medidas de natureza legislativa, de produção de normativos que enquadram a actividade das escolas, dos professores, dos alunos e dos serviços do Ministério da Educação, procurando melhorar as condições do seu funcionamento.

Nas medidas de organização curricular e de orientação pedagógica incluem-se as decisões relativas ao conteúdo e às metodologias de ensino que podem, ou não, ter associada a exigência de novos recursos. Exemplo deste tipo de medidas é a aprovação dos programas de ensino de português como língua não materna, a generalização de cursos profissionais nas escolas secundárias públicas ou a obrigatoriedade dos planos de recuperação dos alunos por parte das escolas.

No domínio da informação, avaliação e controlo incluem-se decisões ou iniciativas relativas à instituição e concretização dos mecanismos de produção de informação e conhecimento sobre o sistema educativo, seja para ancorar a decisão política e a intervenção em informação pertinente, seja para melhorar a eficácia e o rigor na gestão dos recursos públicos ou para melhorar a legibilidade e transparência, junto do cidadão, do modo de funcionamento e dos modos de acesso ao serviço público de educação. O conjunto das medidas destinadas a avaliar as escolas, os professores, os currículos, os manuais e as políticas educativas incluem-se nesta área de intervenção, como também o conjunto de iniciativas destinadas a melhorar o conhecimento e a informação sobre todas as dimensões do sistema educativo.

As políticas simbólicas designam-se assim para simplificar a classificação de medidas que, simultaneamente, são e actuam ao nível simbólico, pelo seu carácter excepcional e pela excepcionalidade de práticas que procuram valorizar. São exemplos tanto os prémios para professores e alunos que se destacam na sua actividade, como as próprias cerimónias de entrega dos referidos prémios.

Por fim, as políticas constituintes incluem o conjunto de iniciativas que abrem novas áreas e alargam o campo de intervenção pública, promovendo a emergência de novos agentes e instituições participantes do processo de decisão ou de concretização das políticas. São exemplo deste tipo de medidas a criação do Conselho das Escolas e a transferência de competências para as autarquias, mas também a Iniciativa Novas Oportunidades, sobretudo tendo em consideração a dimensão que o programa veio a alcançar.

Apresenta-se, em quadro, uma matriz com a classificação das medidas de política educativa cruzando os objectivos e as modalidades da intervenção. As classificações, por objectivos e por modalidade de intervenção, servem apenas fins analíticos, para organizar a apresentação e a leitura das políticas públicas de educação. Por vezes é necessário forçar a inclusão de uma dada medida nesta ou naquela categoria, dada a sua pluridimensionalidade, complexidade ou diversidade de objectivos, como é por exemplo o caso da reforma da rede escolar do primeiro ciclo e a criação de escola a tempo inteiro, que contribuíram, simultaneamente, para a promoção da equidade e para a modernização do sistema de ensino.

Quadro 1.1. – Medidas de política educativa por objectivo e modalidade de intervenção

Modalidade de intervenção	Objectivos		
	Equidade	Eficiência	Qualidade
(Re)distribuição de recursos	• Universalização do pré-escolar • Reforço da Acção Social Escolar • e-Escolas / Magalhães • Discriminação positiva das escolas (TEIP 2)	• Aulas de substituição • Estabilização do corpo docente	• Modernização das escolas secundárias • Plano Tecnológico da Educação • Plano de Acção para a Matemática • Plano Nacional de Leitura • Rede de bibliotecas • Centros escolares do primeiro ciclo
Organização do sistema	• Escolaridade obrigatória até aos 18 anos • Ensino profissional nas escolas públicas • Escola a tempo inteiro	• Estatuto do Aluno • Gestão das escolas: eficiente e participada • Carreira docente com avaliação • Habilitações para ensinar	• Ensino artístico especializado • Segurança escolar • Educação para a saúde • Educação para a cidadania
Áreas curricular e pedagógica	• Inclusão na educação especial • Integração através do ensino da língua	• Formação inicial de professores • Formação contínua de professores • Formação de professores do primeiro ciclo: Matemática e Português	• Recuperação e Acompanhamento dos alunos • Programa "+ Sucesso Escolar"
Informação, avaliação e controlo	• Alteração de critérios da Acção Social Escolar	• Sistema de informação: MISI e SIGO • Estudos de avaliação externa das políticas educativas • Estatísticas da Educação • Observatório da Segurança	• Avaliação de escolas • Avaliação de professores • Avaliação do pessoal não docente • Avaliação de manuais • Exames / provas de aferição
Políticas simbólicas	• Bolsas de mérito no secundário	• *Boletim dos Professores*	• Prémio de mérito "Melhor Aluno do Secundário"
Políticas constituintes		• Autonomia e gestão das escolas • Conselho de Escolas ("Voz às escolas") • Competências para as autarquias: para uma política de proximidade	• Prémio Nacional de Professores • Festa dos 1001 Músicos
		• Novas Oportunidades	

***

A ESCOLA PÚBLICA PODE FAZER A DIFERENÇA

O mandato do Governo foi invulgarmente extenso e estável, tendo-se mantido a mesma equipa governativa, ministra e secretários de Estado, durante os quatro anos e sete meses da legislatura. Isso explica, em parte, o elevado número de iniciativas tomadas e o vasto campo de intervenção.

Porém, por razões relacionadas com limitações de espaço e de tempo não constam deste livro todas as medidas lançadas e concretizadas. Fiz uma escolha de "24 medidas e um programa", escolha que procurou considerar a diversidade das medidas mas também a diversidade de objectivos presentes na intervenção pública no sector da educação, bem como a diversidade dos instrumentos utilizados e de agentes ou parceiros mobilizados.

De forma sistemática, cada uma das medidas é apresentada e descrita da seguinte forma: em primeiro lugar, é feita a análise do problema a que se pretendia responder, identificando-se os antecedentes, ou seja, a tendência na qual se inscreveu a iniciativa, e os elementos de diagnóstico da situação em 2005; em segundo lugar, especifica-se o desenho e a definição das políticas, descrevendo-se os objectivos globais e específicos e a estratégia de intervenção inscritos em cada medida de política; em terceiro lugar, apresenta-se a metodologia de concretização, considerando-se o conjunto das actividades desenvolvidas e os diferentes agentes ou actores envolvidos; em quarto lugar, avaliam-se os resultados alcançados ou esperados; finalmente, identificam-se e discutem-se os desafios futuros que certamente continuaremos a enfrentar, uma vez que a intervenção política é por natureza inacabada. Havendo sempre mais caminho a percorrer, importa conhecer os trilhos para onde a intervenção concretizada aponta e as escolhas que se oferecem de novo.

Os desafios da política educativa

A política educativa enfrenta dois grandes desafios: o do sucesso educativo de todos os alunos e o da governabilidade e sustentabilidade do sistema educativo. Na análise destes desafios é ncessário ter em conta o quadro actual de organização do sistema educativo, a missão atribuída às escolas e aos professores, os recursos públicos afectos ao sector educativo e ainda os resultados obtidos e a distância a que nos encontramos dos países com os quais nos comparamos e que constituem uma referência importante para Portugal no espaço da União Europeia e da OCDE.

Sucesso educativo de todos os alunos

Numa sessão de debate público sobre a política educativa, em que participavam cerca de 300 militantes do Partido Socialista de várias origens profissionais, uma professora de Matemática, com cerca de 50 anos e já no topo da carreira docente, interveio dizendo que era professora do ensino secundário, com muitos anos de experiência. Considerava-se muito boa professora, no passado tinha ensinado e preparado para exames nacionais alunos de diferentes gerações que conseguiram entrar nos cursos de Medicina mas, no momento em que falava (ano lectivo de 2007/08), enfrentava turmas muito difíceis, com alunos que estavam mal preparados, que não queriam aprender nem estudar, criando um ambiente que desmotivaria os melhores alunos. E a professora dava até o exemplo do seu filho mais novo, aluno da mesma escola, que tinha pedido para mudar de estabelecimento porque achava que, injustamente, os professores "perdiam" o seu tempo com os alunos mais difíceis e não tinham tempo para os melhores, os que verdadeiramente queriam estudar. A professora continuou, dizendo que escola estava cheia de maus alunos, desmotivados por causa das medidas de política educativa destinadas a combater o abandono escolar precoce, de que resultou a criação dos cursos de educação e formação, em muitas escolas básicas e secundárias, para os alunos com mais de 15 anos e com dificuldade em concluir a escolaridade básica. A professora terminava dizendo que tinha "direito a ter bons alunos" e que não compreendia porque é que os alunos difíceis estavam na escola e ela tinha que os ensinar. Ao longo do debate compreendi que a professora reconhecia o insucesso escolar e o abandono precoce como problemas sociais que era preciso resolver. Considerava, contudo, que a escola e os professores não tinham qualquer contributo a dar para essa resolução, que esses alunos deviam ser encaminhados para outras instituições, embora não soubesse identificar que tipo de instituições.

Este episódio, sobretudo a expressão "ter direito a ter bons alunos", encontra-se sempre presente nas minhas reflexões sobre os desafios que a política de educação enfrenta, porque ele é revelador da distância entre a missão que política e socialmente está atribuída à escola e aos professores e a percepção que estes têm dessa mesma missão, a percepção que têm das suas funções. Isto é, indica com clareza a distância entre o papel atribuído aos professores – o desempenho prescrito e esperado – , e o papel realizado – o desempenho real. De um certo ponto de vista, trata-se de um desfasamento temporal, como se o contrato com os professores não tivesse sido actualizado depois da reforma de 1986. Na realidade, no passado era missão central da escola seleccionar os melhores alunos. A escola tinha obrigação de ensinar os que queriam ou podiam aprender e nem a escola nem os professores respondiam pelos resultados escolares dos alunos, devendo apenas mobilizar meios de ensino e critérios de selecção que garantissem que os melhores transitavam e prosseguiam estudos. Nessa altura, o conceito de insucesso escolar ou de abandono escolar precoce não existiam como referencial das práticas profissionais nem como referencial das políticas públicas. Pelo contrário, a qualidade do ensino media-se mais pelo número de alunos que chumbavam, do que pelo número dos que passavam.

Desde 1986, que a missão atribuída à escola é outra: integrar e ensinar todos os alunos, mesmo os que não estejam motivados ou que não tenham as melhores condições para aprender. A missão da escola e o papel dos professores não tem qualquer comparação com o passado. Nunca antes foi tão difícil. Exige-se hoje que a escola responda pelos resultados escolares de todos os alunos, que garanta o sucesso de todos os alunos, requerendo-se novas práticas pedagógicas, novas metodologias de ensino, novas atitudes e uma nova forma de olhar para os alunos. E as dúvidas que se colocam são muitas: as expectativas dos professores sobre o seu papel alinham maioritariamente pelo paradigma actual ou pelo paradigma do passado? Qual é verdadeiramente a percepção que os professores e as escolas têm da sua missão? A questão do sucesso escolar de todos os alunos está na agenda de trabalho das escolas e dos professores? Qual é a distância entre o desempenho esperado e o desempenho real? A descrição dos direitos e dos deveres profissionais no Estatuto da Carreira Docente é inequívoca e sem zonas de ambiguidade no que respeita a essa distância? Os instrumentos de selecção, de recrutamento e de formação de professores têm contribuído para reduzir essa distância? Todos os agentes e instituições envolvidos nos processos de ensino partilham a convicção de que todos podem aprender? Que espaço tem esta questão na formação inicial de professores? Os recursos existentes nas escolas e os modelos de organização do trabalho pedagógico são os adequados às novas exigências? Os instrumentos de orientação e de regulação do sistema educativo, designadamente os relativos à formação e recrutamento de professores, são os adequados? Quais as medidas de política necessárias para enfrentar este problema? De que forma os outros países resolveram ou procuram resolver este problema? Todas estas questões colocar-se-ão com maior acuidade nos próximos anos, em consequência do alargamento da escolaridade obrigatória até aos 18 anos de idade.

As características actuais do nosso sistema de ensino permitem afirmar que, desta vez, o país não precisará de esperar 20 anos para alcançar os seus novos objectivos de escolarização alargada. Porém, é necessário ter consciência das consequências, para as escolas e para o trabalho dos professores, que resultam de estarem na escola, obrigatoriamente, todas as crianças, adolescentes e jovens até aos 18 anos. As dificuldades e os obstáculos do ensino para todos, já hoje sentidos, serão certamente ampliados. A dissonância e a divergência de percepções e de expectativas de papéis entre professores, escolas, pais e encarregados de educação, bem como as expectativas sociais em relação à educação tenderão a acentuar-se. É pois muito importante intervir no sentido de diminuir a distância entre o que está prescrito e o que é esperado das escolas e dos professores, por um lado, e o trabalho que é ou pode na realidade ser desenvolvido, por outro, clarificando a missão e definindo instrumentos de intervenção e regulação adequados às exigências, mas também proporcionando às escolas e aos professores os meios e as condições necessários. Concluindo, para superar esta distância, as escolas e a política educativa enfrentam, em primeiro lugar, o desafio da clareza no que respeita às responsabilidades de todas e cada uma das partes.

Neste sentido, não podem restar quaisquer dúvidas de que a melhoria dos resultados escolares e a redução do abandono constituem o principal desafio das escolas, dos professores e da política educativa. Contribuir, com todos os meios, para que todos os alunos cumpram a escolaridade básica e prossigam o seu percurso escolar, qualificando-se pelo menos com secundário, é a principal responsabilidade da escola: não desistir de nenhum jovem, nem consentir que eles possam desistir de aprender, de estudar e de se prepararem para o futuro. Esta responsabilidade, consagrada na lei desde 1986, tem sido muito difícil de concretizar. Exige grande esforço, não apenas da escola mas também das famílias e dos alunos. Um esforço de valorização do estudo, do saber e do conhecimento. Exige também convicção, por parte dos jovens e das suas famílias, mas também por parte das escolas e dos professores, de que todos podem aprender e de que vale a pena estudar e saber.

O tópico do insucesso escolar enfrenta, na política educativa, dificuldades relacionadas com a percepção pública da repetência e do chumbo. A ideia muito divulgada, no interior da comunidade educativa e fora dela, de que chumbar faz bem ao "carácter" de crianças e de jovens tem sido impeditiva do desenvolvimento de uma atitude mais exigente para com os resultados escolares dos alunos. Esta visão esquece que a alternativa à repetência e à reprovação não é passar sem saber. A alternativa é exigir tempo de trabalho e de estudo para que os alunos aprendam o que não sabem, a alternativa é a diversificação dos métodos pedagógicos de ensino, a alternativa é exigir bons resultados escolares. É necessário que os objectivos asso-ciados à melhoria dos resultados escolares entre na agenda e nas preocupações de todas as escolas e do trabalho dos professores. Trata-se de garantir não apenas o ensino para todos, mas também a qualidade das aprendizagens de todos.

Os professores enfrentam ainda o desafio de reflectir sobre os métodos de ensino e as práticas pedagógicas. No dia-a-dia da vida das escolas cabe aos professores escolher e decidir sobre a melhor forma de ensinar em função das características dos seus alunos. Esse é o cerne da autonomia profissional no ensino. À semelhança do que acontece na saúde, em que a autonomia profissional do médico im-plica a escolha e a decisão sobre os métodos de diagnóstico e de terapêutica mais adequados. É um risco muito elevado aceitar que sejam outros a decidir e a impor o "melhor método de ensinar", seja qual for a matéria. Por um lado, porque tais decisões operam no patamar de intervenção profissional, não da intervenção política; por outro, porque exigem conhecimentos técnicos e práticos que consti-tuem as competências específicas dos profissionais. Esta é aliás a conclusão a que chegam peritos norte-americanos, no relatório *Foundations For Sucess: The Final Report of the National Mathematics*

Advisory Panel (U.S. Department of Education, 2008) elaborado, justamente, para identificar o que se sabe sobre a melhor forma de ensinar, e, frequentemente, tão mal citado.

Porém, a autonomia profissional no ensino, para ser aceite e defendida perante a sociedade, exige dos profissionais um elevado grau de conhecimento, de responsabilidade e de respeito por regras de ética e pela deontologia profissional. Exige também disponibilidade para participar nas controvérsias e para construir uma argumentação baseada em factos e em resultados.

As escolas e os professores não podem ser os únicos responsáveis por este grande desafio. A educação e a qualificação dos jovens portugueses respeitam a todos. As famílias não podem naturalizar e desculpar o insucesso escolar, devem ser exigentes e transmitir aos jovens a convicção de que aprender é tanto um direito como um dever. Os jovens, sobretudo os mais desmotivados, necessitam da confiança dos pais e dos professores para acreditarem em si próprios e ultrapassarem os bloqueios que os impedem de estudar. As escolas e os professores devem, apesar das dificuldades, inscrever na sua missão o princípio de que nenhuma criança pode ser deixada para trás. Se aceitamos o princípio da escolaridade longa e obrigatória para todos, precisamos de acreditar que todos podem aprender, que todos podem ser ensinados, mesmo aqueles que têm mais dificuldades ou menos motivação, ou que não têm uma família que exija e estimule a ir mas longe. Não se trata de convicção cega, mas o resultado do conhecimento da experiência de outros países que já atingiram o objectivo que agora nos propomos.

Os comportamentos de incivilidade, indisciplina e desrespeito pelos professores, pelos adultos ou mesmo por alunos entre si, bem como a falta de assiduidade dos alunos são um obstáculo ao sucesso educativo e impedem a escola de cumprir a sua missão. É necessário referir que a incivilidade e a indisciplina são muitas vezes o revelador da desmotivação para aprender e da desvalorização genérica do saber e do conhecimento por parte de um número significativo de alunos. A escola é vista e valorizada por estes alunos não como espaço de trabalho, estudo, responsabilidade e exigência, mas apenas como espaço de socialização e de relacionamento com os colegas. Esta questão, não sendo nova, tem hoje expressão mais visível em algumas escolas. Para que a escola possa cumprir cabalmente a missão que socialmente hoje lhe está atribuída é pois necessário enfrentar este problema, discuti-lo, analisá-lo, compreendê-lo e encontrar soluções. Soluções, no plural, porque se exigirão sempre várias medidas, envolvendo não apenas as escolas e os professores.

A presença de adultos – professores, técnicos, dirigentes, pessoal auxiliar – no espaço da escola constitui a principal referência e a principal garantia de segurança para os alunos. Mas é igualmente imprescindível um quadro de regras claras e exigentes. As escolas não podem demitir-se de elaborar regulamentos e de os fazer cumprir, incluindo neles regras sobre práticas e comportamentos que, não sendo em si próprias condenáveis, são muitas vezes geradoras de atitudes e comportamentos desestabilizadores. Os regulamentos e conjuntos de outras regras, sendo hoje elaborados com autonomia e partilhados e compreendidos por toda a comunidade educativa devem ser a base a partir da qual se deve preservar o espaço da escola como espaço seguro, em que as boas regras da convivência social, de civilidade, são simultaneamente aprendidas e exercidas.

Governabilidade e sustentabilidade do sistema educativo

O desafio da governabilidade e da sustentabilidade do sistema educativo abrange uma agenda que vai da eficiência na gestão dos recursos públicos à modernização dos instrumentos de gestão do sistema, conferindo mais autonomia às escolas e transferindo poderes para as autarquias, mas também reformando e tornando mais plural e democrático o contexto de negociação e de definição das políticas públicas.

O balanço entre os recursos disponibilizados e os resultados obtidos revela problemas graves de ineficiência e de sustentabilidade financeira do sistema educativo. Como veremos adiante, entre 1995 e 2005 o orçamento do Ministério da Educação passou de 3.000 milhões de euros para 6.000 milhões, o número de alunos decresceu em cerca de 350.000, o número de professores aumentou, como aumentaram os seus salários e o investimento por aluno, para níveis superiores à regra da União Europeia. Porém, o insucesso escolar e o abandono escolar precoce, sobretudo no ensino secundário, mantiveram-se em níveis tão elevados que não permitiram qualquer aproximação aos padrões europeus de qualificação da população activa mais jovem.

Outros indicadores relativos ao funcionamento das escolas, como o absentismo, a relação entre aulas dadas e aulas previstas, a ocupação plena dos tempos escolares, o horário de funcionamento das escolas, os tempos efectivos de trabalho lectivo e não lectivo dos professores, o número e a natureza das ocorrências de indisciplina, o abandono escolar, as taxas de repetência, a percentagem de alunos abrangidos pela acção social escolar que concluem com êxito a escolaridade básica e o ensino secundário são fundamentais para avaliar a governabilidade e sustentabilidade do sistema educativo. As diferenças entre as escolas no que respeita a estes indicadores são enormes o que permite compreender os contornos e a amplitude das desigualdades escolares.

O modelo de financiamento das escolas e o modelo de afectação de recursos humanos docentes e de outro pessoal não são articulados entre si e são excessivamente centralizados, tendo por base critérios que não consideram o número de alunos ou outros indicadores básicos de dimensionamento e de funcionamento das escolas. Todavia, a desigualdade escolar não é tributária de um défice de afectação de recursos financeiros e humanos. Pode dizer-se que ela é induzida pelo carácter excessivamente centralizador de alguns instrumentos de gestão do sistema educativo, bem como pela insuficiência dos mecanismos de informação, de avaliação, de controlo e de acompanhamento da actividade das escolas. Mas é tributária, sobretudo, da maior ou menor capacidade de organização, de gestão e de valorização dos recursos humanos, de liderança das escolas.

O caminho já percorrido, designadamente no que respeita aos sistemas de informação e de avaliação, permitirá que se continue a dar passos na definição de uma fórmula de financiamento das escolas com critérios claros, rigorosos, indexados ao número de alunos, às actividades desenvolvidas e ao desempenho da organização. A questão do modelo de afectação e de distribuição dos recursos humanos e financeiros às escolas é central para a sustentabilidade do sistema. O seu aperfeiçoamento depende da capacidade política e técnica para continuar a melhorar o sistema de informação e o sistema de indicadores sobre os recursos, as actividades e os desempenhos de cada uma das unidades orgânicas.

O desafio da governabilidade e da sustentabilidade do sistema educativo inclui ainda as questões da autonomia e do reforço da capacidade de gestão e de liderança nas escolas, a clarificação das funções e responsabilidades partilhadas entre os serviços centrais e regionais do Ministério da Educação e as autarquias, mas também a abertura à participação democrática de outros agentes da comunidade educativa, designadamente os pais e as instituições de suporte local. Generalizou-se a ideia de que autonomia e descentralização são um fim em si mesmo, que têm como principal objectivo fazer emagrecer, e talvez até fazer desaparecer, o Ministério da Educação, esquecendo--se que a autonomia e a descentralização são instrumentais à governabilidade e à gestão mais eficiente do sistema educativo, e não se clarificando a necessidade de desenvolvimento de funções de informação, avaliação e controlo essenciais a uma gestão mais descentralizada.

Para responder à heterogeneidade dos alunos, decorrente do principio da escolaridade obrigatória até aos 18 anos e da necessidade de garantir o sucesso educativo de todos, o sistema educativo precisa de diversificar as soluções, os instrumentos de ensino, as ofertas formativas e as estratégias pedagógicas, como precisa de envolver outras instituições e profissionais. Neste quadro, a autonomia deve ser um efectivo instrumento de gestão da diversidade, sendo indispensável continuar a melhorar as condições de gestão e de liderança das escolas. O desafio consiste portanto em continuar a aprofundar a autonomia das escolas, em reforçar a intervenção das autarquias e, simultaneamente, em melhorar os mecanismos de controlo e avaliação da qualidade do serviço público prestado.

Neste domínio, têm sido críticas as contradições inerentes ao facto de se ter progredido de forma muito gradual e faseada ao longo do tempo. Desde meados dos anos 1980 que algumas componentes do sistema educativo foram descentralizadas, não sendo hoje asseguradas pelo Ministério da Educação ou pelos seus serviços. A formação de professores e a produção de instrumentos de ensino como os manuais são dois exemplos paradigmáticos: são áreas de actividade que, no passado, quando o sistema educativo era ainda mais centralizado, foram asseguradas por serviços centrais do Ministério da Educação. Hoje, são asseguradas por instituições do ensino superior, públicas e privadas, bem como por empresas, podendo considerar-se que foram em boa parte liberalizadas. Entretanto, o facto de se terem mantido centralizadas outras áreas de actividade, como o recrutamento de professores, e de não se ter clarificado, nuns casos, e actualizado, noutros, as novas funções e competências de intervenção do Ministério da Educação, fez com que se gerassem efeitos negativos e ineficiências que prejudicam o trabalho das escolas e uma gestão mais eficaz do sistema.

No futuro, será necessário equacionar a relação entre os diferentes instrumentos de regulação e gestão do sistema educativo. A prevalência que ainda têm alguns instrumentos da gestão centralizada, herdados do passado, como é o caso do concurso de professores, está em contradição com as transformações em curso na arquitectura do sistema. O concurso nacional de professores é, e será, um obstáculo sério a qualquer tentativa de aprofundamento da autonomia das escolas, bem como a qualquer tentativa de desenvolvimento de instrumentos mais modernos de gestão descentralizada.

Uma vez que o reforço da autonomia das escolas é paralelo ao processo de descentralização de competências para as autarquias, temos hoje um quadro de maior complexidade nos papéis e funções atribuídos a cada um destes agentes na concretização das políticas educativas: serviços do Ministério da Educação, direcções das escolas e autarquias. Se é importante prosseguir o caminho da transferência de mais competências do Ministério da Educação para as autarquias, em particular no domínio da afectação de recursos às escolas, é igualmente importante prosseguir o caminho de reforço da autonomia das escolas em matéria de organização pedagógica e de gestão de recursos, para que estas possam mais eficazmente responder à diversidade de uma escola para todos. No que respeita aos diferentes serviços centrais e regionais do Ministério da Educação, o desafio é sobretudo o de melhorar as condições de exercício das funções gerais de regulação, avaliação, inspecção e controlo da qualidade do sistema educativo e do cumprimento dos objectivos, podendo o Ministério intervir preventivamente quando se verifique a quebra de contrato na prestação do serviço público de educação.

Os maiores riscos associados aos processos de descentralização e de reforço do papel dos agentes locais, sejam as escolas ou as autarquias, são, por um lado, o de aumento das desigualdades escolares decorrentes da desigualdade de recursos sociais e económicos no plano territorial e, por outro, o de captura dos recursos educativos por grupos de interesses, desviando-se a escola do cumprimento da sua missão. Porém, o processo de transferência de competências deve ser visto como um longo percurso que, tendo por objectivo a melhoria da qualidade e da eficiência do serviço público de educação, está por definição sempre inacabado, podendo ser sempre melhorado e corrigido. Não dispensa, por isso, a criação de mecanismos de avaliação, acompanhamento e controlo, bem como de reversibilidade das competências e dos recursos no caso de se verificar uma quebra de padrões de qualidade que comprometa o direito de crianças e jovens a uma educação universal e de qualidade.

A governabilidade e a sustentabilidade do sistema educativo são fundamentais não só para a sua sobrevivência, como condição da sua modernização. Confundir as medidas de política que visam uma gestão eficaz dos recursos humanos e financeiros, a descentralização de poderes e competências, a autonomia, o reforço das lideranças e da avaliação das escolas, o controlo de qualidade e a eficácia das práticas pedagógicas, com uma orientação de cedência ao mercado ou uma orientação neoliberal, significa na prática não reconhecer a necessidade e a possibilidade de modernizar e melhorar a qualidade dos serviços públicos, condenando-os a uma degradação lenta. A ineficiência dos serviços públicos, a ausência de rigor na utilização dos recursos e a degradação da sua qualidade são um inimigo mortal do Estado Social e, no caso da educação, um inimigo mortal da escola pública.

Na verdade, uma agenda modernizadora implica opções que se traduzem em equilíbrios dinâmicos entre equidade, eficiência e qualidade, não qualquer cedência ao mercado e a uma filosofia de base concorrencial. Exemplos de medidas que se oferecem como alternativas às lógicas de mercado são o modelo de governação das escolas que alarga a participação democrática, pela voz que concede a actores exteriores ao estabelecimento de ensino e inscritos na comunidade local, o processo de transferência de competências para as autarquias, ou os sistemas de avaliação de desempenho assentes, sobretudo, no parecer dos pares. Resumindo, as medidas de intervenção visando a modernização não podem ser vistas como intrinsecamente antitéticas da universalização e da equidade. O potencial para melhorar o desempenho do sistema educativo no nosso país é tão elevado que é enorme a margem para melhorar nos dois planos sem que os ganhos de um colidam com os ganhos do outro.

Como foi evidente no Debate Nacional da Educação promovido pelo Conselho Nacional de Educação durante o ano de 2006, e apesar de algumas críticas, a agenda da modernização tende a gerar um razoável consenso entre inúmeros actores. Os referenciais programáticos da gestão eficiente dos recursos públicos, da descentralização, da autonomia, da avaliação e da qualidade são hoje incontornáveis para quem tem de decidir neste campo. Porém, os consensos, bem como as eventuais coligações reformistas que os sustentam, são demasiado frágeis, sendo reais as dificuldades políticas e institucionais de caminhar no sentido da concretização das mudanças. A gestão da mudança, ao contrário do que pode parecer à primeira vista, está menos relacionada com a durabilidade dos mandatos dos ministros da Educação e com o apoio de maiorias parlamentares do que com o facto de a própria arquitectura do sistema educativo distribuir poderes *de facto* e estruturar interesses e incentivos que favorecem o *status quo*, dificultam a sua governabilidade e reduzem a possibilidade de o reformar.

Por um lado, o sistema é ainda excessivamente centralizado, concentrando grande parte do poder regulador e financeiro na administração central, mas sem que a esse poder de decisão corresponda a possibilidade de intervenção ao nível de cada escola. Por outro lado, ao nível das escolas, onde as práticas de ensino têm efectivamente lugar, a falta de autonomia para ditar regras de financiamento e de funcionamento limita a capacidade de organização e de ajustamento às condições do contexto. No espaço aberto por este paradoxo, que os sistemas centralizados potenciam, existe o movimento sindical, com fortes recursos organizacionais e institucionais, que alia a presença nas escolas com um lugar institucionalizado nas negociações com o poder executivo. As associações sindicais, participando efectivamente na definição das regras do sistema, sentem-se vinculadas apenas à representação de interesses corporativos particulares. Entre o ponto mais central do sistema educativo e o ponto mais local da actividade quotidiana de ensino, existe um contínuo com inúmeros pontos de veto.

Ao mesmo tempo, existe uma pluralidade de actores (professores, dirigentes das escolas, autarquias, pais, instituições empregadoras e instituições da sociedade civil local) com interesses e expectativas legítimas em relação ao desempenho do sistema educativo. Tais interesses, porém, carecem de recursos organizacionais e de real capacidade de negociação, entre si e com o poder executivo, sendo muito limitada a sua capacidade para influenciar as políticas educativas de forma sistemática.

O episódio da marcação de uma greve aos exames, por parte dos sindicatos dos professores, no final do ano lectivo de 2004-2005, é um exemplo paradigmático das dificuldades da governabilidade num contexto em que as associações sindicais se apresentam com elevados poderes de veto da política educativa, enquanto os pais e os directores das escolas se apresentam sem capacidade negocial, sem recursos organizacionais ou institucionais, e o Governo sem os meios de regulação e de defesa do interesse público. Estava em causa a realização, pela primeira vez, de uma das maiores operações de exames nacionais. Os alunos do ensino básico, alunos muito mais novos (14 ou 15 anos) dos que os do ensino secundário, faziam exames em Matemática e em Português, em escolas onde nunca tinham sido realizadas actividades deste tipo. As ameaças de greve aos exames, por parte das associações sindicais dos professores, foram uma constante no nosso país ao longo dos anos, evitadas apenas nos casos em que se aceitavam as reivindicações dos sindicatos. Mas a situação em 2005, quando estavam em causa medidas de contenção da despesa pública aplicadas a toda a Administração Pública, sendo específica da educação apenas a medida "ocupação plena dos tempos escolares" e a necessidade de regulamentar a componente não lectiva do trabalho dos professores, veio tornar visível, de forma mais nítida, o conflito entre os direitos dos alunos a serem examinados e o direito à greve. Não existia, contudo, memória de intervenção do Estado na protecção dos direitos dos alunos. Na lei da greve, o serviço de educação não estava apontado como susceptível de ser considerado no quadro da obrigação de garantia de serviços mínimos. Todavia, o preâmbulo da mesma lei, no qual se definiam os critérios e as circunstâncias em que tais serviços podiam ser estipulados, permitia concluir que uma greve aos exames configurava uma situação de conflito entre diferentes direitos constitucionalmente garantidos: o direito à greve e o direito dos alunos à realização dos exames. Reconhecendo esse conflito, foi estabelecida uma articulação com o Ministério do Trabalho e da Solidariedade Social e decidido, em despacho conjunto, que o serviço de exames nacionais (e apenas este, no sector da educação), obrigava à garantia de prestação de serviços mínimos, devendo os órgãos de gestão das escolas zelar pelo seu cumprimento nas condições estipuladas no referido despacho. Esta decisão, que foi objecto de controvérsia e de contestação por parte dos sindicatos, que consideraram tratar-se de uma acção inconstitucional, acabou por ser resolvida de forma favorável ao Governo em todas as instâncias nacionais e internacionais. Na altura, as associações sindicais mantiveram a convocatória de greve, mas o seu impacto na realização dos exames foi mínimo. O mais importante é que se instituiu uma solução de protecção dos direitos dos alunos, mantendo o respeito pelo direito constitucional dos professores à greve. Aliás, o direito à greve, tendo sido usado por diversas vezes ao longo dos quatro anos de mandato, não mais constituiu uma ameaça ao direito dos alunos a serem examinados.

O contexto é pois, de facto, de fraca governabilidade institucional, e o desafio que se coloca é transformar um sistema de relações neocorporativo rígido e bloqueado num sistema baseado num pluralismo organizado que permita uma governação assente numa cooperação mais descentralizada e favorável à formação de coligações entre actores públicos e privados, do interior e do exterior do sistema, conferindo-lhes voz e legitimidade negocial, alterando o contexto de produção das políticas.

Politica e conhecimento

Passados mais de 20 anos sobre a aprovação da Lei de Bases em 1986, o progresso do nosso país em matéria de educação foi enorme. Várias instituições e agentes, profissionais e peritos deram um contributo para que finalmente todos os portugueses tivessem condições, como nunca antes existiram, para educar e escolarizar os seus filhos. Relembro apenas um indicador: as taxas de escolarização aos 13, 14, 15 e 16 anos de idade eram, em 1986, respectivamente, 84%, 67%, 57% e 42%; actualmente são de 100%. Ou seja, hoje, no nosso país, todas as crianças e jovens com menos de 17 anos frequentam a escola. E estar na escola significa não estar no mercado de trabalho desqualificado, o qual era, há 20 anos, o destino mais do que certo de uma percentagem elevada dos nossos adolescentes. Portanto, sublinhe-se uma vez mais: em nenhum outro momento da nossa história colectiva tivemos as condições que hoje temos para educar e escolarizar os filhos de todos os portugueses.

A evolução das taxas de escolarização revela uma série de mudanças profundas que ocorreram na sociedade portuguesa, mudanças que entretanto naturalizámos mas que foram tudo menos naturais. Foram mudanças obtidas com a energia e o esforço de muitos nas escolas, com programas como os do combate ao trabalho infantil, com decisões e medidas de política como a do alargamento da escolaridade obrigatória em 1986.

A investigação e o desenvolvimento científico nas áreas das ciências da educação, da psicologia, da história, da sociologia e das políticas públicas, bem como a produção de informação estatística e outra informação de base científica foram muito importantes para o desenho da política educativa e para o desenvolvimento do sistema educativo nos últimos 20 anos. A informação rigorosa e o conhecimento de base científica ajudam a minimizar a incerteza e o risco associados à decisão política. Aliás, a existência de informação estatística rigorosa e actualizada é requisito mínimo de uma governação responsável, pois só este tipo de informação permite conhecer, por exemplo, a dimensão dos problemas ou dos fenómenos sociais e, consequentemente, permite dimensionar e afectar os recursos necessários à sua resolução. Todavia, são os estudos de base científica que permitem um conhecimento mais profundo dos problemas, sendo indispensável uma permanente articulação entre o campo do conhecimento e o campo da decisão.

Em Portugal, nestes últimos 20 anos, constituíram-se importantes unidades de investigação junto de instituições do ensino superior com actividade no campo da formação inicial de professores, como a Universidade do Minho, a Universidade de Aveiro, a Faculdade de Psicologia de Ciências de Educação e o Departamento de Ciências da Educação da Faculdade de Ciências, ambos da Universidade de Lisboa e a Faculdade de Psicologia de Ciências de Educação da Universidade do Porto. A Sociedade Portuguesa das Ciências da Educação e o Instituto de Inovação Educacional, criados no inicio da década de

1990, tiveram igualmente um papel relevante quer na definição da agenda das actividades de investigação, quer na divulgação dos seus resultados. O Instituto de Inovação Educacional, inicialmente dirigido por Manuel Patrício e Joaquim Coelho Rosa, e mais tarde por Bártolo Paiva Campos e Maria Emília Brederode Santos, ocupou um espaço de interface entre as ciências da educação e as propostas ou análises de políticas concretas, bem como um espaço de ligação entre o campo da investigação e o campo das escolas, com o desenvolvimento de actividades de disseminação e extensão de boas práticas e de acompanhamento de projectos de inovação. A sua extinção deixou um vazio ainda não preenchido.

O muito que no país se evoluiu em matéria de educação foi também tributário do pensamento, da reflexão, do estudo e da investigação de peritos cujos trabalhos se constituíram como referências muito importantes para as ciências da educação e para a política educativa. Refiro apenas alguns.

Rui Grácio aprofundou os conceitos de escolaridade unificada e de democratização das escolas, conceitos hoje naturalizados, incontroversos, mas cuja revisitação é de grande actualidade.

Eurico Lemos Pires desenvolveu o conceito de Escola Básica Integrada e amplas reflexões sobre os paradoxos da escolaridade obrigatória e João Formosinho analisou as questões da articulação entre ciclos de ensino, as condições de melhoria da organização pedagógica e do trabalho dos professores, designadamente no primeiro ciclo. Ambos deram contributos para decisões políticas tão importantes como a constituição das novas unidades orgânicas em agrupamentos verticais de escolas, a colocação plurianual dos professores e o encerramento das escolas isoladas. Neste ponto específico, da situação da rede de escolas do primeiro ciclo, é importante referir o trabalho de investigação de José Maria Azevedo, identificando as dificuldades da acção na concretização das decisões políticas.

Os estudos coordenados por Bártolo Paiva Campos, sobre os perfis docentes, inspiraram e certamente continuarão a inspirar muitas das decisões tendentes a melhorar a organização da formação inicial de professores, à semelhança do que antes acontecera com os trabalhos de Albano Estrela, Isabel Alarcão e João Evangelista Loureiro.

O trabalho de investigação histórica e outros estudos de António Nóvoa, sobre o desenvolvimento profissional dos professores, constituem um importante contributo para compreender as tensões resultantes da adopção de um estatuto de funcionário público, baseado na noção de *carreira*, e as contraditórias exigências da profissionalidade e da *autonomia profissional*. Mais tarde, José Manuel Resende desenvolveu uma investigação sobre o "engrandecimento" da profissão docente a partir do caso dos professores do ensino secundário. O seu trabalho contribui para a compreensão do papel de actores individuais e colectivos, como as organizações sindicais, os peritos das ciências da educação e os professores, entre outros, na construção social e institucional da representação docente. A questão do "mal-estar e do descontentamento" é analisada de forma rigorosa e identificado o seu lugar neste processo. Nesta matéria, o trabalho de investigação coordenado por Manuel Braga da Cruz no final dos anos 1980 continua também a ser referência pioneira.

Os trabalhos de Sephen Stoer e Luísa Cortesão, sobre as questões da desigualdade social e escolar e os obstáculos colocados à escola no cumprimento da sua missão, apesar do tom pessimista que os atravessa, inspiraram políticas de discriminação positiva tendo em vista a promoção da equidade no sistema educativo. O próprio e outros investigadores, como Ana Maria Bettencourt, Jorge Adelino Costa, Manuel Sarmento, Rui Canário, Luísa Alonso, Natércio Afonso e João Sebastião participaram em trabalhos de avaliação do primeiro TEIP, em cujas conclusões se baseou o lançamento da segunda edição deste programa.

Sérgio Grácio, com o seu trabalho de investigação histórica sobre o ensino técnico, contribuiu decisivamente para a compreensão dos processos de hierarquização das fileiras de ensino com base na sua valorização social. Outros trabalhos de investigação sobre a história da educação, como os de Rogério Fernandes e Joaquim Ferreira Gomes, são ainda hoje uma referência importante.

Mais recentemente ainda, Manuel Sarmento e João Sebastião desenvolveram importantes trabalhos de investigação sobre as diferentes modalidades de organização pedagógica das escolas, de apropriação das políticas, e sobre a pluralidade dos sentidos e das consequências da acção de diferentes actores, como os directores, os professores e os encarregados de educação, no espaço da escola. Os trabalhos de

Ana Maria Morais oferecem um olhar complementar destas abordagens, uma vez que têm a particularidade rara de centrar a observação na sala de aula.

Maria do Céu Roldão, com os seus trabalhos na área do desenvolvimento curricular, orientados pelas preocupações com os modos pedagógicos de ensinar e aprender, é uma referência a que se podem juntar autores de outros estudos mais focalizados em níveis de ensino ou domínios disciplinares mais específicos, como Teresa Vasconcelos, Júlia Formosinho e Maria João Cardona, no pré-escolar, Paulo Abrantes, Maria de Lurdes Serrazina e João Pedro da Ponte, na matemática, Inês Sim-Sim e Luísa Alves Pereira, na língua portuguesa, Domingos Fernandes, no ensino secundário, Joaquim Azevedo, no ensino profissional, António Cachapuz, Isabel Martins e Carlos Fiolhais, no ensino experimental das ciências, Joaquim Bairrão Ruivo, nas necessidades educativas especiais. Trata-se de uma grande diversidade de contributos que permitiram o desenvolvimento de conhecimentos e de competências nos quais se têm baseado boa parte das orientações de política educativa nas matérias de organização curricular. Podem ainda referir-se os trabalhos de Almerindo Janela Afonso, Domingos Fernandes ou de Glória Ramalho sobre as questões mais específicas da avaliação das aprendizagens dos alunos.

Pedro D´Orey da Cunha, no início dos anos 1990, e, mais tarde, João Barroso deram contributos directos para o reconhecimento político, ao nível do discurso e da acção, da emergência da autonomia das escolas como questão decisiva. Trabalhos posteriores, como o de Jorge Martins, sobre a participação das autarquias nas matérias de educação, completam o quadro de análise das alterações do modelo de gestão que se revelam necessárias para transformar um sistema educativo ainda muito centralizado.

São praticamente inexistentes os trabalhos centrados nos alunos, nas suas estratégias de "sobrevivência" tanto no secundário como no básico, e nas tipologias de percursos escolares e profissionais. Todavia, alguns trabalhos constituíram-se como referência: Bártolo Paiva Campos analisa do ponto de vista histórico e social as questões da orientação vocacional; Maria das Dores Guerreiro e Mariana Gaio Alves estudam as questões da transição entre a escola e a vida activa, bem como os modos de inserção no mercado de trabalho. Em sentido diferente, mas de certa forma complementar, os trabalhos de Pedro

Silva, Teresa Sarmento e Ana Diogo, com orientações muito variadas, fornecem importantes contributos para compreender os paradoxos da relação entre o espaço da escola e o espaço da família. Neste quadro, mas respeitando especificamente à infância, são importante referência os trabalhos de Ana Nunes de Almeida e de Manuel Sarmento.

Ana Benavente coordenou, com António Firmino da Costa, Patrícia Ávila e Alexandre Rosa, o primeiro trabalho sobre a literacia em Portugal, cujos resultados, na esteira de outros estudos realizados também no inicio da década de 1990 por Alberto Melo, Lucília Salgado, Madureira Pinto e Augusto Santos Silva permitiram trazer a questão das oportunidades de educação e qualificação dos adultos para a primeira linha do debate público e político. Mais recentemente, Luís Rothes, com a sua tese de doutoramento, entre outros trabalhos, vai certamente permitir alimentar uma nova geração de políticas públicas nesta área.

Finalmente, Teresa Ambrósio, que foi, em diferentes momentos, académica, deputada e presidente do Conselho Nacional de Educação, desenvolveu intensa actividade na construção e afirmação do próprio campo de investigação e na mediação entre o mundo académico e o espaço público e político.

Muitos outros autores, sobretudo na nova geração de investigadores e professores do ensino superior, deram contributos importantes para o desenvolvimento dos estudos sobre educação e para um conhecimento mais profundo e rigoroso dos problemas e dificuldades de concretização das políticas educativas.

A articulação entre os dois campos é complexa. Em alguns casos, a articulação entre conhecimento e decisão política é directa, mesmo que diferida no tempo. O exemplo mais simples é constituído pelo conjunto das medidas lançadas no primeiro ciclo. O diagnóstico podia ser encontrado nos trabalhos de, entre outros, Eurico Lemos Pires, Manuel Sarmento, José Maria Azevedo e João Formosinho. Num livro deste último autor – *O Ensino Primário: de Ciclo Único do Ensino Básico a Ciclo Intermédio da Educação Básica* –, publicado em 1998 pelo Ministério da Educação, apresentavam-se já de forma sistemática todos os problemas, e também algumas das soluções que certamente se reconhecem em parte das medidas lançadas.

Em outros casos, a articulação entre conhecimento e decisão política é mais difusa, não é imediata, podendo até alguns autores não se reconhecer em nenhuma das medidas de política educativa lançadas. Porém, nem por essa razão o conhecimento por eles produzido foi menos relevante para a decisão.

Nas ciências da educação, como em muitos outros domínios disciplinares, não existe qualquer sistematização dos "adquiridos" consolidados, isto é, do património científico do campo. Existem apenas algumas sistematizações parciais sobre temas específicos, como o da formação de professores, divulgados pela Sociedade Portuguesa das Ciências da Educação. O campo dos estudos da educação é vasto e, por definição, pluridisciplinar e pluriparadigmático: nele convergem trabalhos de diferentes proveniências disciplinares, orientados por diferentes paradigmas. Coexistem ainda, desde há muito tempo, trabalhos de investigação orientada para apoio à decisão, realizados a pedido, e trabalhos de investigação resultantes da agenda científica, em muitos casos a agenda internacional da ciência de que resultam importantes estudos comparados. Estes são, sem dúvida, traços que conferem ao campo dos estudos da educação uma enorme riqueza.

Exige-se, todavia, uma maior clareza na distinção entre os ensaios sustentados em informação de base científica e os escritos que veiculam apenas opiniões, ideias ou impressões, baseadas nas crenças ou nas convicções mais ou menos ideológicas dos seus autores. Esta clarificação, sobre o estatuto usado pelos autores em diferentes circunstâncias, exige-se neste campo, mais do que em outros, porque ocorre maior intensidade de circulação entre o mundo da actividade política, da actividade científica e do ensino, da administração e da actividade sindical ou associativa. Ajudaria à ciência, mas também à política, e até ao debate de ideias, conhecer sem ambiguidades o "chapéu" usado pelos autores quando escrevem e o estatuto do trabalho que apresentam. O "travestismo", isto é, o uso do estatuto de cientista, perito ou investigador para escrever artigos normativos ou impressionistas, é gerador de grandes ambiguidades. Usar a credibilidade e o prestígio institucional da ciência em combates ideológicos e políticos, umas vezes contra a ciência e os seus métodos, outras vezes contra a política, significa que não é respeitada nem a ética da investigação nem a ética da política. Além do mais, esta ambiguidade contribui para alimentar a desconfiança em relação à ciência como em relação à política, bem como para aumentar a distância entre o conhecimento e a decisão, prejudicando de facto tanto as ciências da educação como as políticas da educação e a clareza das ideias no campo.

O mais importante é dispor de condições para manter, estimular e desenvolver a investigação, tanto na agenda dos problemas como na agenda científica, respeitando os tempos e as condições específicas dos dois campos, mantendo no domínio público e em aberto os resultados da investigação e os progressos do conhecimento, para que possam ser verificados, validados, discutidos, comparados e socialmente apropriados. Tanto as actuais controvérsias sobre o papel do Estado e da escola pública em oposição ao papel das famílias e do mercado na estruturação e organização dos sistemas de ensino, como os desafios colocados pelo efectivo cumprimento dos objectivos do sistema educativo e pela sua governabilidade e sustentabilidade são questões cuja compreensão e percepção pública muito beneficiam do contributo da ciência.

I
EQUIDADE

2. ESCOLA A TEMPO INTEIRO

Transformar a escola pública em escola a tempo inteiro, tornando acessível a todos um serviço essencial para a compatibilização entre trabalho e família até então apenas disponível no sector privado, foi o objectivo que deu sentido a um vasto conjunto de intervenções sobre o primeiro ciclo do ensino básico. Para isso foi necessário reformar a rede de escolas "primárias", encerrando milhares de micro escolas isoladas e com poucos alunos e construindo centenas de novos centros escolares. Simultaneamente, e uma vez alargado o horário de funcionamento dos estabelecimentos, pelo menos até às 17h30 e durante oito horas, desenvolveram-se e criarem-se novas ofertas de actividades de enriquecimento curricular. Iniciado com a introdução do ensino de inglês, este processo de qualificação do serviço público de educação foi num segundo momento aprofundado com a oferta generalizada do ensino da música e de actividades físicas.

Análise do problema

Antecedentes

A rede de escolas públicas do 1.º ciclo, constituída por mais de 7.000 edifícios, foi construída entre as décadas de 1940 e 1960 no âmbito do Plano dos Centenários. Manteve-se porém praticamente inalterada ao longo dos anos, apesar das mudanças profundas introduzidas no sistema de ensino – em particular, a aprovação, em 1986, da Lei de Bases do Sistema Educativo, que consagrou a escolaridade obrigatória de nove anos.

Durante os últimos 30 anos, o investimento em infra-estruturas foi orientado para a construção de edifícios para 2.º e 3.º ciclos, de pavilhões desportivos, de bibliotecas e de salas de jardins-de-infância, com o objectivo de criar as condições físicas necessárias à expansão do sistema de ensino, resultante da escolaridade básica e obrigatória de 9 anos e do alargamento da educação pré-escolar. As escolas do 1.º ciclo do ensino básico constituíam uma infra-estrutura já existente, cuja responsabilidade de manutenção e conservação foi transferida, em 1984, para as autarquias, encontrando-se, em 2005, num estado geral de isolamento, degradação e inadequação às exigências da escolaridade básica. A verdade é que no processo de transferência de competências para as autarquias não ficaram definidos nem instituídos os meios de controlo e de acompanhamento da sua intervenção nesta área. A situação geral era de grande abandono, sendo notória a dificuldade de as autarquias exercerem as suas competências.

A questão das escolas do 1.º ciclo em meios de forte regressão demográfica, isoladas e com poucos alunos (em muitos casos, com menos de dez alunos) fazia parte da agenda da política educativa desde 1988, e em vários governos foi objecto de negociações entre a administração central e as autarquias. Desde há mais de 20 anos que as autarquias, os sindicatos, a comunicação social e os investigadores na área das ciências sociais e das ciências da educação vinham abordando, de diversas formas, os desfasamentos entre a oferta e a procura de educação e entre a rede escolar existente e a evolução demográfica. Tónica geral: o impacto deste problema tanto nos custos como na qualidade das condições de ensino e de aprendizagem.

A primeira intervenção política, acompanhada de meios financeiros e de suporte interministerial, para alterar a situação das escolas com frequência diminuta, data de Janeiro de 1988. Nessa altura, numa resolução de Conselho de Ministros, propunha-se: "extinguir escolas do 1.º ciclo do ensino básico com frequência de alunos igual ou inferior a dez, assegurando o transporte e integração destes em escolas vizinhas, a partir do início do ano lectivo de 1988-1989". O Decreto-Lei 35/88, de 4 de Fevereiro referia "a suspensão de escolas pequenas acompanhada de alternativas que permitam o cumprimento da escolaridade obrigatória por parte dos respectivos alunos".

Vários governos constitucionais tentaram concretizar este desígnio legal mas, entre 1988 e 2001, o número de escolas naquelas circunstâncias não parou de aumentar, passando de 1.124 para 2.386, mantendo-se sempre acima das 2.000 entre 1999 e 2003.

Quadro 2.1. – Número de escolas com menos de 10 alunos (1999-2008)

Ano	1999	2000	2001	2002	2003	2004	2005	2006	2007	2008
N.º	2.323	2.169	2.386	2.215	2.051	1.830	1.729	425	182	150

Fonte: GEPE, Estatísticas da Educação.

Algumas autarquias que tiveram a iniciativa de encerrar escolas fizeram-no com excelentes resultados, existindo vários exemplos de boas práticas nesta matéria. A imprensa foi relatando experiências como as de Paredes de Coura, Melgaço, Alfandega da Fé, Mafra e Ourém. Nestes concelhos, a concentração de alunos em centros escolares de maior dimensão, a integração da educação pré-escolar e do 1.º ciclo e, em alguns casos, também o apoio para o desenvolvimento de actividades extracurriculares – como a natação –, o transporte de alunos, as refeições escolares e o apetrechamento com equipamentos informáticos ofereciam novos referenciais para a qualidade dos edifícios, mas igualmente para a organização e funcionamento das escolas.

Todavia, a quase totalidade das escolas públicas do 1.º ciclo funcionava apenas até às 13 horas, não tinha as mínimas condições de ensino e de aprendizagem e os alunos não tinham acesso a refeições escolares ou a actividades de enriquecimento curricular. No período da tarde, as crianças de famílias com condições económicas eram colocadas à guarda de instituições privadas de solidariedade social que organizavam actividades de tempos livres (ATL). A existência de actividades de enriquecimento curricular nas escolas do 1.º ciclo estava prevista no Decreto-Lei n.º 6, desde 2001, com responsabilidades atribuídas às autarquias. Na realidade, contudo, poucos eram os municípios que proporcionavam este tipo de actividades aos alunos; e, quando tal acontecia, as mesmas eram desenvolvidas durante as actividades lectivas, com prejuízo dos tempos de trabalho das matérias curriculares, como a Matemática e a Língua Portuguesa. Acresce que Portugal era um dos poucos países da União Europeia em que o ensino das línguas estrangeiras não era iniciado nos primeiros anos de escolaridade. Apenas cerca de 14% das escolas públicas ofereciam aos alunos o ensino do Inglês. Todavia, nas escolas privadas,

58   A ESCOLA PÚBLICA PODE FAZER A DIFERENÇA

a generalidade dos alunos tinha acesso a esta aprendizagem na própria escola ou por recurso a formação complementar fora da escola.

Justificação

Em 2005, existiam em Portugal Continental 7.327 escolas do 1.º ciclo, das quais cerca de 3.000 tinham menos de 20 alunos e cifrava-se em 1.700 o número de escolas primárias com menos de 10 alunos. Estavam distribuídas pelo interior rural de todo o país, encontrando-se os poucos alunos e professores desprovidos de apropriadas condições de trabalho e de ensino. Em situação diametralmente oposta, sobretudo em grandes centros urbanos, existiam escolas sobrelotadas a funcionar em regime de turno duplo. Para além da falta de qualidade e de adequação dos edifícios escolares, estas escolas encontravam-se isoladas, não existindo articulação com as escolas dos ciclos seguintes. Os impactos positivos da integração organizacional, decorrentes da constituição dos agrupamentos de escolas que ocorre em 2002/3, ainda não se haviam feito sentir plenamente.

De facto, a principal característica do primeiro ciclo era o seu isolamento – físico, organizacional, pedagógico e curricular. Apesar de formalmente integrado no ensino básico desde 1986, pode dizer-se que a integração não se tinha ainda concretizado com as inerentes consequências negativas na qualidade das aprendizagens e nos resultados escolares dos alunos. Durante uma década, todos os anos, uma percentagem superior a 10% de alunos, com sete anos de idade, iniciou um percurso escolar marcado pela repetência e pelo insucesso, do qual dificilmente recuperaram.

Quadro 2.2. – Taxas de retenção e desistência no ensino básico (1996-2005)

	1996/97	1997/98	1998/99	1999/00	2000/01	2001/02	2002/03	2003/04	2004/05
1.º ano	0,0	0,0	0,0	0,0	0,0	0,0	0,0	0,0	0,0
2.º ano	18,3	16,7	16,1	15,6	14,7	15,1	13,8	12,2	11,4
3.º ano	9,4	9,0	8,3	7,6	8,6	8,2	7,2	5,4	4,4
4.º ano	15,0	13,2	12,0	10,9	10,2	10,1	8,5	7,6	6,0
Total	11,2	10,1	9,5	8,9	8,7	8,7	7,6	6,5	5.6

Fonte: GEPE.

**Figura 2.1. – Dimensão e aproveitamento
nas escolas públicas do 1.º ciclo (2003)**

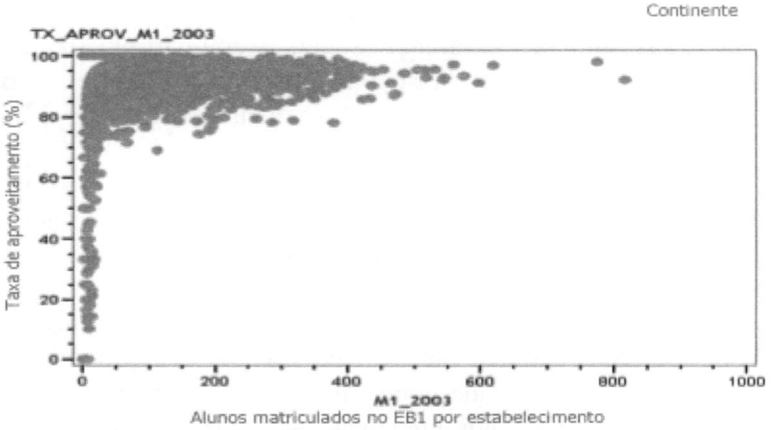

Fonte: GIASE – Gabinete de Informação e Avaliação do Sistema Educativo

O fenómeno do insucesso escolar manifesta-se de forma mais expressiva nas escolas de reduzida dimensão, existindo uma forte correlação entre taxas de aproveitamento escolar inferiores à média nacional e escolas com poucos alunos.

Através da análise do gráfico, verificamos que existe uma relação directa entre a dimensão das escolas e o sucesso escolar. Quanto mais pequenas e isoladas são as escolas, maiores são as taxas de insucesso escolar. Também existem alguns exemplos de micro escolas em que as taxas de sucesso são de 100% e, no lado oposto, escolas de maior dimensão com taxas de insucesso inaceitáveis. No entanto, os casos mais negros de insucesso escolar são sempre nas escolas com menos de 20 alunos.

Para além do estado de degradação e obsolescência dos edifícios, do número muito reduzido de alunos, do grau de isolamento destas escolas e do insucesso escolar, existiam ainda outros problemas que afectavam, em 2005, este nível de ensino.

Em primeiro lugar, o horário de funcionamento. As escolas encerravam no fim das actividades da componente curricular, ou seja, a partir das 13 horas. Resultado: não asseguravam qualquer resposta de apoio às famílias, que eram obrigadas a procurar fora da escola soluções de "guarda" compatíveis com os seus horários de trabalho.

60 A ESCOLA PÚBLICA PODE FAZER A DIFERENÇA

Em segundo lugar, a escassez da oferta de apoio às famílias. Apenas 25% dos alunos tinham acesso a ATL. Promovidas essencialmente por instituições privadas de solidariedade social (IPSS), financiadas pelo Instituto da Segurança Social e comparticipadas pelas famílias eram apenas acessíveis àquelas com meios financeiros para pagar esses serviços, mas não mantinham nenhuma relação com as escolas.

Em terceiro lugar, a inexistência de equipamentos e recursos educativos. A maioria das escolas do 1.º ciclo não tinha bibliotecas, espaços para servir refeições ou para a realização de actividade física e desportiva.

Em quarto lugar, as actividades de enriquecimento curricular. Como foi referido, a grande maioria das escolas não proporcionava aos alunos qualquer actividade complementar. Mas, quando existiam, na maior parte dos casos por iniciativa das autarquias, funcionavam dentro das cinco horas diárias do currículo nacional e obrigatório, diminuindo o tempo destinado à aprendizagem das áreas nucleares do currículo do 1.º ciclo.

Em quinto e último lugar, a elevada mobilidade de professores. Embora esta não fosse uma característica específica deste nível de ensino, tinha um efeito particularmente negativo nas escolas com reduzido número de alunos, porque, em muitos casos, se tratava de escolas onde também os professores não queriam estar colocados. A realização de concursos anuais para colocação, afectação e recrutamento de professores promovia a mobilidade anual de cerca de 2/3 dos docentes, impedindo a estabilidade e a concretização de estratégias de continuidade pedagógica.

Desenho e definição das políticas

Objectivo global

O objectivo principal em torno do qual se organizou a intervenção nas escolas do 1.º ciclo foi valorizar e requalificar o parque escolar, definindo referenciais de qualidade para os edifícios e para o funcionamento das escolas enquanto organizações, de forma a elevar a qualidade média de todos os estabelecimentos e a diminuir a desigualdade escolar. A concretização deste objectivo passava pela dotação das escolas de modelos de qualidade, de meios financeiros e de recursos organizacionais para melhorarem a qualidade do ensino e das aprendizagens – e, desta forma, a qualidade do serviço público de educação, tornando-o mais adequado às exigências do mundo actual e às necessidades das crianças e das famílias, nomeadamente na compatibilização entre o trabalho e a vida familiar.

Objectivos específicos

Foram objectivos específicos:

- Reorganizar e requalificar a rede de escolas do 1.º ciclo, encerrando as escolas isoladas e com reduzido número de alunos, e construindo centros escolares e novas escolas nos locais de sobrelotação;
- Instituir a escola a tempo inteiro, quer pelo alargamento do horário de funcionamento dos estabelecimentos – pelo menos até às 17h30 e durante oito horas –, quer pela oferta obrigatória de actividades de enriquecimento curricular, contribuindo para a melhoria das condições de ensino e de aprendizagem e para a equidade do sistema educativo.
- Promover uma efectiva integração do 1.º ciclo na estrutura da escolaridade básica obrigatória de nove anos, reduzindo a distância física, organizacional e de qualidade dos recursos escolares, e reforçando a articulação com os restantes ciclos de ensino;
- Estimular a criação de escolas integradas – espaços de socialização e de desenvolvimento do aluno desde o 1.º ano ao 9.º ano de escolaridade –, oferecendo mais e melhores equipamentos, dotados de escala apropriada e com número de alunos suficiente;

Estratégia de intervenção

A concretização do objectivo de valorização e qualificação das escolas do 1.º ciclo do ensino básico exigia uma intervenção sistémica, consubstanciada num conjunto vasto de medidas lançadas de forma articulada. As expectativas das câmaras municipais de uma participação mais qualificada nas matérias da educação, bem como a existência

62 A ESCOLA PÚBLICA PODE FAZER A DIFERENÇA

de boas práticas de intervenção autárquica em vários concelhos do país, permitiram definir uma estratégia de envolvimento das autarquias e de contratualização de novas responsabilidades com o Ministério da Educação. Na concretização dessa estratégia foram dados os seguintes passos:

- Lançamento do programa de ensino do Inglês no 1.º ciclo, em parceria com as autarquias (entre Maio e Agosto de 2005), valorizando as boas práticas já existentes na implementação de actividades de enriquecimento curricular;
- Sinalização dos problemas da rede de escolas do primeiro ciclo (escolas isoladas, com poucos alunos e com elevado insucesso escolar) e sensibilização para a necessidade de os resolver. Foram identificadas 500 escolas isoladas e com maior taxa de insucesso escolar e feito o anúncio público do seu encerramento (Outubro e Novembro de 2005);
- Realização de um trabalho de proximidade, de parceria e de negociação entre as direcções regionais de educação, os municípios e demais agentes educativos locais, para a execução do programa de encerramento de escolas de reduzida dimensão, com a identificação concreta e territorializada das soluções, isto é, das escolas a encerrar e das soluções de acolhimento, dos investimentos necessários para melhorias imediatas e das soluções de médio prazo;
- Envolvimento das associações de pais, dos professores das escolas encerradas e dos dirigentes dos agrupamentos de escolas, na procura de uma solução para o encaminhamento dos professores e dos alunos das escolas encerradas;
- Apoio financeiro do Ministério da Educação às autarquias e identificação de outras fontes de financiamento e de programas de apoio às câmaras municipais para o exercício das suas competências;
- Desenho de um programa específico para apoio à construção de centros escolares no âmbito do Quadro de Referência Estratégico Nacional (QREN) e negociação com o Banco Europeu de Investimento (BEI) para acesso a crédito em condições especiais por parte das autarquias.

Antevia-se que o processo de encerramento de escolas isoladas suscitasse protestos e reacções negativas por parte das populações locais. Todavia, o trabalho de terreno e proximidade entre os serviços do Ministério da Educação e as autarquias, bem como o facto de as alternativas propostas para o acolhimento de alunos e de professores serem objectivamente melhores, mesmo quando ainda precárias, contribuíram certamente para minimizar a insatisfação, apesar da sua visibilidade mediática. De facto, nas soluções de acolhimento apresentadas, os alunos passaram a beneficiar de refeições escolares, transporte, escola a tempo inteiro, mas sobretudo passaram a relacionar-se com mais crianças. Estas melhorias imediatas foram valorizadas pelos pais e encarregados de educação, bem como pelas crianças e pelos professores.

Metodologia e actores

Actividades desenvolvidas

As actividades desenvolvidas e as medidas tomadas incidiram sobre os dois objectivos da intervenção: a generalização da escola a tempo inteiro e a requalificação da rede, com o encerramento das escolas isoladas. No que respeita à generalização da escola a tempo inteiro e da oferta obrigatória em todas as escolas públicas de actividades de enriquecimento curricular, o conjunto das iniciativas envolveu desde o início, para além dos serviços do Ministério da Educação, as autarquias locais, os dirigentes dos agrupamentos de escolas, as associações de pais e as associações de professores, em actividades de diferente natureza, designadamente:

– Reuniões de trabalho, ainda em 2005, entre os presidentes de câmara e os membros do Governo, tendo em vista a atribuição, às autarquias da responsabilidade da promoção do ensino do Inglês aos alunos dos 3.º e 4.º anos de escolaridade, em articulação obrigatória com os agrupamentos de escolas, sendo os recursos financeiros da responsabilidade do Ministério da Educação;

– Definição de referenciais para o ensino do Inglês em regime de actividade extracurricular, da fixação dos tempos semanais para a aprendizagem do Inglês, dos perfis habilitacionais e exigências para a contratação de professores e das orientações programáticas, em colaboração com a Associação Portuguesa de Professores de Inglês (APPI);

– Extensão da oferta das actividades de enriquecimento curricular a outros domínios – artístico, científico, tecnológico (TIC), outras línguas estrangeiras e definição das respectivas orientações programáticas e referenciais para as diferentes actividades de enriquecimento curricular: Estudo Acompanhado, Música, actividades física e desportiva;

– O Estudo Acompanhado e o Inglês, para os alunos dos 3.º e 4.º anos de escolaridade, são definidos como actividades de oferta obrigatória, proporcionando a todos os alunos sem excepção, o acompanhamento pela escola do estudo individual e da realização dos trabalhos de casa, bem como a aprendizagem do Inglês, a primeira língua estrangeira;

– Publicação de edital para apresentação de propostas para a promoção do ensino de Inglês nas escolas do 1.º ciclo pelas câmaras municipais, em parceria com os agrupamentos de escolas. Em 2005, apenas em Setúbal não foi possível oferecer ensino de Inglês. Cerca de 14 autarquias, maioritariamente com governo do PCP, não se constituíram como entidades promotoras, mas o serviço foi organizado e promovido pelas próprias escolas, por associações de pais ou por IPSS;

– Definição dos montantes anuais de financiamento por aluno, em função do "pacote" de actividades oferecidas pelas autarquias e pelas escolas e determinação da obrigatoriedade da oferta e da gratuitidade da frequência desta actividade;

– Criação de uma comissão de acompanhamento, integrada por representantes das direcções regionais de educação e serviços centrais do Ministério da Educação, das associações de professores, da CONFAP e da Associação Nacional dos Municípios Portugueses (ANMP), para a apreciação das propostas das autarquias e acompanhamento da sua concretização, devendo a referida comissão apresentar relatórios semestrais de acompanhamento e de evolução das actividades de enriquecimento curricular;

– Em 2006, alargamento da obrigatoriedade de oferta do ensino do Inglês ao 1.º e 2.º ano de escolaridade.

Quanto à requalificação da rede de escolas do 1.º ciclo e ao encerramento de escolas isoladas, o trabalho realizado pelos serviços regionais do Ministério da Educação com as câmaras municipais, nas várias fases do processo, foi o seguinte:

– Elaboração, em 2005, pelo Gabinete de Estatística e Planeamento da Educação (GEPE), de um estudo de análise do efeito da dimensão das escolas no aproveitamento escolar dos alunos;
– Assinatura de um acordo com a Associação Nacional dos Municípios Portugueses (ANMP) relativo às cartas educativas e à organização da rede escolar do 1.º ciclo, incluindo o encerramento das escolas isoladas;
– Realização de reuniões, em todos os distritos do país, envolvendo todos os presidentes de câmara, os serviços centrais e regionais do Ministério da Educação e os membros do Governo responsáveis pela educação, nas quais foram apresentados e discutidos os objectivos de intervenção política e o conjunto das iniciativas, reforçando a necessidade e a indispensabilidade de uma intervenção articulada entre o governo central e os municípios;
– Apoio financeiro do Ministério da Educação às autarquias, para a realização de obras nas escolas "de acolhimento" tendo em vista criar as condições mínimas para acolher, ainda que transitoriamente, os professores e os alunos das escolas encerradas (em 2006, foram atribuídos às autarquias, onde o processo de encerramento teve mais expressão, 2,4 milhões de euros para intervenções nas escolas que acolheram os alunos implicados no encerramento das primeiras 1.500 escolas);
– Apoio financeiro para o transporte escolar dos alunos abrangidos pelo encerramento de escolas, tendo-se decidido o pagamento de 100% do custo dos transportes escolares destes alunos (ou seja, 290€ por aluno/ano num total de cerca de 11.000 alunos por três anos lectivos);
– Isenção do imposto automóvel para aquisição, por parte das autarquias, de veículos destinados ao transporte escolar de alunos do 1.º ciclo do ensino básico;
– Inclusão da renovação do parque escolar do 1.º ciclo como prioridade do QREN, para o que foi elaborado um programa

66 A ESCOLA PÚBLICA PODE FAZER A DIFERENÇA

de financiamento às autarquias, destinado à construção e manutenção de escolas ou à construção de centros escolares;
– Negociação com o Banco Europeu de Investimento de uma linha de crédito bancário bonificado para autarquias sem acesso à cobertura dos fundos estruturais, como era o caso das localizadas nas regiões de Lisboa e Vale do Tejo e do Algarve;
– Verticalização de cerca 80% dos agrupamentos horizontais, promovendo, assim, a integração dos diferentes ciclos do ensino básico. Foram também fundidas e concentradas escolas, o que permitiu criar novas escolas básicas integradas.

Actores

Na concretização do conjunto de medidas de política que visaram a promoção da qualidade do serviço público de educação no 1.º ciclo do ensino básico tiveram intervenção inúmeros actores institucionais. Um dos primeiros passos foi dado pelo Gabinete de Estatística e Planeamento da Educação (GEPE), que procedeu ao tratamento de informação estatística sobre as escolas, os alunos, os recursos educativos e os resultados escolares. Nessa conformidade foi analisada, designadamente, a correlação entre a dimensão das escolas e os resultados escolares dos alunos, permitindo verificar que os níveis mais elevados de insucesso (percentagem de reprovações acima da média nacional) ocorriam maioritariamente em escolas isoladas e de reduzida dimensão. O GEPE também dispensou apoio técnico às câmaras municipais na elaboração das cartas educativas, aprovadas como instrumentos dinâmicos de planeamento. Por seu lado, as direcções regionais de educação realizaram centenas de reuniões e contactos com os presidentes de câmara, vereadores da educação e dirigentes dos agrupamentos de escolas. Todos, incluindo os pais, foram envolvidos na procura das soluções imediatas de encaminhamento de alunos e professores das escolas encerradas, num processo complexo de intermediação e procura de consensos e soluções. As associações de professores de Música, de Inglês e de Educação Física intervieram na definição de referenciais das actividades de enriquecimento curricular e no acompanhamento dos professores e das escolas. A Associação de Professores de Inglês (APPI), nomeadamente através dos membros da direcção, Alberto Gaspar, Cristina Bastos e Isabel Brites, foi um parceiro muito importante no lançamento e na generalização do ensino de Inglês aos alunos do 1.º ciclo. Foram eles que assumiram inteiramente a responsabilidade pela elaboração das orientações e dos programas de formação de professores, bem como o acompanhamento do programa, tendo apresentado em diversas oportunidades sugestões concretas para a sua melhoria. As Associações dos Professores de Educação Física (Sociedade Portuguesa de Educação Física e Conselho Nacional das Associações de Profissionais de Educação Física), também através dos membros da Direcção Rui Petrucci e Marcos Onofre, participaram igualmente no acompanhamento do programa, não deixando nunca de apresentar contributos para a sua melhor concretização.

A Associação Nacional dos Municípios Portugueses assinou com o Ministério da Educação protocolos de entendimento e de colaboração para os processos de reorganização da rede, de encerramento de escolas, de financiamento do transporte e das refeições escolares. Foi ainda muito importante o envolvimento pessoal dos presidentes de câmara de muitas autarquias que se mostraram disponíveis para inúmeras reuniões de trabalho, realizadas por distritos, nas quais foi sendo definida e concretizada uma agenda para a política educativa local articulada com a agenda política do Governo. A Associação Nacional de Municípios Portugueses, várias associações de professores e a Confederação das Associações de Pais (CONFAP), através dos membros da Direcção, Albino Almeida e Emília Bigotte, integraram o grupo de acompanhamento do processo de generalização das actividades de enriquecimento curricular. Por fim, não menos indispensável foi ainda o trabalho realizado em cada escola pelos dirigentes dos agrupamentos e pelas associações de pais directamente envolvidos nos processos de encerramento de estabelecimentos de ensino e de encaminhamento de alunos, bem como nos processos de organização e de promoção das actividades de enriquecimento curricular.

Avaliação e resultados

Em 2006, foram encerradas cerca de 1.500 escolas isoladas, muitas das quais com menos de 20 alunos, apesar de inicialmente se haver previsto o encerramento de apenas 500 escolas. Até final de 2009, foram encerradas, no total, cerca de 2.500 escolas do 1.º ciclo. Em 2009, existiam apenas 150 escolas com menos de 10 alunos. Mas pode considerar-se que o problema estava ultrapassado: com o programa de reorganização da rede e de construção de centros escolares, ganhou-se uma dinâmica irreversível em todo o país, sobretudo porque as autarquias passaram a dispor dos meios e das competências para intervir e resolver os problemas das escolas do 1.º ciclo do seu concelho. A aprovação, no âmbito do QREN, de 432 novos centros escolares, dos quais 211 novos centros escolares concluídos em 2009, é uma garantia de que, no curto prazo, o país poderá dispor de uma rede de escolas totalmente modernizada e integrada.

Em 2009, o funcionamento até às 17h30 e a oferta obrigatória de Inglês e Estudo Acompanhado, e de outras actividades de enriquecimento curricular, estava em vigor em todas as escolas públicas. A adesão à aprendizagem do Inglês superou largamente as expectativas iniciais e, a partir de 2006, a maioria das famílias passou a beneficiar da escola a tempo inteiro e da oferta de actividades de enriquecimento curricular: 99% das escolas funcionam actualmente a tempo inteiro e em regime normal, sendo a frequência das actividades de enriquecimento curricular generalizada a mais de 90% das crianças.

Foram, entretanto, lançadas outras iniciativas de valorização do 1.º ciclo, como as refeições e os transportes escolares, os programas de formação contínua de professores do 1.º ciclo em Matemática, Português e Ensino Experimental das Ciências, a colocação plurianual de professores – de quatro em quatro anos – para garantir a continuidade pedagógica, a universalização das provas de aferição em Matemática e Língua Portuguesa no 4.º ano de escolaridade, o tempo diário para a leitura. E, ainda, a iniciativa *e-escolinha*/computador portátil Magalhães, encontrando-se a sua apresentação nos respectivos dossiês temáticos.

O conjunto das medidas lançadas com o objectivo de valorização do 1.º ciclo foi objecto de avaliação externa por uma equipa internacional dirigida por Peter Matews, acompanhada pelo departamento de educação da OCDE, encontrando-se o relatório publicado no *site* da OCDE. Os relatórios anuais sobre a organização do ano lectivo (OAL) da Inspecção-Geral da Educação (IGE) apresentam a evolução dos principais indicadores entre 2005 e 2009.

Quadro 2.3. – Taxas de retenção e desistência no ensino básico (2004-2009)

	2003/04	2004/05	2005/06	2006/07	2007/08	2008/09
1.º ano	0,0	0,0	0,0	0,0	0,0	0,0
2.º ano	12,2	11,4	9,6	8,2	7,4	7,4
3.º ano	5,4	4,4	3,6	3,4	3,2	3,1
4.º ano	7,6	6,0	5,2	4,8	4,6	3,6
Total	6,5	5.6	4,7	4,2	3,9	3,6

Fonte: GEPE, Estatísticas da Educação.

Os resultados escolares melhoraram de forma significativa e consistente, como pode ser observado no quadro seguinte, tendo-se reduzido para metade o insucesso escolar no primeiro ciclo do ensino básico. No segundo ano de escolaridade, registam-se progressos menos acentuados, exigindo-se por isso medidas específicas para a resolução deste problema, designadamente no domínio do ensino e da aprendizagem da leitura, de que falaremos mais adiante.

Desafios futuros

Os relatórios elaborados pela Comissão de Acompanhamento das Actividades de Enriquecimento Curricular, bem como o relatório de avaliação externa dirigida por Peter Matthews apresentam recomendações e contributos para a evolução e o desenvolvimento do processo de reforma do 1.º ciclo do ensino básico. Uma das questões críticas apontadas é a da articulação entre as actividades curriculares e extracurriculares – em particular a eventual integração do ensino do Inglês no currículo, que exigirá uma alteração do programa do ensino básico. As soluções a encontrar terão certamente impactos nos regimes de formação, recrutamento e contratação dos profissionais envolvidos nestas actividades.

O conjunto de medidas lançadas para a melhoria da qualidade do ensino no 1.º ciclo acabou por constituir uma oportunidade de alargamento e valorização da participação das autarquias nas políticas de educação. Pela primeira vez na história do sistema educativo, as autarquias foram chamadas a assumir responsabilidades na contratação de professores e de outros profissionais para as actividades de ensino nas escolas, estabelecendo uma relação com os directores das escolas. No futuro, será necessário continuar a reflectir sobre a partilha de responsabilidades, de funções e de competências, em matéria de educação, entre o Ministério da Educação, as autarquias e os directores dos agrupamentos de escolas. Deverá então definir-se, de forma clara, a repartição das competências na distribuição de recursos, das competências de gestão pedagógica e de organização e gestão de recursos. O desafio consiste em continuar a aprofundar a autonomia das escolas, a reforçar a intervenção das autarquias e, simultaneamente, melhorar os mecanismos centrais, pelo Ministério da Educação, de controlo e avaliação da qualidade do serviço público prestado.

A questão crítica no 1.º ciclo do ensino básico continua a ser o da garantia da qualidade das aprendizagens e, por consequência, o da melhoria dos resultados escolares. Espera-se que o conjunto destas e de medidas (como o alargamento da educação pré-escolar iniciado em 1996) tenha um impacto positivo na qualidade das aprendizagens e nos resultados escolares dos alunos. De facto, no conjunto do 1.º ciclo regista-se uma melhoria, mais acentuada e consistente a partir de 2002/03. Porém, como se pode observar no quadro 1, o 2.º ano de escolaridade apresenta-se com percentagens muito elevadas de insucesso, decorrente sobretudo do défice de competências na leitura. Uma percentagem demasiado elevada de crianças não atinge os níveis de competências estabelecidos, iniciando, aos sete anos de idade, um caminho de repetência e de insucesso que comprometerá irreversivelmente o seu percurso escolar. Iniciativas como o Plano Nacional de Leitura, o Programa Mais Sucesso e o Programa de Formação Contínua de Professores do 1.º Ciclo em Português, e a generalização das provas de aferição em Matemática e Língua Portuguesa – que têm focalizado a sua atenção neste problema – certamente que permitirão intervir com mais eficácia. Por outro lado, na sequência da constituição dos agrupamentos e das alterações ao modelo de gestão das escolas, será necessário continuar a promover uma efectiva integração e articulação curricular e pedagógica entre o pré-escolar e o 1.º ciclo, bem como entre os vários ciclos do ensino básico. A articulação curricular e pedagógica será mais fácil se se continuar a promover a integração organizacional e física dos diferentes estabelecimentos de ensino, tornando efectivos os princípios do modelo de organização e funcionamento das escolas básicas integradas.

Documentos de referência

Normativos

Despacho n.º 16 795/2005, de 3 de Agosto – Estabelece as normas a observar no período de funcionamento dos estabelecimentos de educação pré-escolar e 1.º ciclo do ensino básico;

Despacho n.º 12591/2006, de 16 de Junho – Define as orientações relativas às actividades de enriquecimento curricular;

Despacho n.º 19575/2006, de 25 de Setembro – Estabelece as orientações curriculares para o 1.º ciclo;

Portaria n.º 127-A/2007, de 25 de Janeiro – Determina o ajustamento anual da rede escolar com a consequente criação, extinção e transformação das escolas.

Despacho de 22 de Janeiro de 2008 – Regulamenta os referenciais técnicos que devem ser considerados no processo de concepção e de construção dos estabelecimentos públicos da educação pré-escolar e do 1.º ciclo;

Despacho n.º 14460/2008, de 26 de Maio – Define o regime de acesso ao apoio financeiro no âmbito do programa das actividades de enriquecimento curricular;

Despacho n.º 14759/2008, de 28 de Maio – Cria a equipa de projecto para o reordenamento e requalificação da rede escolar;

Decreto-Lei n.º 212/2009, de 3 de Setembro – Estabelece o regime de contratação de técnicos que asseguram o desenvolvimento das actividades de enriquecimento curricular no 1.º ciclo do ensino básico nos agrupamentos de escolas da rede pública.

Outros documentos

Acordo entre o Ministério da Educação e a ANMP, relativo a cartas educativas e rede escolar do 1.º ciclo, Outubro de 2005;

Bento, Cristina, et. al. (2005), Programa de Generalização do Ensino do Inglês no 1.º ciclo do ensino básico, DGIDC-ME;

Acordo entre Ministério da Educação e a ANMP relativo às actividades de enriquecimento curricular no 1.º ciclo do ensino básico, Setembro de 2006;

Dias, Américo, Veríssimo, Toste (2006), Ensino do Inglês 1.º Ciclo do Ensino Básico (1.º e 2.º anos) – Orientações Programáticas, DGIDC-ME;

Vasconcelos, António, et. al. (2006), Orientações Programáticas do Ensino da Música no 1.º Ciclo do ensino Básico, APEM;

Maria, Albino; Nunes, Manuel Mendes (2007), Actividade Física e Desportiva 1.º Ciclo do ensino Básico – Orientações Programáticas, DGIDC-ME;

APEM (2008), Programa de Generalização do Ensino do Inglês nos 3.º e 4.º anos e de outras Actividades de Enriquecimento Curricular no 1.º Ciclo do ensino Básico, APEM;

CNAPEF/SPEF (2008), Actividades de Enriquecimento Curricular – Relatório CNAPEF/SPEF das visitas de acompanhamento no ano lectivo 2007/2008, CNAPEF/SPEF;

Matthews, Peter, et. al. (2009), Política Educativa para o 1.º Ciclo do Ensino Básico, 2005-2008 – Avaliação Internacional, GEPE-ME;

CONFAP (2009), Relatório de Acompanhamento: Programa de Generalização do Ensino do Inglês e outras Actividades de Enriquecimento Curricular: Análise e Contributos, CONFAP;

DGIDC-ME (sem data), Actividades de Enriquecimento Curricular: Programa de Generalização do Ensino do Inglês nos 3.º e 4.º anos e de outras Actividades de Enriquecimento Curricular no 1.º Ciclo do ensino Básico – Relatório de Acompanhamento 2007/2008, DGIDC-ME;

DGIDC-ME (sem data), Actividades de Enriquecimento Curricular: Programa de Generalização do Ensino do Inglês nos 3.º e 4.º Anos e outras Actividades de Enriquecimento Curricular no 1.º Ciclo do ensino Básico – Relatório Pedagógico 2007/2008, DGIDC-ME;

DGIDC-ME (sem data), Actividades de Enriquecimento Curricular Programa de Generalização do Ensino do Inglês nos 3.º e 4.º Anos e Outras Actividades de Enriquecimento Curricular no 1.º Ciclo do Ensino Básico – Relatório Final de Acompanhamento 2006/2007, DGIDC-ME;

APPI (sem data), Programa de Generalização do Ensino do Inglês nos 3.º e 4.º Anos e de Outras Actividades de Enriquecimento Curricular no 1.º Ciclo do ensino Básico – Relatório Final de Acompanhamento 2007/2008, APPI.

3. UNIVERSALIZAÇÃO DO PRÉ-ESCOLAR

Sendo os efeitos do pré-escolar nas aprendizagens posteriores dos jovens tão decisivos para o sucesso escolar, era fundamental garantir a sua efectiva universalidade, mesmo sabendo que, em termos nacionais, a taxa de escolarização aos cinco anos de idade estava, em 2005, muito perto dos 90%. Sobretudo em concelhos de maior pressão demográfica, na sua maioria localizados nas áreas metropolitanas de Lisboa e do Porto, era patente uma insuficiência tanto da oferta pública como da oferta de privados e de instituições de solidariedade social. Foram por isso lançados e aprovados vários concursos para a construção de novas salas naqueles concelhos, ampliando-se a oferta em 13.000 novos lugares, com um financiamento partilhado entre o Ministério da Educação e o Ministério do Trabalho e da Solidariedade Social.

Análise do problema

Antecedentes

Os benefícios da frequência da educação pré-escolar, para uma escolarização bem sucedida, são hoje amplamente reconhecidos. Vários são os estudos que demonstram uma clara relação entre a frequência da educação pré-escolar e a redução do número de retenções ou de abandono do percurso escolar.

Em 1997, a duração média da pré-escolarização era de 1,83 anos e, com o ministro da Educação Marçal Grilo, foi definido um programa de expansão e desenvolvimento da educação pré-escolar no sistema público. O objectivo, à data, era o de, até ao ano 2000, elevar a oferta global de educação pré-escolar em cerca de 20%, de modo a abranger 90% das crianças de 5 anos, 75% das de 4 anos, e 60% das de 3 anos.

A ESCOLA PÚBLICA PODE FAZER A DIFERENÇA

Quadro 3.1. – Evolução das taxas de cobertura do pré-escolar (1996-2008)

Ano lectivo	3 a 5 anos	5 anos
1996/97	59,8	67,7
1997/98	65,8	74,5
1998/99	68,7	77,1
1999/00	71,6	83,0
2000/01	74,8	83,3
2001/02	76,2	84,7
2002/03	76,3	87,7
2003/04	76,9	87,7
2004/05	77,5	87,1
2005/06	77,8	89,7
2006/07	77,7	89,2
2007/08	78,7	92,0

Fonte: GEPE, Estatísticas da Educação.

Apesar dos esforços desenvolvidos e dos assinaláveis progressos, os objectivos não foram plenamente alcançados. Em 2005, cerca de 77% das crianças portuguesas com idades entre os 3 e os 5 anos frequentavam o pré-escolar, não havendo ainda cobertura de 90% aos 5 anos de idade, mas tendo a duração média subido para 2,35 anos. As desigualdades no acesso estavam geográfica e socialmente identificadas e o problema assumia especial expressão nas periferias dos grandes centros urbanos. A análise dos dados estatísticos permitiu concluir que foi mais difícil cumprir os objectivos inscritos no programa de expansão e desenvolvimento da educação pré-escolar, no conjunto dos concelhos das áreas metropolitanas de Lisboa e Porto.

Justificação

O alargamento da rede de jardins-de-infância é a condição necessária para a universalização da educação pré-escolar, verificando-se que, por insuficiência da oferta pública, muitas famílias, maioritariamente das áreas metropolitanas de Lisboa e Porto, suportavam inteiramente os custos do acesso a este serviço educativo. O modelo de organização da oferta de educação pré-escolar, definido em 1997, baseava-se no pressuposto do apoio financeiro, pelo Ministério de Educação e pelo Ministério do Trabalho e da Solidariedade Social, às instituições de solidariedade social e às autarquias, tanto para a construção de salas como para o seu funcionamento na componente educativa e na componente de apoio às famílias. Em 2009, a rede de estabelecimentos de jardins-de-infância distribuía-se da seguinte forma: 52% da rede pública/municipal, 31% da rede solidária e 17% da rede privada. O Ministério do Trabalho e da Solidariedade Social assegurava o financiamento anual de 108 milhões de euros e o Ministério de Educação cerca de 450 milhões de euros.

Desde 1997 que não era lançado qualquer concurso para a construção de novas salas, tendo estagnado o alargamento da rede, sobretudo em concelhos de maior pressão demográfica, que apresentavam taxas de cobertura inferiores a 70% devido à escassez de oferta. Assim acontecia em Lisboa, Vila Franca de Xira, Amadora, Sintra, Loures, Odivelas, Moita, Seixal, Setúbal, Gondomar, Maia e Póvoa do Varzim, por exemplo.

Desenho e definição de políticas

Objectivo global

Universalização da educação pré-escolar aos 5 anos e alargamento da cobertura da educação pré-escolar, expandindo a rede nacional de oferta e assegurando em todo o território nacional o princípio da igualdade de oportunidades no acesso a este tipo de ensino, essencial para a melhoria dos percursos escolares dos alunos.

Objectivos específicos

Os objectivos específicos da medida, uma vez identificado o défice de oferta e cobertura da educação pré-escolar em vários concelhos das áreas metropolitanas de Lisboa e do Porto, centraram-se na:

- Construção de novas salas de pré-escolar nos concelhos das áreas metropolitanas de Lisboa e Porto, para atingir uma oferta igual ou superior à média nacional (77% das crianças dos 3 aos 5 anos de idade);
- Instituição, por meio de diploma legal, da universalidade e gratuitidade da educação pré-escolar aos 5 anos.

Estratégia de intervenção

A intervenção foi definida no quadro regulamentar de funcionamento da educação pré-escolar, definido em 1997, baseada na participação das autarquias e das instituições particulares de solidariedade social (IPSS), com o apoio financeiro do Ministério da Educação e do Ministério do Trabalho e da Solidariedade Social. Foi assim estabelecido um acordo entre os dois ministérios para, em conjunto, se criar um programa de financiamento para a construção de novas salas de educação pré-escolar.

Metodologia e actores

Actividades desenvolvidas

As actividades desenvolvidas e as iniciativas lançadas visaram estimular a construção e o funcionamento de novas salas de educação pré-escolar nos concelhos do país com maior escassez de oferta. Para tal, avançou-se na:

- Identificação, pelo Gabinete de Estatística e Planeamento da Educação, dos concelhos com taxas de cobertura inferiores à média nacional;
- Realização de reuniões de trabalho com os presidentes de câmara e os representantes das instituições da rede solidária;
- Lançamento, em edital, dos concursos dirigidos às autarquias e às IPSS para a construção de novas salas nas áreas metropolitanas de Lisboa e do Porto;
- Apresentação e aprovação, na Assembleia da República, de uma lei para a universalização da educação pré-escolar aos 5 anos de idade, garantindo a obrigatoriedade da oferta e a total gratuitidade;
- Criação de um grupo de trabalho, com representação das diferentes instituições envolvidas, tendo em vista a análise das condições de aplicação do modelo de financiamento.

Actores

No processo de alargamento da rede da educação pré-escolar estiveram envolvidos os membros dos gabinetes do Ministério do Trabalho e da Solidariedade Social e do Ministério da Educação. Os dois ministérios repartiram responsabilidades no financiamento da construção de salas de educação pré-escolar – o Ministério do Trabalho e da Solidariedade Social no financiamento da componente de apoio à família e o Ministério de Educação no financiamento da componente educativa. Os concursos lançados respeitavam o modelo de desenvolvimento estabelecido para o pré-escolar, pelo que foram dirigidos às IPSS e às câmaras municipais.

Os serviços centrais do Ministério da Educação e a Associação Profissional dos Educadores de Infância (APEI), com a colaboração de Júlia Formosinho e Maria João Cardona, acompanharam a experiência pedagógica para o desenvolvimento das orientações curriculares, com base na qual se aprovou a sua generalização.

Avaliação e resultados

Foram aprovados projectos e assinados 172 protocolos com câmaras municipais e IPSS para a construção de 300 salas de educação pré-escolar destinadas a mais 13 mil crianças, o que permitirá o aumento da taxa de cobertura da educação pré-escolar a nível nacional de 77% para 82%; nas áreas metropolitanas de Lisboa e Porto o aumento da taxa de pré-escolarização será superior a dez pontos percentuais.

Desafios futuros

O principal desafio, na área da educação pré-escolar, é garantir a universalidade, a gratuitidade e a qualidade do serviço público prestado pela diversidade de instituições envolvidas na sua prestação. O modelo de organização, incluindo instituições públicas, privadas e a rede solidária, exige a criação de mecanismos de avaliação e controlo que são actualmente inexistentes. De facto, sobretudo nos concelhos do país com escassez de oferta de serviço público – como é por exemplo o caso do concelho de Lisboa – são muito elevados os custos suportados pelas famílias, não sendo em muitos casos respeitadas rigorosamente as regras de financiamento instituídas.

A ESCOLA PÚBLICA PODE FAZER A DIFERENÇA

Constitui, ainda, um desafio continuar o esforço de generalização das orientações curriculares para a educação pré-escolar, definidas no quadro da experiência pedagógica acompanhada pelos serviços do Ministério da Educação (Direcção-Geral de Inovação e Desenvolvimento Curricular) e pela APEI. Essa generalização, que reforça a componente educativa, espera-se que contribua para promover a necessária articulação pedagógica e organizacional entre a educação pré-escolar e o 1.º ciclo do ensino básico, e para uma efectiva melhoria das condições de aprendizagem dos alunos. Neste mesmo sentido, é muito importante o desafio de aprofundar o conhecimento e a informação sobre os impactos do alargamento do pré-escolar, desde 1997, nos resultados escolares e nos percursos dos alunos abrangidos por este alargamento.

Documentos de referência

Normativos

Circular n.º 17/DSDC/DEPEB/2007 – Estabelece a gestão do currículo na educação pré-escolar;

Despacho n.º 13 096/2008, de 9 de Maio – Promove a expansão da educação pré-escolar e o correspondente alargamento da rede nacional, visando superar situações irregulares;

Despacho n.º 19221/2008, de 18 de Julho – Expande e desenvolve a educação pré-escolar para o ano lectivo de 2007-2008 (celebração de protocolo de cooperação com a Associação Nacional de Municípios Portugueses);

Despacho n.º 19222/2008, de 18 de Julho – Expande e desenvolve a educação pré-escolar para o ano lectivo de 2007-2008 (celebração de protocolo de cooperação com a União das Misericórdias Portuguesas e a União das Mutualidades Portuguesas);

Despacho n.º 19223/2008, de 18 de Julho – Expande e desenvolvimento a educação pré-escolar para o ano lectivo de 2007-2008 (celebração de protocolo de cooperação com a Confederação Nacional das Instituições de Solidariedade);

Despacho n.º 23403/2008, de 16 de Setembro – Cria uma linha de apoio financeiro para o alargamento da rede de educação pré-escolar (com edital);

Despacho n.º 24755/2008, de 03 de Outubro – Fixa o apoio financeiro a atribuir aos estabelecimentos de educação pré-escolar da rede pública para aquisição de material didáctico no ano lectivo de 2008-2009;

Despacho n.º 9620/2009, de 7 de Abril – Visa dar continuidade ao programa de desenvolvimento e expansão da educação pré-escolar (com edital);

Despacho n.º 13501/2009, de 9 de Junho – Acorda a manutenção das obrigações insertas no protocolo de cooperação que enquadra o envolvimento da Confederação Nacional das Instituições de Solidariedade na expansão e desenvolvimento da educação pré-escolar para o ano lectivo 2008-2009;

Despacho n.º 13502/2009, de 9 de Junho – Determina a manutenção das obrigações insertas no protocolo de cooperação que enquadra o envolvimento da União das Misericórdias Portuguesas e União das Mutualidades Portuguesas na expansão e no desenvolvimento da educação pré-escolar para o ano lectivo 2008-2009;

Despacho n.º 13503/2009, de 9 de Junho – Assenta a manutenção das obrigações vertidas no protocolo de cooperação que enquadra o envolvimento da Associação Nacional dos Municípios Portugueses na expansão e no desenvolvimento da educação pré-escolar para o ano lectivo 2008-2009;

Lei n.º 85/2009, de 27 de Agosto – Estabelece o regime de escolaridade obrigatória para as crianças e jovens que se encontrem em idade escolar e consagra a universalidade da educação pré-escolar para as crianças a partir dos 5 anos de idade;

Despacho n.º 21771/2009, de 29 de Setembro – Fixa o apoio financeiro a atribuir aos estabelecimentos de educação pré-escolar da rede pública para a aquisição de material didáctico, no ano lectivo de 2009-2010.

Outros documentos

Lima, Isabel Macedo (coord.) (2006), Caracterização dos Contextos de Educação Pré-Escolar, Relatório Final, DGIDC-ME;

Secundário para todos – Escolarização dos 5 aos 18 Anos: Documento de Trabalho para a Audição de Peritos, 27 de Abril de 2009;

4. ESCOLARIDADE OBRIGATÓRIA ATÉ AOS 18 ANOS

Para ser efectivo, o prolongamento da escolarização requeria consolidação dos avanços anteriores, bem como apoios às famílias, sobretudo às mais carenciadas e com menos recursos para sustentar o adiamento da entrada dos filhos no mercado de trabalho. Por isso, só em 2009, no final do mandato do XVII Governo, se alterou a lei da escolaridade obrigatória, prolongando-se esta até aos 18 anos. Na altura faziam-se já sentir os efeitos das medidas de valorização do ensino secundário entretanto postas em prática, em particular com a generalização da oferta de cursos profissionais nas escolas públicas e a consequente redução do insucesso e o do abandono precoce. Acompanhando a alteração legislativa de novas medidas de apoio às famílias na educação dos seus filhos, estavam reunidas as condições para que o prolongamento da escolarização se traduzisse num aumento efectivo das qualificações dos jovens.

Análise do problema

Antecedentes

O princípio da escolaridade obrigatória foi instituído em Portugal no ano de 1870, quando se aprova a obrigatoriedade de frequência da escola para todas as crianças entre os 7 e os 15 anos de idade. Na sua fase inicial, Estado Novo introduziu alterações no regime da escolaridade obrigatória reveladoras das suas hesitações políticas sobre o acesso ao ensino de todas as crianças e jovens do país. Mas, em 1964, estabelece-se definitivamente em Portugal a obrigatoriedade de frequência da escola entre os 7 anos e os 14 anos.

Pode considerar-se que o uso moderno do conceito da escolaridade básica obrigatória se inicia com o ministro da Educação José Veiga Simão. É em 1970, que se torna efectiva a obrigatoriedade de uma educação básica alargada e gratuita, com a duração de oito

82 A ESCOLA PÚBLICA PODE FAZER A DIFERENÇA

anos, associando-se a obrigatoriedade ao objectivo de generalizar níveis mais elevados de qualificação para todos os jovens. Mesmo depois do 25 de Abril, mantém-se a influência modernizadora da reforma Veiga Simão na configuração do sistema educativo português até à revisão da Lei de Bases.

Em 1986, com a aprovação da Lei de Bases do Sistema Educativo, a ambição e os objectivos actualizam-se para os 9 anos de escolaridade, sendo este o patamar mínimo de qualificação exigido para o acesso, por exemplo, a funções públicas. Tanto em 1964 como em 1970, e em 1986, o país ambicionava proporcionar a todas as crianças e jovens uma escolaridade mais longa. Faltavam porém as infra--estruturas necessárias à sua concretização. Em qualquer destes momentos de actualização da escolaridade obrigatória, não existiam ainda os recursos físicos, humanos e pedagógicos. Isto é, as escolas, os professores, os programas de ensino, os manuais e os outros instrumentos e materiais pedagógicos necessários ao cumprimento dos objectivos estipulados. Por isso, durante várias décadas, a política educativa foi marcada pela necessidade de expansão de todo o sistema, com o objectivo de o dimensionar e de o adequar ao número sempre crescente de alunos. A evolução do número de alunos e das taxas de escolarização ao longo das décadas é bem reveladora do esforço feito e do tempo necessário para a concretização dos objectivos traçados.

Quanto às metas definidas, a análise das séries longas sobre o número de alunos matriculados, as taxas de escolarização e as taxas de aprovação permite verificar a permanência de dois problemas. Em primeiro lugar, o problema de garantir o cumprimento da lei no que respeita à frequência da escola por todas as crianças nas idades abrangidas pela escolaridade obrigatória, isto é, garantir a *escolarização*. Em segundo lugar, o problema da efectividade das aprendizagens e dos resultados obtidos, da eficácia do sistema de ensino, ou seja, de garantir a *escolaridade*.

Considerando o período anterior à reforma Veiga Simão, verifica-se que, em 1960, todas as crianças até aos 10 anos frequentavam a escola – com as taxas de escolarização portanto de 100%. Todavia, o número de crianças que saíam da escola sem concluir a 4.ª classe era da ordem dos 30%. O que aliás justifica que, no recenseamento de 1981, a percentagem de adultos com mais de 30 anos, analfabetos e sem grau de ensino, fosse da ordem dos 30%.

Quadro 4.1 – Evolução das taxas de escolarização por idades (1960-2009)

Idade	1960	1965	1970	1974	1980	1985	1990	1995	2000	2005	2009
6 anos	20	35	24	37	100	100	100	100	100	100	100
7 anos	100	100	100	100	100	100	100	100	100	100	100
8 anos	100	100	100	100	100	100	100	100	100	100	100
9 anos	100	100	100	100	100	100	100	100	100	100	100
10 anos	96	100	99	100	96	100	100	100	100	100	100
11 anos	73	74	97	97	93	100	100	100	100	100	100
12 anos	50	56	84	88	86	97	100	100	100	100	100
13 anos	23	27	69	76	75	84	94	100	100	100	100
14 anos	16	23	35	45	57	67	78	96	100	100	100
15 anos	13	20	29	39	39	57	68	94	93	91	100
16 anos	12	19	24	32	34	42	54	82	87	82	100
17 anos	10	14	20	28	36	38	52	74	74	73	85

Fonte: GEPE, Estatísticas da Educação.

A ESCOLA PÚBLICA PODE FAZER A DIFERENÇA

De entre aqueles que concluíam a escola primária, apenas uma parte concluía com êxito e destes apenas um número reduzido prosseguia os estudos: em 1970, mais de metade das crianças com 14 anos não estava na escola. Como se pode verificar no quadro 4.1, nesta data, a medida da escolaridade obrigatória produz um efeito acelerador no aumento da frequência escolar – o que obrigou à criação de novas salas e ao recrutamento de novos professores para leccionarem o equivalente ao actual 2.º ciclo.

No que respeita à frequência da escola até aos 14 anos, os objectivos e metas foram atingidos apenas uma década mais tarde: em 1996, quando a taxa de escolarização chegou a 100%. Mas, em 2005 ainda estávamos muito longe de alcançar a meta de todos os jovens concluírem com êxito a escolaridade básica. De facto, anualmente e ao longo de duas décadas, uma percentagem muito elevada de jovens – sempre superior a 20% – abandonava a escola, depois dos 15 anos de idade, sem concluir o 9.º ano.

O insucesso e o abandono escolar, entre 1995 e 2005, mantêm-se em valores muito elevados, verificando-se a redução do número de alunos e das taxas de escolarização, por efeito das sistematicamente muito elevadas taxas de repetência e de abandono tanto no ensino básico como no secundário. Depois de 1995 as taxas de escolarização aos 15, 16 e 17 anos de idade quase estagnaram. Estes dois factores – o insucesso escolar no básico e no secundário, e a estagnação das taxas de escolarização dos jovens com 15 anos ou mais – acabaram por comprometer a possibilidade de generalização do ensino secundário como nível de qualificação de referência para os jovens, tal como acontecia na maioria dos restantes países europeus ou do espaço da OCDE.

A situação de estagnação que se viveu até 2005 não podia ser imputada a um défice de recursos investidos no sistema educativo, uma vez que durante este período se verificou um aumento constante dos recursos públicos – humanos e financeiros – afectos ao sector, e uma diminuição constante do número de alunos. A informação disponível apontava antes para a existência de níveis de ineficiência do sistema educativo que necessitavam de ser corrigidos.

Quadro 4.2. – Percentagem da população activa que concluiu o ensino secundário, por grupos de idade, em Portugal e nos países da OCDE

Países	25-64	25-34	35-44	45-54	55-64
Portugal	20	32	20	14	9
Média dos países da OCDE	64	74	69	60	49

Fonte: OCDE, Education at a Glance 2004.

É por essa razão que, a partir de 1996, se iniciam os trabalhos para uma reforma do ensino secundário, sob coordenação de Domingos Fernandes que procura lançá-la em 2001, já como secretário de Estado da Educação. Em 2003, é aberta a campanha *Eu não Desisto* e é aprovada pela Assembleia da República a nova Lei de Bases do Sistema Educativo (que não chegou a ser promulgada), consagrando-se nela o objectivo de prolongar a escolaridade obrigatória até aos 18 anos, como medida de política educativa visando o combate ao abandono precoce e a elevação dos níveis de escolaridade das novas gerações. Ao mesmo tempo, com David Justino como Ministro da Educação, é aprovada finalmente a reforma o ensino secundário, que arranca nas escolas no ano de 2004.

Justificação

No programa do XVII Governo, em 2005, inscrevia-se o objectivo do alargamento da obrigatoriedade de frequência escolar ou de formação até aos 18 anos. Esta meta aparecia explicitamente articulada com outras medidas de política educativa complementares e convergentes com o mesmo objectivo, pois era claro que, para garantir a sua exequibilidade, não seria suficiente inscrevê-la na lei. Era necessário, antes de mais, criar condições, preparar as escolas, com os meios necessários, e corrigir ineficiências do sistema. Mas também era necessário preparar as famílias e os jovens para esse novo objectivo. Três medidas preparatórias merecem destaque:

– O alargamento da acção social escolar e dos apoios concedidos às famílias no esforço de educação dos filhos;

- A generalização dos cursos de educação e formação (CEF), de nível básico, para os alunos que atingiam os 15 anos sem completar o ensino básico regular;
- A diversificação da oferta formativa nas escolas secundárias, com a generalização dos cursos profissionais para responder à diversidade de expectativas dos jovens.

Tal como havia acontecido em 1970 e em 1986, o período que se iniciava em 2005 justificava o uso do princípio da escolaridade obrigatória para acelerar uma mudança no sistema educativo, de modo a promover uma aproximação mais rápida às práticas dos restantes países da União Europeia. Desta vez, porém, o contexto, as consequências e os desafios da decisão eram diferentes, uma vez que não implicava uma política expansionista: o número de crianças e jovens não aumentava, tendo a dimensão das coortes etárias estabilizado em torno dos 100 mil nascimentos por ano; o número de professores e de diplomados existentes era suficiente para responder às necessidades do sistema; os programas de ensino e instrumentos pedagógicos adequados às necessidades de generalização do ensino secundário estavam também disponíveis.

Entretanto, em 2007, inicia-se a requalificação e modernização do parque escolar, adequando os edifícios e os espaços oficinais e tecnológicos às novas exigências da formação. No mesmo sentido, foi lançado o Plano Tecnológico da Educação com o objectivo de apetrechar e modernizar com TIC todas as escolas. O sistema necessitava agora de medidas propiciadoras de ganhos de eficiência e de melhoria da qualidade da organização, e da prestação do serviço público de educação. Isto é, medidas centradas na melhoria da qualidade das aprendizagens e dos resultados escolares.

Desenho de políticas

Objectivo global

A medida de alargamento da obrigatoriedade de frequência da escola ou de formação até aos 18 anos de idade visa acelerar a generalização do ensino secundário como nível mínimo de qualificação dos jovens à entrada no mercado de trabalho.

Objectivos específicos

Definiram-se objectivos específicos tendo em consideração a situação diagnosticada:

- Suster, a curto prazo, o abandono escolar precoce e tornar o nível secundário de educação a qualificação mínima de saída dos jovens do sistema de educação e formação;
- Desenvolver o apoio social e financeiro às famílias mais carenciadas, de modo a incentivar a permanência dos jovens no sistema de ensino, contrariando a pressão colocada sobre os orçamentos familiares no troço final dos trajectos escolares, incentivando, simultaneamente, a opção pela conclusão do secundário;
- Contrariar a atracção exercida pela procura de emprego, ainda que desqualificado, antes da conclusão do secundário e produzir efeitos dissuasores de estratégias de entrada precoce e sem qualificações no mercado de trabalho.

Estratégia de intervenção

A estratégia de intervenção baseou-se no pressuposto de que não era suficiente definir legalmente a extensão da frequência escolar obrigatória, sendo indispensável preparar as escolas e as famílias para as implicações desta decisão. Em primeiro lugar, foi criado um grupo de trabalho, dirigido por Luís Capucha. E, mais tarde por Isabel Duarte, para acompanhar e avaliar a reforma do ensino secundário que acabara de ser lançada e que abrangia apenas o 10.º ano dos cursos cientifico-humanísticos e o 1.º ano dos cursos profissionais e tecnológicos. Para compreender e conhecer melhor a realidade do ensino secundário, as razões do insucesso e abandono escolar, mas também as estratégias de sobrevivência adoptadas pelos alunos e as famílias, solicitaram-se vários estudos, tendo sido publicado o trabalho coordenado por Maria das Dores Guerreiro. Em segundo lugar, foi aprovada em 2005 a iniciativa Novas Oportunidades, na qual se definiram metas, objectivos, procedimentos e recursos para o alargamento das ofertas formativas de nível secundário e de dupla certificação para os jovens. É um momento muito importante. Pela primeira vez na história do sistema de ensino em Portugal, as escolas e o Ministério da Educação assumem plenamente, e com escala, a responsabilidade da formação profissional inicial, passando a partilhar essa responsabilidade com o Ministério do Trabalho e da Solidariedade Social e os centros de formação profissional.

Assim, tanto ao nível do discurso político como da intervenção política, as escolas foram solicitadas a redefinir a sua missão e os pressupostos do seu funcionamento. Nesse sentido, foram incentivadas a captar activamente franjas da população até agora afastadas da escola, cimentando o esforço de diversificação de ofertas formativas e da criação de relações mais fortes com o mercado de trabalho e com as comunidades de inserção. No que respeita às famílias e ao poder de atracção do mercado de trabalho mais desqualificado sobre os jovens, a estratégia seguida implicou o lançamento de campanhas agressivas nos meios de comunicação, centradas na importância e na oportunidade de "fazer o secundário aprendendo uma profissão". Foi, todavia, indispensável ainda criar um sistema de apoios (transporte e alimentação) para todos os alunos dos cursos profissionais e um sistema de bolsa de estudo, para os alunos do ensino secundário, indexada ao rendimento das suas famílias.

Metodologia e actores

Actividades desenvolvidas

No quadro da estratégia definida foram desenvolvidas as seguintes actividades:

- Lançamento da iniciativa Novas Oportunidades, em 2005, com a definição de objectivos e a estratégia de intervenção para melhoria das oportunidades de qualificação dos jovens;
- Criação de um sistema de informação – SIGO – sobre todas as ofertas formativas disponíveis na totalidade das instituições de educação e formação, públicas e privadas, em todo o país, permitindo orientar as escolhas dos jovens e das famílias à entrada do ensino secundário;
- Ajustamentos à reforma do ensino secundário, decorrentes das recomendações constantes no relatório de avaliação, designadamente no regime de exames, tendo-se imprimido um maior centramento nas componentes específicas de cada um dos cursos do ensino secundário;

- Lançamento de campanhas de divulgação dos cursos profissionais nos meios de comunicação social em 2007 e 2008;
- Generalização dos cursos profissionais e do número de vagas nas escolas públicas tendo passado de 500, em 2005, para 125.000, em 2009.
- Aprovação no QREN-POPH de linhas de financiamento para o funcionamento e o equipamento dos cursos profissionais em escolas públicas e privadas;
- Generalização de cursos de educação e formação (CEF) de nível básico para os alunos que, havendo atingido os 15 anos, não tivessem concluído a escolaridade básica regular. Nos anos de 2007, 2008 e 2009, frequentaram estes cursos, cerca de 30.000 alunos por ano, aumentando o número de alunos a concluir anualmente o ensino básico, bem como o número de alunos a entrar no ensino secundário;
- Produção de documento de trabalho coordenado pela ANQ, com a colaboração de José Luís Albuquerque do MTSS e Nuno Rodrigues do GEPE, para audição de peritos, 27 de Abril 2009;
- Proposta de lei para a alteração do regime da escolaridade obrigatória até aos 18 anos e aprovação da lei pela Assembleia da República em Agosto de 2009;
- Criação de uma bolsa de estudo – que entrou em aplicação no ano 2009/10 – para todos os alunos oriundos de famílias de baixos recursos económicos que frequentassem qualquer modalidade do ensino ou da aprendizagem de nível secundário.

Actores

A articulação e a coordenação de políticas sectoriais nas áreas da educação, da formação e da segurança social, foram decisivas para a realização das actividades. Os membros dos diferentes gabinetes do Governo, mas também os dirigentes dos serviços centrais e regionais do Ministério do Trabalho e da Solidariedade Social e do Ministério da Educação realizaram um trabalho de efectiva articulação e coordenação das intervenções, superando a tradição e as dificuldades associadas à existência de especificidades na orientação e na cultura dos dois sectores. O entendimento de uma responsabilidade partilhada e de objectivos comuns orientou a acção política, técnica e administrativa, permitindo a superação das expectativas iniciais.

Avaliação e resultados

A evolução das taxas de escolarização e do indicador do abandono escolar precoce, mas também a evolução do número de alunos a concluir o ensino básico e a inscrever-se no ensino secundário mostram a eficácia da estratégia seguida. A partir de 2005 aumenta de forma consistente e sustentada o número de alunos que se inscrevem e concluem o 9.º ano de escolaridade. Os dados mais pormenorizados concluem que os CEF foram um instrumento eficaz, que permitiu recuperar milhares de jovens, do abandono escolar, que tinham atingido os 15 anos sem concluir o 9.º ano.

A generalização dos cursos profissionais, e as campanhas de mobilização dos jovens para fazerem o ensino secundário, resultaram no aumento do número de alunos inscritos também nos cursos cientifico-humanísticos, com um impacto positivo nas taxas de escolarização aos 15, 16 e 17 anos de idade (ver quadro).

Ao contrário do que ocorreu com a extensão da escolaridade obrigatória em 1986, desta vez, as condições ao nível do pessoal docente e dos equipamentos escolares estavam reunidas antes da decisão de alargamento. A realidade educativa portuguesa e os dados disponíveis concluem facilmente que a medida do prolongamento da escolaridade obrigatória é exequível, tanto no que respeita à frequência como na efectividade das aprendizagens. Numa outra perspectiva, pode acrescentar-se também que a medida apresenta uma relação custo-benefício muito positiva. Os ganhos poderão ser consideráveis do ponto de vista da qualificação da população jovem e da redução do abandono escolar precoce sem que tal implique uma sobrecarga financeira extraordinária para o Estado. Em particular, no plano do pessoal docente, a situação é hoje confortável. Na comparação com outros países europeus, Portugal apresenta um rácio extremamente baixo de alunos por professor no ensino secundário (8,4 em 2007), sendo possível e desejável ganhar eficiência.

Figura 4.1. – Evolução do número de alunos inscritos no 9.º ano, número de alunos que concluiu o 9.º ano e alunos inscritos no 10.º ano (2000-2009)

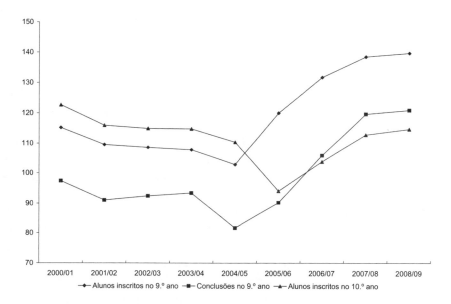

Fonte: GEPE, Estatísticas da Educação.

Desafios futuros

As características actuais do nosso sistema de ensino permitem dizer que, desta vez, o país não precisa de esperar 20 anos para alcançar os seus novos objectivos. Convém no entanto ter na devida conta as consequências resultantes, para as escolas e para o trabalho dos professores, desta nova realidade: passaram a estar obrigatoriamente na escola todas as crianças, adolescentes e jovens até aos 18 anos. As dificuldades e os obstáculos, já hoje sentidos, serão certamente ampliados. Para os superar, as escolas e a política educativa terão de responder a grandes desafios.

Em primeiro lugar, o desafio da autonomia e do reforço da capacidade de gestão e de liderança nas escolas. Para responder à heterogeneidade dos alunos, o sistema educativo precisa de diversificar as soluções, os instrumentos de ensino, as ofertas formativas e as estratégias pedagógicas, como precisa de envolver também outras instituições e outros profissionais. Neste quadro, a autonomia deve tornar-se num efectivo instrumento de gestão da diversidade, sendo indispensável continuar a melhorar as condições de gestão e de liderança das escolas.

Em segundo lugar, o desafio da qualidade das aprendizagens de todos os alunos. Testes internacionais como o PISA, os exames nacionais e as provas de aferição constituem alguns dos instrumentos mobilizáveis para garantir, por avaliação externa, essa qualidade. Neste quadro, as escolas serão cada vez mais solicitadas a responder pelos resultados obtidos pelos seus alunos. Por isso é indispensável mitigar a desigualdade hoje existente entre as escolas e elevar a sua qualidade média, garantindo em particular uma maior equidade na distribuição dos recursos financeiros e humanos e, quando necessário, pondo em prática medidas de discriminação positiva.

Em terceiro lugar, aceitar que o desafio da qualificação respeita a todos. As famílias não podem naturalizar e desculpar o insucesso escolar: devem ser exigentes e transmitir aos jovens a convicção de que aprender é tanto um direito como um dever. Os jovens, sobretudo os mais desmotivados, necessitam da confiança dos pais e dos professores para acreditarem em si próprios e para ultrapassarem os bloqueios que os impedem de estudar. Apesar das dificuldades, as escolas e os professores devem inscrever na sua missão o princípio de que nenhuma criança pode ser deixada para trás. Cabe também às empresas e demais entidades empregadoras uma maior exigência com a qualificação dos seus trabalhadores, sobretudo dos jovens. A sua participação neste desafio criará as condições efectivas para a formação e a qualificação de todos, valorizando o esforço de cada um. Por fim, o Estado tem a obrigação de garantir que a escola pública, os centros de formação e outras instituições têm e terão todas as condições para o cumprimento das metas que hoje se lhes atribuiu.

Finalmente, o desafio da convicção. Se aceitamos o princípio da escolaridade longa e obrigatória para todos, precisamos de acreditar que todos podem aprender, que todos podem ser ensinados, mesmo aqueles que têm mais dificuldades ou menos motivação, ou que não têm uma família que exija e estimule a ir mas longe. Não se trata de convicção cega, mas o resultado do conhecimento da experiência de outros países que já atingiram o objectivo que agora nos propomos.

Documentos de referência

Normativos

Lei n.º 85/2009, de 27 de Agosto – Estabelece o regime da escolaridade obrigatória para as crianças e jovens que se encontram em idade escolar e consagra a universalidade da educação pré-escolar para as crianças a partir dos 5 anos de idade.

Outros documentos

Iniciativa Novas Oportunidades, ME e MTSS, 2006;

Duarte, Maria Isabel (coord.) (2007), Estudo de Avaliação e Acompanhamento da Implementação da Reforma do Ensino Secundário, IV Relatório, Grupo de Acompanhamento da Implementação da Reforma do Ensino Secundário;

Guerreiro, Maria das Dores (coord.) (2009), Trajectórias Escolares e Profissionais de Jovens com Baixas Qualificações, CIES-ISCTE;

Capucha, Luís (coord.) (2009), Mais Escolaridade – Realidade e Ambição, Estudo Preparatório do Alargamento da Escolaridade Obrigatória, ANQ;

Secundário para Todos – Escolarização dos 5 aos 18 Anos: Documento de Trabalho para a Audição de Peritos, 27 de Abril de 2009.

5. ENSINO PROFISSIONAL NA ESCOLA PÚBLICA

Em 2005, apenas 28.000 alunos frequentavam o ensino profissional, na sua quase totalidade em escolas privadas. Em 2009, na sequência da generalização dos cursos profissionais nas escolas públicas, aquele número mais do que quadriplicou, passando para 125.000 alunos. O desenvolvimento do ensino profissional na escola pública permitiu adequar a oferta formativa do secundário às expectativas dos jovens e, por essa via, reduzir o insucesso e o abandono escolares, os quais vinham a produzir efeitos acumulados dramáticos: em 2001, cerca de 500.000 jovens com idades compreendidas entre os 18 e os 24 anos estavam inseridos no mercado de trabalho sem terem concluído o ensino secundário.

Análise do problema

Antecedentes

Os cursos profissionais são cursos de dupla certificação – escolar e profissional – criados em 1989, por Roberto Carneiro enquanto ministro da Educação, e impulsionados depois por Joaquim Azevedo enquanto secretário de Estado, foram desde a sua génese desenvolvidos quase exclusivamente pelas escolas profissionais de estatuto privado. Ao longo de mais de 15 anos, o ensino profissional afirmou-se como um segmento do sistema de ensino com algumas especificidades: oferta formativa apresentada quase exclusivamente por escolas privadas, suportadas por financiamento público com origem nos fundos comunitários, com um número de vagas limitado (quatro vezes inferior à procura – cerca de 10.000 por ano), e padrões de qualidade, resultados escolares e empregabilidade confirmados em vários relatórios de avaliação externa.

Nas escolas públicas, ofereciam-se apenas cursos tecnológicos, que embora conferissem certificação profissional, obedeciam a um modelo de organização curricular e de avaliação semelhante aos dos cursos científico-humanísticos destinados ao prosseguimento de estudos. O insucesso escolar nos cursos tecnológicos, progressivamente menos procurados pelos jovens, era da ordem dos 70%.

A reforma do ensino secundário e a valorização do ensino profissional, no âmbito do sistema de educação e formação, iniciada no ano lectivo 2004/05, criou a possibilidade de os cursos profissionais, até então desenvolvidos quase exclusivamente nas escolas profissionais, poderem funcionar, a par da restante oferta educativa de nível secundário, nas escolas secundárias públicas.

Justificação

Em 2005, Portugal apresentava uma situação de grande distância em relação aos países da União Europeia e da OCDE em dois indicadores: a percentagem de alunos do ensino secundário a frequentar cursos profissionais ou vocacionais era em Portugal de 10% e de cerca de 70% na média dos países mais desenvolvidos; a percentagem da população activa, com nível igual ou superior ao ensino secundário, era em Portugal de 20 % contra os 64% na média dos países da OCDE (ver quadro).

Os elevados níveis de insucesso, tanto no ensino básico (cerca de 20.000 alunos em cada ano abandonavam a escola sem concluir o 9.º ano), como no ensino secundário (taxas de insucesso superiores a 35%), mantiveram-se ao longo dos anos 90 e seguintes. O efeito acumulado no mercado de trabalho traduziu-se no indicador estrutural do abandono precoce, da ordem dos 36-40%; isto é, cerca de 500.000 jovens com idades compreendidas entre os 18 e os 24 anos, que o censo de 2001 revelava estarem no mercado de trabalho sem terem concluído o ensino secundário.

A importância da aposta na generalização do nível secundário de escolaridade era há muito defendida pela Comissão Europeia, que estabeleceu, no contexto da Estratégia de Lisboa em 2000, o objectivo de, em 2010, 85% das pessoas com 22 anos de idade no espaço europeu terem o ensino secundário completo. Este patamar educacional, com forte expressão na estrutura de habilitações escolares da população dos países com melhores índices de desenvolvimento é tido como condição indispensável às exigências de desenvolvimento das economias baseadas no conhecimento.

No mesmo sentido, a OCDE definia para Portugal, como prioridade política para incrementar a produtividade da força de trabalho, o reforço da escolarização ao nível do secundário. Embora fossem reconhecidos os progressos anteriormente alcançados, o ritmo de recuperação era ainda insuficiente – Portugal estava em último lugar no *ranking* dos países da OCDE, com apenas 8,2 anos de escolarização média, contrastando com os 12 anos de escolarização do conjunto dos países. Era, assim, imperioso intervir ao nível da oferta formativa e da procura de alternativas de formação e educação, adequadas às aspirações da população jovem, de modo a acelerar fortemente a qualificação, reduzindo o hiato que sistemática e continuadamente nos separa dos países mais desenvolvidos.

Desenho e definição de políticas

Objectivo global

Intervir, de forma articulada e coerente, no sistema de educação--formação, logo a partir do ensino básico para estancar o fluxo de jovens que abandonam o sistema sem concluir a escolaridade básica; e acelerar o ritmo de progressão das qualificações de nível secundário, respondendo à diversidade de expectativas de formação dos jovens.

Objectivos específicos

Foram ainda objectivos específicos desta medida:

- Alargar a escolarização ao nível do ensino secundário, transformando o 12.º ano de escolaridade no patamar mínimo de escolarização dos jovens;
- Diversificar os cursos e reforçar a visibilidade da oferta, fazendo com que o número de vagas em vias de ensino profissional passasse a representar metade do total de vagas do nível secundário;
- Garantir trajectos de qualificação profissional de dupla certificação, escolar e profissional, e criar uma estrutura de coordenação sectorial da execução das políticas de educação e formação profissional de jovens;

98 A ESCOLA PÚBLICA PODE FAZER A DIFERENÇA

– Reduzir a taxa de retenção, combater a exclusão e o insucesso escolar repetido, assegurando o cumprimento da escolaridade obrigatória e o prosseguimento de estudos para um maior número de jovens.

Estratégia de intervenção

A estratégia definida exigiu uma intervenção em várias frentes e a articulação dos diferentes actores envolvidos no esforço de formação inicial de jovens:

– Em primeiro lugar, acompanhar e avaliar a reforma do secundário que acabava de ser lançada (2004/05), tendo em vista promover os ajustamentos que se revelassem necessários ao cumprimento das metas e objectivos previstos de alargamento das ofertas formativas no ensino secundário;

– Introduzir os cursos profissionais nas escolas secundárias e valorizar a escola pública – enquanto espaço integrador de múltiplas ofertas e de informação sobre a diversidade de saídas profissionais – através da valorização social da formação profissional;

– Criar as condições favoráveis a uma melhor articulação entre as dinâmicas da procura e da oferta de formação, designadamente com a criação de um Sistema de Informação e Gestão da Oferta Formativa de dupla certificação e lançar um Sistema Integrado de Orientação Escolar e Profissional;

– Promover uma gestão integrada da rede de estabelecimentos de ensino e formação, de modo a desenvolver a eficácia na cobertura do território nacional e na gestão de públicos e garantir uma maior racionalização na utilização dos recursos existentes e criar condições de permeabilidade entre as ofertas e sistemas de educação e formação, permitindo que o percurso de formação pudesse ser iniciado num determinado curso e concluído noutro, através de um processo célere de equivalências ou de mecanismos de reconhecimento das competências adquiridas;

– Estabilizar o financiamento das escolas profissionais das regiões não abrangidas pelos fundos estruturais (Lisboa e Vale do Tejo e Algarve), e aumentar gradualmente o numerus clausus neste segmento da rede.

- Estabelecer relações de cooperação ou de associação com entidades empregadoras públicas ou privadas, nacionais ou estrangeiras, para apoiar as escolas nas componentes de formação técnica e na organização dos estágios;
- Introduzir critérios de financiamento mais eficazes e captação dos recursos necessários à concretização dos objectivos estabelecidos através da diversificação das fontes de financiamento público.

A opção estratégica de generalizar os cursos profissionais criando oferta em todas as escolas secundárias colocou-se como alternativa à segmentação da rede de escolas, com a transformação de algumas das escolas secundárias em escolas profissionais, especializando aí a oferta de cursos profissionais. Com a escolha da primeira opção, procurou-se garantir uma rede mais larga de ofertas profissionais, chegando a todos os concelhos. Também se procurou evitar processos de segregação e garantir uma saudável mistura social, dando a todas as escolas públicas a oportunidade de dispor de diversidade de oferta formativa para servir todos os seus alunos.

Esta decisão teve ainda um significado importante, porque, pela primeira vez na história do sistema de ensino em Portugal, as escolas e o Ministério da Educação assumem plenamente, e com escala, a responsabilidade da formação profissional inicial, passando a partilhar essa responsabilidade com o Ministério do Trabalho e da Solidariedade Social e os centros de formação profissional.

Metodologia e actores

Actividades desenvolvidas

Para a concretização dos objectivos foram desenvolvidas as seguintes actividades:

- Generalização de medidas dirigidas aos estudantes que se encontravam em risco de acumular retenções, tendo em vista a sua reorientação para percursos curriculares alternativos ou para cursos de educação e formação de nível 2, de dupla certificação (escolar e profissional);

- Aprovação de alterações e ajustamentos à reforma do ensino secundário lançada em 2004, a partir das recomendações feitas pelo grupo de avaliação. Foi o caso da organização dos cursos e do regime de exames, procurando-se acentuar a especificidade das diferentes vias do ensino secundário e centrando a avaliação e os exames nas disciplinas específicas ou nucleares;
- Criação de uma estrutura de coordenação e de execução das políticas de educação e formação profissional de dupla certificação – a Agência Nacional para a Qualificação (ANQ);
- Realização de um levantamento dos níveis e condições de utilização dos equipamentos incluídos nas redes dos sistemas de ensino e formação e elaboração de um protocolo abrangente de partilha desses recursos entre o Ministério da Educação e o Ministério do Trabalho e da Solidariedade Social;
- Realização de diversas campanhas alargadas de informação, sensibilização e divulgação das ofertas – dirigidas aos jovens, às famílias e às escolas – nos meios de comunicação social, com o objectivo de promover a escolarização de 12 anos;
- Revisão do modelo de financiamento, em especial da componente de bolsas, com o objectivo de reforçar a participação dos jovens na formação, nomeadamente os mais carenciados e inseridos em regiões mais sujeitas aos fenómenos de exclusão e abandono precoce;
- Criação do *Catálogo Nacional de Qualificações*, como uma ferramenta reguladora da oferta educativa de dupla certificação e promotora da eficácia do financiamento público;
- Realização de diversas iniciativas de valorização do ensino profissional, bem como das profissões a ele associadas, no âmbito da comemoração dos 20 anos da criação das escolas profissionais e do desenvolvimento dos cursos profissionais;
- Realização de seminários, encontros e conferências, bem como a organização ou participação de mostras de produtos, designadamente o Fórum Qualificação 2009 – Escolhas com Futuro, que constituiu um evento de mostra e divulgação de boas práticas de educação e formação, que reuniu escolas e centros de formação;
- Elaboração e distribuição, em escolas e outras entidades que trabalham no domínio da educação e formação profissional,

de um conjunto de instrumentos de apoio às escolhas vocacionais e profissionais dos jovens, em suporte de papel, em suporte digital e Web;

- Elaboração e disseminação, junto das escolas e de outras entidades formadoras, de Orientações para Organização e Funcionamento das Ofertas Educativas e Formativas de Jovens, que incluíam a divulgação de boas práticas;
- Consolidação do programa de acompanhamento e monitorização, em articulação com as direcções regionais de educação e com o Instituto do Emprego e da Formação Profissional;
- Lançamento de um estudo de avaliação externa sobre o impacto da expansão dos cursos profissionais no sistema nacional de qualificações.

Actores

A iniciativa das escolas públicas do ensino básico e secundário, dos directores das escolas, dos directores de turma, directores de curso, orientadores da formação em contexto de trabalho, e muitos outros profissionais, na organização e concretização de cursos profissionais, foi o factor mais importante para o êxito desta medida e para a rapidez com que se alcançaram as metas inicialmente propostas. O apoio prestado às escolas, em proximidade, pelas direcções regionais de educação e pela Agência Nacional para a Qualificação na angariação de parceiros, na orientação e nas escolhas de áreas de formação, no recrutamento de técnicos e na aquisição de equipamento indica novos caminhos na relação entre os serviços centrais e regionais do Ministério da Educação e as escolas.

O papel das escolas profissionais e da Associação Nacional das Escolas Profissionais (ANESPO), dirigida nos últimos anos por José Luís Presa, não pode deixar de ser referido. O seu trabalho persistente ao longo de mais de 20 anos permitiu construir modelos de organização pedagógica e de funcionamento das escolas. E permitiu ainda a acumulação de uma experiência de formação de técnicos, que se revelou decisiva para a generalização, em apenas dois anos, dos cursos profissionais nas escolas públicas.

102 A ESCOLA PÚBLICA PODE FAZER A DIFERENÇA

Avaliação e resultados

O impacto da medida de generalização e alargamento da oferta de cursos profissionais foi sentido de imediato pelas escolas, pelos alunos e pelas famílias: existe hoje uma oferta de 96 cursos cujas variantes dão origem a 122 saídas profissionais; o número de alunos inscritos passou de 28.000, em 2004, para 125.000 em 2009; e a percentagem de alunos nos cursos profissionais das escolas secundárias públicas passou de menos de 1% para 60%.

O conjunto das actividades desenvolvidas, porém, teve um efeito positivo ao nível de todas as vias do ensino secundário, tendo-se registado um aumento consistente do número de alunos a entrar no ensino secundário, tendo melhorado muito os resultados escolares e tendo diminuído o abandono precoce: o número de alunos matriculados no 10.º ano de escolaridade fixou-se em 114.895 em 2008-2009, enquanto em 2005-2006 o número de inscritos era 94.221, representando por isso um crescimento de cerca de 22%; no ensino secundário, a taxa de retenção atingiu em 2009 os 18%, enquanto em 2005 estava situada nos 33%.

O aumento do número de alunos no ensino secundário é acompanhado da melhoria dos resultados escolares, e da diminuição consistente das taxas de insucesso e de abandono, em todos os anos de escolaridade e em todas as vias de ensino, contribuindo para esta situação não apenas a generalização dos cursos profissionais, mas também a própria reforma do ensino secundário lançada em 2004, cujos primeiros diplomado começaram a sair do sistema em 2007.

Quadro 5.1. – Evolução das taxas de insucesso no ensino secundário (1996-2009)

Ano	1996/7	1997/8	1998/9	1999/0	2000/1	2001/2	2002/3	2003/4	2004/5	2005/6	2006/7	2007/8	2008/9
10.º	39,5	36,4	37,1	38,0	40,4	39,9	35,6	34,5	30,5	26,4	20,9	19,3	12,3
11.º	20,1	20,6	21,0	21,8	25,2	22,7	20,1	18,8	16,5	19,1	17,0	12,8	9,2
12.º	49,7	49,8	50,2	51,0	53,5	50,0	45,4	49,6	50,6	48,2	38,5	35,2	35,2
Total	36,6	36,0	36,7	37,8	40,2	38,3	34,2	34,7	33,0	31,7	25,9	22,4	18,0

Fonte: GEPE, Estatísticas da Educação.

EQUIDADE 103

Quadro 5.2. – Evolução do número de alunos inscritos em cursos vocacionais (2005 e 2009)

	2005	2009	Aumento %
Jovens inscritos em cursos vocacionais			
Cursos do ensino artístico especializado	2.063	2.256	9,4
Cursos profissionais em escolas da rede pública	3.990	54.899	1.275,9
Cursos profissionais em escolas profissionais	32.953	36.089	9,5
Cursos das escolas de hotelaria e turismo	1.951	2.043	4,7
Cursos de especialização tecnológica (CET)	2.005	2.583	28,8
Total	42.962	97.870	127,8
Indicadores de execução			
Jovens matriculados em cursos de dupla certificação de nível básico	17.103	48.763	185,1
Jovens matriculados em cursos de dupla certificação de nível secundário	36.444	130.379	257,8
Jovens matriculados em cursos de nível pós-secundário (CET)	2.278	2.726	19,7
Total	140.053	181.868	212.8
Outros indicadores			
População estudantil no ensino secundário	309.132	318.590	3,1
% Alunos matriculados em cursos de dupla certificação (nível III)	11,8	40,9	29,1
% Saída precoce do sistema de educação-formação	38,6	31,2	(-19)

Fonte: GEPE, Estatísticas da Educação.

Quadro 5.3. – Taxas de abandono escolar precoce (1995-2009)

	1995	1996	1997	1998	1999	2000	2001	2002	2003	2004	2005	2006	2007	2008	2009
PT	41,4	40,1	40,6	46,6	44,9	43,6	44,2	45,0	41,2	39,4	38,8	39,1	36,9	35,4	31,2
UE	26,2	21,6	20,6	23,6	20,5	19,3	18,8	18,6	18,2	17,7	17,5	17,3	16,9	16,7	–

Fonte: INE, Eurostat EU15.

O indicador mais significativo é o do abandono escolar precoce, apurado pelo Eurostat e que permite a comparação com os restantes países da UE. Depois de mais de uma década de oscilações, o número de jovens no mercado de trabalho, com qualificação inferior ao ensino secundário, baixou de forma sustentada. E embora estando ainda longe das metas europeias que necessitamos de alcançar, pudemos com confiança dizer que é possível.

Desafios futuros

O principal desafio colocado pela generalização e alargamento dos cursos profissionais, sobretudo tendo em atenção a rapidez com que esta mudança foi introduzida nas escolas públicas, é a garantia da sua qualidade e sustentabilidade. O acompanhamento e a avaliação do trabalho realizado pelas escolas são fundamentais para que se possam concretizar os ajustamentos e correcções que se revelem necessários.

A questão crítica com que se debatem alguns países com a diversificação das vias de conclusão do ensino secundário, incluindo Portugal, é o risco da criação de "fileiras" hierarquizadas, tendo como referência o "liceu". Isto é, o risco da valorização social das ofertas formativas de prosseguimento de estudo e simétrica desvalorização das "outras", acentuando a função da escola como instância de selecção e reprodução social. O risco será tanto maior quanto menor for o esforço para, em primeiro lugar, garantir ao maior número de jovens (tendencialmente todos) uma escolaridade básica tão longa e aberta quanto possível, evitando o encaminhamento precoce para vias especializadas e estreitas que possam comprometer o futuro desenvolvimento escolar. Isso exige que se continue a acompanhar, e a procurar soluções, para superar o insucesso no ensino básico. Deverão passar, em sede de ajustamento do currículo nacional, pelo reforço e melhoria da qualidade das componentes de formação tecnológica e oficinal no ensino básico. As propostas de reorganização dos ciclos de ensino básico assentes na diferenciação de vias de formação a partir do 3.º ciclo e de encaminhamento precoce reduzem a equidade do sistema educativo, estando a ser abandonadas em países cuja educação básica tinha este perfil. Por esta razão, a OCDE nesta matéria recomenda que: "(1) *early tracking* and streaming need to be justified in terms of proven benefits as they very often pose risk to equity; (2) school systems using *early tracking* should consider raising the age of first tracking to reduce inequities and improve outcomes; (3) *academic selection* needs to be used with caution since it too poses risks to equity" (OCDE, 2007).

A minimização dos riscos da diferenciação exige, em segundo lugar, o reforço das componentes tecnológicas e laboratoriais também nos cursos científico-humanísticos do ensino secundário. A valorização das dimensões do saber-fazer específicas em cada um dos cursos, e a mitigação do, por vezes excessivo, grau de abstracção e formalização dos conhecimentos nos cursos científico-humanísticos, diminuiria a distância em relação aos cursos tecnológicos e aos cursos profissionais.

Em terceiro lugar, é necessário garantir um sistema flexível que mantenha abertas as passagens entre todas as vias alternativas do ensino secundário, permitindo o encaminhamento dos alunos com mais dificuldade em encontrar as vias de formação mais adequadas às suas capacidades e às suas vocações.

Finalmente, o esforço para garantir a diversidade da oferta em todas as escolas, evitando uma especialização que organize o sistema de ensino de uma forma dual, separando as escolas secundárias – que formam para o prosseguimento de estudos – das que formam para o mercado de trabalho, como no passado os antigos liceus e as escolas técnicas. A especialização pode evidentemente trazer vantagens, designadamente na racionalização dos investimentos em equipamento e na construção de oficinas e espaços laboratoriais necessários para determinadas áreas de formação. Mas quando a especialização está associada à estigmatização social, como neste caso acontece com os cursos profissionais, a orientação por uma diversificação e alargamento a todas as escolas responde melhor à necessidade de valorização social das vias profissionalizantes. Esta orientação não prejudica projectos específicos de especialização de uma ou duas escolas para assegurar aí elevados padrões de qualidade e excelência técnica em áreas exigentes em equipamento. Em algumas escolas públicas do ensino secundário tanto os dirigentes das escolas como os professores e os encarregados de educação partilham a ideia de que o ensino secundário é, e deve ser, apenas preparatório da entrada na universidade – sentido-se "herdeiros dos antigos liceus" – têm mais dificuldade em aceitar as vantagens da diversidade de ofertas formativas e da diversidade de alunos no seu seio, julgando que o seu trabalho pode ser prejudicado. Deve ser estimulada a análise e discussão aberta destes problemas, designadamente do efeito da "licealização", enquanto modelo de referência, nos processos de organização e actuação das escolas, nas práticas pedagógicas e avaliativas, na segmentação disciplinar e nas expectativas profissionais de professores, identificando-se as vantagens e desvantagens dos vários modelos de organização.

O alargamento e o envolvimento de parceiros, como os municípios, as IPSS, as entidades privadas de educação e formação, escolas e os seus profissionais, as empresas e outros empregadores, os parceiros sociais e outras entidades de carácter diverso são igualmente um desafio importante. É necessário divulgar a percepção de que a educação não é exclusivo de uma única entidade, mas uma responsabilidade de todos que deve ser partilhada num quadro de grande diversidade de actores, papéis, funções, vias e percursos, considerando que a diversidade pode ser sinal de riqueza.

No que respeita à informação e à orientação vocacional urge garantir às escolas os meios e as orientações gerais susceptíveis de fornecer aos alunos e às famílias informação clara e rigorosa sobre as alternativas existentes, as consequências das escolhas feitas, contribuindo para tornar todo o sistema legível e acessível. A dificuldade maior talvez venha a ser a de evitar e até impedir a orientação precoce, sobretudo quando dela resultem obstáculos importantes ao percurso e ao desenvolvimento dos alunos.

Documentos de referência

Normativos

Despacho Conjunto n.º 287/2005, de 4 de Abril – Regulamenta as condições de acesso às provas de avaliação sumativa externa e sua certificação para prosseguimento de estudos e define os modelos de certificado, de acordo com o estabelecido nos n.º 1,2,3 e 6 do artigo 18.º do Despacho Conjunto n.º 453/2004, de 27 de Julho;

Lei n.º 49/2005, de 30 de Agosto – Estabelece a segunda alteração à Lei de Bases do Sistema Educativo;

Decreto-Lei n.º 24/2006, de 6 de Fevereiro – Altera o Decreto-Lei n.º 74/2004, de 26 de Março, que estabelece os princípios orientadores da organização e da gestão curricular, bem como da avaliação das aprendizagens, no nível secundário de educação;

Portaria n.º 797/2006, de 10 de Agosto – Altera a Portaria n.º 550-C/2004, de 21 de Maio, que aprova o regime de criação, organização e gestão do currículo, bem como a avaliação e certificação das aprendizagens dos cursos profissionais de nível secundário;

Portaria n.º 49/2007, de 8 de Janeiro – Define as regras a que deve obedecer o financiamento público dos cursos profissionais de nível secundário regulados pelo Portaria n.º 797/2006, de 10 de Agosto – Altera a Portaria n.º 550-C/2004, de 21 de Maio – Aprova o regime de criação, organização e gestão do currículo, bem como a avaliação e certificação das aprendizagens dos cursos profissionais de nível Secundário;

Despacho n.º 7794/2007, de 27 de Abril – Aplica as orientações da rede nacional de centros Novas Oportunidades às escolas e agrupamentos de escolas. Revoga o Despacho n.º 15187/2006, de 14 de Julho;

Decreto-Lei n.º 276-C/2007, de 31 de Julho – Aprova a orgânica da Agência Nacional para a Qualificação, IP;

Portaria n.º 959/2007, de 21 de Agosto – Aprova os Estatutos da Agência Nacional para a Qualificação, IP;

Despacho n.º 22152/2007, de 21 de Setembro – define o financiamento público dos cursos profissionais de nível secundário, às escolas profissionais privadas na região de Lisboa e Vale do Tejo;

Despacho Normativo n.º 36/2007, de 8 de Outubro – Regulamenta o processo de reorientação do percurso formativo dos alunos, através dos regimes de permeabilidade e equivalência entre disciplinas;

Resolução do Conselho de Ministros n.º 173/2007, de 7 de Novembro – Aprova um conjunto de medidas de reforma da formação profissional, acordada com a generalidade dos parceiros sociais com assento na Comissão Permanente de Concertação Social;

Despacho Normativo n.º 19/2008, de 19 de Março – Aprova os regulamentos dos exames nacionais do ensino básico e secundário;

Despacho n.º 1356/2008, de 14 de Maio – Aprova a versão inicial do catálogo Nacional das Qualificações;

Despacho Normativo n.º 29/2008, de 5 de Junho – Altera o Despacho Normativo n.º 36/2007, de 8 de Outubro, o qual regulamenta o processo de reorientação do percurso formativo dos alunos do ensino Secundário;

Portaria n.º 1204/2008, de 17 de Outubro – Cria o curso profissional de técnico de protecção civil;

Portaria n.º 1497/2008, de 19 de Dezembro – Regula as condições de acesso, a organização, a gestão e o funcionamento dos cursos de aprendizagem, bem como a avaliação e a certificação das aprendizagens;

Despacho n.º 3536/2009, de 28 de Janeiro – Define a calendarização relativa à realização das provas de exame nacionais e dos exames de equivalência à frequência do ensino básico e secundário;

Portaria n.º 220/2009, de 25 de Fevereiro – Cria o curso profissional de técnico de joalharia/ cravador;

Portaria n.º 221/2009, de 25 de Fevereiro – Cria o curso profissional de técnico de relojoaria;

Portaria n.º 289/2009, de 20 de Março – Altera a Portaria n.º 1497/2008, de 19 de Dezembro, que regula as condições de acesso, a organização, a gestão e o funcionamento dos cursos de aprendizagem, bem como a avaliação e a certificação das aprendizagens;

Portaria n.º 781/2009, de 23 de Julho – Estabelece a estrutura e a organização do Catálogo Nacional de Qualificações;

Portaria n.º 782/2009, de 23 de Julho – Regula o Quadro Nacional de Qualificações e define os descritores para a caracterização dos níveis de qualificação nacionais;

Portaria n.º 858/2009, de 11 de Agosto – Cria o curso profissional de técnico de óptica ocular, respectivo plano de estudos e perfil de desempenho e revoga a Portaria n.º 1314/2006, de 23 de Novembro.

Outros documentos

Duarte, Maria Isabel (coord.) (2007), Estudo de Avaliação e Acompanhamento da Implementação da Reforma do Ensino Secundário, IV Relatório, Grupo de Acompanhamento da Implementação da Reforma do Ensino Secundário;

Apresentação dos Resultados Escolares do Ensino Secundário: 2006/2007, ME, 30 de Outubro de 2007;

Recomendações de Apoio à Organização e Funcionamento das Ofertas Educativas e Formativas de Dupla Certificação de Jovens, ANQ, Outubro de 2008;

Iniciativa Novas Oportunidades: Dois Anos em Balanço; ME e MTSS, 2008;

Secundário para todos - Escolarização dos 5 aos 18 anos: Documento de Trabalho para a Audição de Peritos, 27 de Abril de 2009;

Apresentação dos Resultados Escolares do Ensino Secundário: 2008/2009, ME, 24 de Agosto de 2009;

ANQ (2009), Guia das Profissões, ANQ;

Catálogo Nacional das Qualificações (*Site*);

O Mundo das Profissões (*Site*).

6. REFORÇO DOS APOIOS SOCIAIS

A Acção Social Escolar foi instituída na sequência da aprovação da Lei de Bases do Sistema Educativo, em 1986, não tendo sido objecto desde então de qualquer avaliação ou ajustamento às mudanças entretanto ocorridas no sistema educativo. Realizada essa avaliação, promoveram-se alterações para a tornar mais transparente e abrangente. Em consequência, o acesso aos apoios da Acção Social Escolar aumentou, tendo o número de alunos abrangidos mais do que duplicado, passando de 237 mil para 527 mil (no segundo e terceiro ciclos e no ensino secundário). Foram igualmente criados novos apoios aos alunos do secundário, instituindo-se uma bolsa de estudos para os alunos de famílias dos escalões de mais baixo rendimento com o objectivo de combater com mais eficácia o abandono escolar precoce.

Análise do problema

Antecedentes

A Constituição da República Portuguesa de 1976 estabeleceu o princípio da universalidade, obrigatoriedade e gratuitidade do ensino básico. Dez anos mais tarde, a Lei de Bases do Sistema Educativo determinou o alargamento, a nove anos, da escolaridade obrigatória gratuita, e definiu, ainda, um conjunto de apoios e complementos educativos, a conceder no âmbito da acção social escolar (ASE), visando contribuir para a igualdade de oportunidades de acesso e êxito escolar, a serem aplicados prioritariamente na escolaridade obrigatória.

No conjunto dos países da União Europeia, Portugal é o país que apresenta os mais elevados valores de desigualdade, quer no rendimento entre as famílias, quer na percentagem de agregados domésticos a viver em risco de pobreza, configurando uma realidade que tem um elevado impacto nas condições de base das crianças e dos jovens para estudar e aprender. As enormes desigualdades que, fora do sistema educativo, condicionam a aprendizagem e o sucesso das crianças no seu percurso escolar, tornam mais difícil o trabalho de todos: das famílias, dos alunos e dos professores. É, por isso, essencial afirmar a responsabilidade do Estado no apoio às famílias, tendo em vista reduzir o mais possível os impactos negativos das desigualdades sociais no percurso escolar das crianças e jovens.

A ASE constituiu-se, desde 1990, como o principal instrumento de apoio do Estado às famílias com mais baixos rendimentos no esforço de educação básica obrigatória, abrangendo programas como os do leite escolar, das refeições e do transporte, entre outros apoios económicos, como a aquisição de manuais e de outro material escolar, os encargos com actividades de complemento curricular (por exemplo, visitas de estudo) e o alojamento em residências escolares. O apoio aos alunos do 1.º ciclo, bem como a avaliação do nível de rendimentos das famílias, é, desde 1991, da responsabilidade das autarquias. Para os alunos dos restantes ciclos de ensino, a avaliação do nível de rendimentos era feita nos serviços da ASE das escolas, e os apoios proporcionados pelos serviços regionais do Ministério da Educação. Tendencialmente, os apoios concedidos no âmbito da ASE às famílias de mais baixos rendimentos dos alunos abrangidos pela escolaridade obrigatória cobriam integralmente as despesas de transporte, refeições e manuais escolares, mas apenas cerca de metade das despesas para os alunos do ensino secundário, por estarem já fora da escolaridade obrigatória.

Justificação

Apesar dos esforços anteriormente desenvolvidos, reconhecia-se em 2005 que o processo de atribuição dos apoios da ASE era pesado e burocrático para as escolas, e pouco legível e insuficiente para superar as dificuldades económicas das famílias, o que gerava situações de injustiça social e colidia com o princípio constitucional da igualdade de oportunidades. Os apoios não cobriam o conjunto da população escolar carenciada, existindo lacunas na cobertura em vários municípios do país e em grupos de alunos, nomeadamente nos do ensino secundário.

A ASE ao nível do 1.º ciclo, nomeadamente os manuais e o transporte escolar, é competência das autarquias, que têm desenvolvido práticas de apoio muito diferentes. Em alguns casos, as autarquias delegavam nas escolas a responsabilidade de avaliação dos rendimentos das famílias, bem como a atribuição dos apoios para manuais; noutros casos, utilizavam critérios próprios para a sinalização e capitação dos rendimentos e, noutros casos ainda, proporcionavam apoios a todas as crianças independentemente dos rendimentos das famílias. Ainda no 1.º ciclo, a maior parte das crianças (mais de 70%) não beneficiava de refeição escolar, não tendo sido definida uma orientação política para esta questão, apesar de há muito a ANMP exigir negociação com o Ministério da Educação sobre esta questão. O programa do leite escolar obrigava à realização de concursos internacionais para a compra centralizada de leite, com características específicas, igual para todas as crianças, sendo adquirido pelas direcções regionais de educação e armazenado e distribuído pelas autarquias. Para além da burocracia centralizada associada a estes procedimentos, registavam-se enormes desperdícios, uma vez que uma grande parte das crianças não gostava e não bebia o leite que lhe era assim distribuído.

Ao nível dos 2.º e 3.º ciclos e do ensino secundário, na avaliação dos rendimentos das famílias, as escolas usavam uma fórmula, anualmente aprovada por despacho do secretário de Estado com a respectiva competência. Esta fórmula era diferente, por exemplo, da usada pela Segurança Social para efeitos de abono de família. O cruzamento de informação administrativa permitiu verificar que apenas 60% das famílias do escalão mais baixo para efeitos de abono de família beneficiavam do apoio da ASE.

A capitação dos rendimentos das famílias dos alunos do ensino secundário e os apoios concedidos eram menos abrangentes do que no caso dos alunos do básico, porque se considerava que esses alunos estavam fora da escolaridade obrigatória, não se exigindo a gratuitidade do serviço público da educação. Em 2005, cerca de 30% dos alunos do ensino básico beneficiavam da ASE, mas apenas 15% dos alunos do ensino secundário estavam abrangidos e, destes, apenas cerca de 3% se apresentavam aos exames nacionais. Estas quebras na cobertura da ASE, dadas as elevadas taxas de insucesso e de abandono registadas tanto no ensino básico como no ensino secundário indicavam

A ESCOLA PÚBLICA PODE FAZER A DIFERENÇA

que grande parte dos alunos das famílias de mais baixos rendimentos não chegava ao ensino secundário. Pior: eram os mais afectados pelo abandono escolar precoce e a entrada no mercado de trabalho desqualificado, não tendo a ASE nenhum efeito compensador das desigualdades de partida.

Desenho e definição de políticas

Objectivo global

Promoção de uma política de apoio social mais eficaz e eficiente, de cobertura mais abrangente, alargando os apoios a mais famílias carenciadas, contribuindo para mitigar os efeitos das desigualdades sociais nas condições de aprendizagem, melhorando e elevando as oportunidades de qualificação de todos os alunos. Para os alunos do ensino secundário, o objectivo era também a promoção de uma política activa de acção social susceptível de contrariar o abandono e a entrada precoce no mercado de trabalho.

Objectivos específicos

Os objectivos específicos foram:

- Melhorar a legibilidade, a transparência e a acessibilidade aos apoios da ASE, adoptando os critérios gerais usados pela Segurança Social, com os quais as famílias estão mais familiarizadas, uma vez que são anualmente actualizados para efeitos da concessão do abono de família;
- Assegurar a todas as crianças que frequentam o 1.º ciclo uma refeição equilibrada, iniciativa integrada na ASE, essencial para garantir a frequência da escola a tempo inteiro e das actividades de enriquecimento curricular;
- Garantir às escolas meios para, com autonomia, proporcionarem a todas as crianças que frequentavam o pré-escolar e o 1.º ciclo, leite escolar e outros alimentos nutritivos, adquiridos em função das necessidades e das características da sua população escolar;
- Alargar e melhorar a cobertura da ASE para os alunos do ensino secundário, reforçando os apoios para os estudantes de

famílias mais carenciadas que frequentem este nível de ensino, tendo em conta o objectivo de generalização da escolarização a este nível de ensino;
- Apoiar as famílias nas deslocações dos seus filhos para a escola, incentivando, desde a infância, a utilização regular dos transportes colectivos como alternativa aos transportes individuais, articulando a política da ASE com a política de transportes.

Estratégia de intervenção

A estratégia de intervenção procurou relacionar mais estreitamente a política de apoio social com a política educativa. Isto é: reforçar e completar as medidas existentes de apoio às famílias, articulando-as com o conjunto de políticas sociais, de transporte e com as várias dimensões da política educativa, como a da escola a tempo inteiro ou a do secundário para todos, promovendo uma maior equidade e eficiência do sistema educativo.

Metodologia e actores

Actividades desenvolvidas

Foram desenvolvidas as seguintes actividades e iniciativas:
- Generalização de refeições escolares aos alunos do 1.º ciclo do ensino básico, com a aprovação do regulamento que definiu o regime de acesso ao apoio financeiro a conceder pelo Ministério de Educação, aplicando ao primeiro ciclo as regras em vigor para outros níveis de ensino;
- Aprovação de um novo modelo de gestão do programa do leite escolar, com a atribuição, aos agrupamentos de escolas e às escolas do 1.º ciclo não agrupadas, da responsabilidade pelo fornecimento do leite e de outros alimentos nutritivos, tendo em atenção as necessidades específicas das crianças que frequentam os estabelecimentos de educação pré-escolar e do 1.º ciclo;
- Alargamento da ASE aos alunos do ensino secundário com a alteração dos limites de capitação dos rendimentos das res-

pectivas famílias – igualando-os aos dos alunos do ensino básico –, enquanto o valor das comparticipações em livros, material escolar, alojamento, refeições e auxílios económicos foi aumentado ao longo da legislatura em 27%;

– Adopção de critérios mais transparentes e mais simples para a determinação do escalão de rendimento das famílias, que passou a ser fixado em função do escalão para efeito da atribuição do abono de família. A ASE passou a estar integrada no conjunto das políticas sociais, articulando-se com as políticas de apoio à família;

– Criação do escalão especial do secundário, destinado às famílias de médios ou baixos rendimentos, não abrangidas pela ASE, com filhos que frequentem o ensino secundário, definindo-se o valor da capitação segundo a qual o aluno deve ser enquadrado no escalão especial de apoio ao programa de acesso aos computadores pessoais e à banda larga, bem como no escalão especial de acesso à Bolsa de Mérito do Ensino Secundário;

– Criação de um regime de bolsa de estudo para os alunos que frequentam o secundário (medida introduzida no ano lectivo 2009-2010, abrangendo logo no primeiro ano 25.000 mil estudantes). Os alunos beneficiários dos escalões A e B da Acção Social Escolar que frequentem qualquer modalidade de ensino secundário ou acção de educação-formação equivalente, passam a ter direito a uma bolsa de estudos de montante correspondente ao dobro do valor do abono de família (respectivamente do primeiro e do segundo escalão), sob condição de não reprovarem mais do que um ano;

– Instituição do apoio especial no acesso a computadores pessoais e à banda larga para os alunos dos 2.º e 3.º ciclos do ensino básico e do ensino secundário através do programa *e-escolas*, bem como para as crianças do 1.º ciclo, através do programa *e-escolinha*;

– Lançamento do passe escolar 4_18@escola.tp, com um desconto de 50% na aquisição do passe para crianças e jovens dos 4 aos 18 anos (inclusive), que não beneficiem de transporte escolar da competência dos municípios. O passe pode ser adquirido nos 12 meses do ano e abrange todos os transportes públicos colectivos de passageiros, nomeadamente os rodoviários, os ferroviários e os fluviais, a nível nacional, e ainda os transportes urbanos dos municípios que vierem a aderir a esta iniciativa.

Actores

As iniciativas do Ministério da Educação no alargamento da ASE basearam-se na informação recolhida e tratada pelo Gabinete de Gestão Financeira do Ministério da Educação, pelo Gabinete Coordenador dos Sistemas de Informação (MISI) e pelo Gabinete de Avaliação Educacional (GAVE), tendo sido decisivo o conhecimento das características sociodemográficas e os resultados escolares dos alunos beneficiários da ASE. A articulação com o Ministério do Trabalho e da Solidariedade Social e o Ministério das Obras Públicas, Transportes e Comunicações, bem como com a ANMP, permitiu promover uma efectiva articulação e integração de diferentes políticas públicas sectoriais.

Avaliação e resultados

Os resultados de cada uma das principais medidas tomadas foram imediatos:

- Em Fevereiro de 2006, o Programa de Generalização de Refeições Escolares no 1.º ciclo permitiu que quase 80% dos alunos tivessem acesso a refeições nas escolas, ultrapassando largamente a percentagem de crianças abrangidas no início do ano lectivo, que não excedia os 30%;
- O número de alunos, desde o 2.º ciclo ao ensino secundário, abrangidos pelos escalões A e B da ASE duplicou em apenas um ano: de 237.257 alunos no ano lectivo de 2007-2008, os beneficiários subiram para 527.576 em 2008-2009;
- O programa *e-escolas* beneficiou mais de 700 mil estudantes;
- No orçamento do ME os valores inscritos para a ASE passam de 119 milhões de euros, em 2005, para 167 milhões de euros, em 2009.
- O passe escolar 4_18@escola.pt abrangeu um universo potencial de 1,6 milhões de estudantes.

Mas a avaliação das medidas não deve esgotar-se nos impactos imediatos de aumento da cobertura e dos beneficiários. É necessário avaliar a sua eficácia na melhoria das condições de estudo dos alunos beneficiários para que possam ter percursos escolares regulares.

Desafios futuros

É essencial a continuidade de uma política de apoio eficaz às famílias no esforço de educação dos seus filhos, minimizando os efeitos das desigualdades sociais nas desigualdades escolares, criando assim condições objectivas para que a escola cumpra a sua missão na igualdade de oportunidades para todos os alunos no acesso à educação. É também essencial garantir a fiabilidade da informação sobre as condições económicas das famílias e as suas necessidades, bem como sobre a eficácia dos apoios prestados e a eficiência dos procedimentos administrativos aplicados na sua concretização. À escola deve ser reservado um papel de avaliação e de resolução das situações atípicas.

O impacto do programa de bolsas para os alunos do ensino secundário deverá ser analisado para que se possa proceder aos ajustamentos necessários ao cumprimento do objectivo para que foi criado: o aumento de forma sustentada do número de jovens que concluem com êxito o ensino secundário.

A ASE é o principal instrumento de política educativa de discriminação positiva das famílias que visa compensar as desigualdades de partida. É muito importante garantir a sua eficácia, isto é, garantir que são cumpridas as finalidades para que foi desenhada. Para tal requere-se conhecimento e informação, sempre actualizada, sobre os seus reais impactos.

Documentos de referência

Normativos

Despacho n.º 18797/2005, de 30 de Agosto – Define as condições de atribuição da Acção Social Escolar no ano lectivo de 2005-2006;
Despacho n.º 22251/2005, de 25 de Outubro – Aprova o Programa de Generalização do Fornecimento de Refeições Escolares aos Alunos do 1.º Ciclo do Ensino Básico;

Despacho n.º 2109/2006, de 26 de Janeiro – Transfere para os órgãos de gestão dos agrupamentos de escolas e escolas não agrupadas do 1.º ciclo do ensino básico a execução do Programa Leite Escolar;

Decreto-Lei n.º 223/2006, de 13 de Novembro – Define o modelo de gestão do Programa Leite Escolar;

Despacho de 5 de Dezembro de 2006 – Assegura a continuidade da acção social escolar no ano lectivo 2006-2007;

Despacho n.º 19165/2007, de 24 de Agosto – Define as condições de aplicação das medidas de acção social escolar;

Despacho n.º 145/2008, de 3 de Janeiro – Cria o escalão especial do ensino secundário, que define o valor de capitação até ao qual o aluno deve ser enquadrado no escalão especial de apoio ao programa de acesso aos computadores pessoais e à banda larga e no escalão especial de acesso à Bolsa de Mérito do Ensino Secundário;

Despacho n.º 20956/2008, de 11 de Agosto – Regula as condições de aplicação das medidas de acção social escolar da responsabilidade do Ministério da Educação a partir do ano lectivo de 2008-2009;

Portaria n.º 138/2009, de 3 de Fevereiro – Define as condições de atribuição do passe escolar 4_18@escola.tp;

Decreto-Lei n.º 55/2009, de 2 de Março – Define o regime jurídico para a atribuição e funcionamento dos apoios no âmbito da Acção Social Escolar e vem reforçar e alargar a política de apoio às famílias no âmbito socioeducativo;

Despacho n.º 10150/2009, de 16 de Abril – Aprova novas medidas de apoio social e altera o Despacho n.º 20956/2008 de 11 de Agosto, que regula as condições de aplicação das medidas de acção social escolar da responsabilidade do ME a partir do ano lectivo de 2008/2009;

Despacho n.º 10221/2009, de 17 de Abril – Designa o título de transporte passe 4_18@escola.tp;

Despacho n.º 11749/2009, de 15 de Maio – Autoriza a realização de despesa resultante do contrato-programa a celebrar entre o Estado e os municípios para implementar o título de transporte passe 4_18@escola.tp;

Despacho n.º 13483/2009, de 9 de Junho – Define o contrato-programa a celebrar entre o Estado e os municípios aderentes para a implementação do título de transporte designado passe 4_18@escola.tp;

Despacho n.º 18987/2009, de 17 de Agosto – Regula as condições de aplicação a partir do ano lectivo de 2009-2010, das medidas da acção social escolar, da responsabilidade do Ministério da Educação e dos municípios, em diversas modalidades;

Decreto-Lei n.º 201/2009, de 28 de Agosto – Procede à quarta alteração ao Decreto-Lei n.º 176/2003, de 2 de Agosto, que instituiu o abono de família para crianças e jovens e definiu a protecção na eventualidade de encargos familiares no âmbito do subsistema de protecção familiar, instituindo uma nova prestação denominada bolsa de estudo;

Portaria n.º 982-A/2009, de 2 de Setembro – Altera a Portaria n.º 138/2009 de 3 de Fevereiro, que define as condições de atribuição do passe escolar 4_18@escola.tp;

Decreto-Lei n.º 186/2009, de 19 de Setembro – cria o passe 4_18@escola.tp.

7. IGUALDADE DE ACESSO À SOCIEDADE DE INFORMAÇÃO

As tecnologias de informação e comunicação constituem, hoje, um recurso fundamental das aprendizagens, em todos os domínios, desigualmente distribuído. Estimular o desenvolvimento da sociedade de informação a partir da generalização do acesso a computadores e à Internet, na escola e em casa, independentemente do nível de rendimentos das famílias, constituiu o objectivo fundamental de um conjunto de programas lançados pelo Governo. Até 2009, e no conjunto das iniciativas, foram distribuídos mais de um milhão de computadores, entre os quais mais de 407 mil computadores Magalhães, a jovens do primeiro ciclo do ensino Básico.

Análise do problema

Antecedentes e justificação

Em 2000, no âmbito de um concurso público, foram atribuídas licenças para telemóveis de 3.ª geração a quatro operadores de comunicações, tendo ficado estabelecido que, como contrapartida, os operadores criavam, promoviam ou financiavam, por si ou em colaboração com o Estado, projectos de desenvolvimento da sociedade de informação, no prazo de vigência das licenças atribuídas por 15 anos. Entre 2000 e 2005 não foi possível concretizar qualquer projecto que pudesse ser considerado mobilizador ou decisivo para os objectivos definidos. Em 2005, o Ministério das Obras Públicas, Transportes e Comunicações, no quadro das suas competências, reinicia as negociações com os operadores tendo em vista: 1) a identificação do montante financeiro dos investimentos previstos nos contratos; 2) os projectos já realizados enquadráveis no âmbito do desenvolvimento da Sociedade da Informação; 3) as condições de criação de uma instituição para a coordenação e acompanhamento dos projectos, já decidida pelo Governo anterior; 4) a identificação de novos projectos de interesse público, alinhados com a estratégia política do Governo, concretizáveis em parcerias. Esta negociação possibilitou, de facto, acordar com os operadores o montante de investimento a realizar em projectos de desenvolvimento da sociedade de informação – que seria da ordem dos 900 milhões de euros. Permitiu ainda a afectação de cerca de 400 milhões de euros à concretização de um projecto de apoio às famílias no acesso a computadores e ligação à Internet, medida prevista na Iniciativa Ligar Portugal, aprovada pelo Governo, em 2005. Tendo em conta o papel que o acesso a computador e à Internet em casa pode desempenhar nos processos de ensino e de aprendizagem, considerou-se como alvo privilegiado dos projectos de desenvolvimento da Sociedade da Informação, o universo da população escolar. Isto é, as famílias com filhos que frequentassem o sistema de ensino, os adultos em formação e os professores.

Relatórios recentes da OCDE e trabalhos de investigação, como o da equipa liderada por Ana Nunes de Almeida, dão conta da importância da posse e utilização de computador e Internet, como instrumento de trabalho e de estudo, pelos jovens no espaço de casa e da família.

Desenho e definição de políticas

Os programas *e-escola*, *e-professores*, e *e-formandos*, aprovados pelo Governo e envolvendo também os operadores de telecomunicações, tiveram como objectivo permitir o acesso a um computador pessoal portátil e a uma ligação à Internet, em casa, a todos os alunos do ensino básico e secundário (dos 11 aos 17 anos), a todos os professores e a todos os adultos em formação, em condições especiais (150 euros por computador mais 22 euros por mês por ligação à Internet em banda larga, com a possibilidade de acesso ao computador sem custos, e 5 euros por mês para ligação à Internet, para os alunos abrangidos pela acção social escolar).

Mais tarde, foi lançado o programa *e-escolinha*, que alargou aos alunos do 1.º ciclo o acesso a computadores portáteis (computador Magalhães) com ligação à Internet. No caso dos alunos do 1.º ciclo, o computador portátil ficou definido como material escolar, devendo as famílias requerer, em cada escola, a sua aquisição através do professor titular de turma. Tratando-se de material escolar, à semelhança dos manuais, dos livros de exercícios, das calculadoras ou de outros instrumentos de suporte ao estudo individual, as famílias beneficiavam de apoios financeiros no âmbito da Acção Social Escolar. Assim, para os alunos de famílias de baixos rendimentos, o computador não implicava qualquer custo. Para as restantes famílias, e em função dos seus rendimentos, o computador podia custar 20 ou 50 euros, sendo facultativa a adesão ao serviço de Internet.

O computador Magalhães foi inteiramente desenvolvido a pensar na sua população alvo – alunos entre os 6 e os 10 anos –, sendo por isso um equipamento mais pequeno, leve e resistente do que qualquer outro computador. Por indicação dos serviços do Ministério da Educação, foram instalados sistemas operativos em *software* livre e em software proprietário, bem como programas educativos destinados à aprendizagem da Língua Portuguesa, do Inglês, da Matemática e do Estudo do Meio e ainda um dicionário, um atlas e uma enciclopédia. Às escolas e aos professores titulares de turma cabia, à semelhança do que se passa com todo o outro material escolar, definir as regras para o uso do computador pessoal na sala de aula, bem como o conjunto de actividades ou trabalhos a desenvolver pelos alunos em casa e na escola. Ao Ministério da Educação competia apoiar as escolas e os professores com formação, a disponibilização de conteúdos informáticos e o acompanhamento da iniciativa.

Objectivo global

Estimular o desenvolvimento da sociedade de informação a partir da generalização do acesso e uso de computadores e Internet em casa, envolvendo todos os membros da mesma família.

Objectivos específicos

Promover o acesso de todos os alunos às TIC – na escola e em casa –, independentemente do nível de rendimentos das famílias.

No caso dos alunos do 1.º ciclo, embora o objectivo geral fosse o da utilização do computador em casa, a idade dos alunos, o nível das suas competências e o seu grau de autonomia exigiam a mediação da escola e do professor, tanto no processo de adesão como no processo de utilização e apropriação. Assim, foi ainda um objectivo específico atribuir à escola e aos professores do 1.º ciclo um papel de mediação da relação dos alunos com os computadores e com as famílias.

Metodologia e actores

Actividades desenvolvidas

Em Junho de 2007, assinaram-se protocolos entre o Ministério da Educação, o Ministério das Obras Públicas, Transportes e Comunicações, e os operadores de telecomunicações. Foi então lançado o programa *e-escola* que garantiu o acesso a computadores e a banda larga a preços vantajosos, a estudantes do 9.º e do 10.º anos de escolaridade, a professores e a trabalhadores em processo de formação. Em Março de 2008, o Conselho de Ministros aprovou o alargamento do universo de beneficiários do programa *e-escola* aos alunos do 11.º e 12.º anos e aos jovens com necessidades educativas especiais, possibilitando o aumento do número de alunos com computador com ligação à Internet.

Em Julho de 2008, o programa de acesso a computadores portáteis em condições especiais fica alargado aos restantes alunos do ensino básico – do 5.º ao 7.º ano de escolaridade. É também lançado um programa especial, com características diferentes, para os alunos do 1.º ciclo o programa *e-escolinha*/Magalhães.

Em Setembro de 2008, cerca de 1.200 coordenadores TIC receberam formação sobre o Magalhães, de forma a posteriormente acompanharem os professores do 1.º ciclo no apoio aos alunos e nas situações de uso do portátil Magalhães nos processos de ensino e aprendizagem em sala de aula. A acção de formação incidiu sobre a utilização pedagógica em ambiente colaborativo de sala de aula, segurança na Internet e a supervisão por parte dos encarregados de educação. Ainda em Setembro de 2008, entregaram-se os primeiros Magalhães em várias escolas do país.

Até 2009, foram distribuídos mais de um milhão de computadores portáteis, tendo-se assistido, segundo relatórios dos operadores de telecomunicações, a um aumento muito significativo do acesso e da intensidade de acesso à Internet nas residências.

Actores

O Ministério das Obras Públicas, Transportes e Comunicações desempenhou um papel muito importante na negociação com os operadores. Foi possível, com a determinação do próprio ministro Mário Lino e do secretário de Estado Paulo Campos, desbloquear um impasse negocial e clarificar o valor do fundo, bem como a natureza dos projectos a financiar. Os operadores de telecomunicações foram parceiros muito importantes na concretização do projecto, assegurando toda a logística de distribuição dos computadores. O trabalho técnico desenvolvido a partir das bases de informação da MISI e do GEPE traduziu-se no sustentáculo da identificação dos beneficiários e do conjunto de procedimentos de relação com os operadores e a instituição gestora dos fundos.

Avaliação de resultados

Até 2009, e no conjunto das duas iniciativas, foram distribuídos mais de um milhão de computadores: 375.888 computadores portáteis com Internet de banda larga, a alunos do 5.º ao 12.º ano; 87.000 computadores portáteis com ligação à Internet a professores; 200.000 computadores portáteis com serviços de Internet a formandos das Novas Oportunidades; 407.700 Magalhães a alunos do 1.º ciclo do ensino básico; de escolas públicas e privadas.

Apesar de ser ainda cedo para avaliar o conjunto dos impactos desta medida, tornou-se possível colocar Portugal entre os países com melhores práticas e com melhores resultados nos indicadores de avaliação do desenvolvimento da Sociedade da Informação. Mais do que duplicou o número de lares com acesso à Internet, mas, sobretudo aumentou significativamente o seu uso e a sua utilização.

Foram realizados protocolos de colaboração entre o Ministério da Educação, através do GEPE e equipas de investigação de diferentes instituições do ensino superior (Minho, Leiria, Açores e Lisboa), para o desenvolvimento de pesquisas longitudinais, sobretudo relacionadas com os impactos do uso do computador Magalhães pelas crianças do 1.º ciclo. Os resultados destes trabalhos trarão certamente contributos importantes para o nosso conhecimento e avaliação destas iniciativas.

Desafios futuros

Sendo muito importante o acesso a computador e Internet, em casa e em iguais condições para todos os alunos, às escolas e aos professores cabe um papel insubstituível na garantia de uma efectiva igualdade de oportunidades no acesso ao ensino, à informação e ao conhecimento cujas famílias não dispõem de níveis de qualificação que lhes permitam participar nos processos de ensino. Nesse sentido, o desafio continua a ser o da efectiva utilização dos computadores e da Internet em sala de aula e o da sua integração nos processos de ensino.

No programa *e-escolas* podem identificar-se cinco forças que importa potenciar:

- A articulação entre as políticas educativa, tecnológica e de apoio social às famílias;
- A garantia de igualdade de oportunidades no acesso a instrumentos de trabalho e de estudo, bem como ao conhecimento e à informação, para todos os alunos;
- A pressão positiva das famílias para a introdução de mudanças nas escolas, no que respeita ao uso efectivo das tecnologias de informação e comunicação (TIC);
- A pressão positiva das escolas para mudança de hábitos e atitudes das famílias, no que respeita às atitudes perante a escola e o ensino;
- O ambiente social e cultural favorável ao uso de tecnologias de informação e comunicação nas escolas.

A curto prazo, é muito importante instituir mecanismos de avaliação e de acompanhamento do programa, bem como de estímulo ao desenvolvimento de conteúdos e à divulgação de boas práticas no uso de computador em sala de aula.

Documentos de referência

Normativos

Resolução do Conselho de Ministros n.º 51/2008, de 19 de Março – Permite que os alunos do 11.º e 12.º ano do ensino secundário possam, durante o corrente ano lectivo, aderir ao programa e-escola, criando-se ainda um regime especificamente dirigido a beneficiários da iniciativa com necessidades educativas especiais de carácter permanente, garantindo-lhes o acesso a computadores adaptados, sem quaisquer encargos adicionais.

Outros documentos

Lista de Escolas onde houve o lançamento da distribuição de computadores Magalhães, por DRE.
ERTE/PTE (2008), Guia do Controlo Parental e-Escolinha, DGIDC-ME;
Plano Tecnológico da Educação (*site*);
e-Escolas (*Site*);
e-Escolinhas (*Site*);
e-Oportunidades (*site*);
e-Professor (*Site*);
Workshop e-Escolinha: Usar as TIC no 1.º Ciclo (*Site*);

8. DISCRIMINAÇÃO POSITIVA DAS ESCOLAS

O lançamento de um novo programa de intervenção prioritária em contextos educativos difíceis (TEIP2) teve como objectivo dar continuidade aos esforços de redução dos riscos de insucesso escolar associados a contextos sociais de exclusão social. O Programa TEIP2 foi concebido como um programa de discriminação positiva das escolas, ou seja, de apoio, de acompanhamento e de afectação de recursos humanos e financeiros a escolas situadas em contextos territoriais que tornam o seu trabalho mais difícil. Em 2009, integravam o programa 144 agrupamentos de escolas, estando inscrita no Programa Operacional de Potencial Humano uma linha de financiamento especial, garantia da sua sustentabilidade.

Análise do problema

Antecedentes e justificação

Os contextos em que as escolas se inserem podem constituir-se como factores potenciadores de risco de insucesso no âmbito do sistema educativo normal, verificando-se que em territórios social e economicamente degradados o sucesso educativo apresenta valores abaixo dos obtidos a nível nacional. A violência, a indisciplina, o abandono, o insucesso escolar e o trabalho infantil são alguns exemplos da forma como essa degradação se manifesta. Ao longo de várias décadas, a política de território, tanto ao nível local como nacional, teve efeitos negativos na vida das escolas, sobretudo por ausência de mecanismos de articulação e coordenação das várias políticas sectoriais. A desigualdade escolar que afecta o nosso sistema educativo é em grande parte tributária da desigualdade territorial, económica e social.

Um programa de políticas territorializadas de intervenção prioritária em contextos educativos difíceis já fora lançado em 1996 por

Ana Benavente enquanto secretária de Estado, em cerca de 30 escolas. A avaliação da experiência desenvolvida ao longo de 10 anos permitiu identificar impactos positivos em algumas escolas, mas também a ineficácia do programa em muitas outras. Em sede da avaliação, foram considerados factores decisivos para o sucesso das intervenções a aplicação de métodos adequados de selecção e recrutamento de professores, bem como a estabilidade decorrente da plurianualidade das colocações, a liderança empenhada na coordenação do projecto educativo, o efectivo envolvimento de instituições da Saúde, da Segurança Social e dos poderes locais, a presença de monitores e mediadores na ligação da escola às famílias e o reforço de mecanismos de vigilância e de segurança dentro e fora da escola.

Vários relatórios da OCDE sobre os resultados do PISA e outros testes internacionais, desde 1995 assinalam os impactos que os contextos sociais e económicos de inserção das escolas têm nos resultados obtidos pelos alunos tanto nos testes de Matemática como de língua materna. Portugal surge nestes relatórios como um dos países em que tal impacto é mais evidente, explicando não apenas a elevada dispersão dos resultados, como a elevada percentagem de alunos nos níveis mais baixos de classificação. A desigualdade social e económica do país provoca uma desigualdade escolar, pesa negativamente sobre algumas escolas tornando particularmente difícil o cumprimento da sua missão, justificando-se programas de discriminação positiva, tendo em vista elevar a qualidade de todas as escolas e diminuir a desigualdade escolar. As escolas em meios críticos sentem mais dificuldade em cumprir a sua missão, necessitam de acompanhamento, de recursos, de regras de funcionamento, adequados às suas necessidades e orientados para a superação dos problemas concretos que enfrentam.

Desenho e definição de políticas

Objectivo global

A promoção do sucesso educativo dos alunos de escolas localizadas em meios particularmente desfavorecidos, através de uma política de discriminação positiva, de apoio diferenciado e continuado a estas escolas.

Objectivos específicos

Apoiar o desenvolvimento dos projectos elaborados pelas escolas com o objectivo específico da melhoria dos resultados escolares dos alunos, do ambiente e do clima da escola. Outra componente: a ligação às famílias e às instituições de proximidade, através de recursos, actividades, iniciativas e um quadro de autonomia pedagógica, que permitisse às escolas mitigar os efeitos negativos do contexto em que se inserem, através designadamente:

- Lançamento de uma nova edição do programa Territórios Educativos de Intervenção Prioritária (TEIP2), introduzindo os ajustamentos necessários à melhoria da sua eficácia;
- Criação nas escolas abrangidas pelo programa de um quadro de estabilidade do corpo docente e dos técnicos de apoio, de forma a garantir a continuidade pedagógica dos projectos;
- Diversificação das ofertas formativas, designadamente do recurso aos planos de recuperação, percursos curriculares alternativos, cursos de educação e formação e cursos profissionais;
- Criação de mecanismos de transição da escola para a vida activa e de orientação escolar;
- Criação de mecanismos de apoio social, económico e psicológico aos alunos;
- Promoção de actividades extra-curriculares e de ocupação plena dos tempos de permanência na escola;
- Articulação com as instituições sectoriais da saúde, emprego, segurança social e com as autarquias;
- Criação de centros de Novas Oportunidades, para promover a aproximação à comunidade e melhorar o nível de qualificação dos pais e familiares dos alunos.

Estratégia de intervenção

A partir de 2006/2007, foi reforçado o programa Territórios Educativos de Intervenção Prioritária (TEIP2) adaptando as anteriores linhas orientadoras ao actual quadro regulamentar, procurou-se:

- Priorizar a intervenção em agrupamentos de escolas e escolas localizadas nas áreas metropolitanas de Lisboa e Porto com elevado número de alunos em risco de exclusão social e escolar identificadas a partir da análise de indicadores de resultados do sistema educativo e de indicadores sociais dos territórios em que as escolas se inserem;

– Fomentar a elaboração de projectos educativos, centrados na optimização dos recursos disponíveis em cada território educativo, e na articulação das intervenções dos vários parceiros;

– Fomentar a proximidade com as famílias e a comunidade local e promover parcerias e dinâmicas de cooperação entre vários agentes – actores públicos e privados, educativos e outros – para o sucesso da medida;

– Acompanhar a concessão de apoios específicos às escolas por uma avaliação completa dos custos de cada planificação e do grau de autonomia/sustentabilidade para a sua execução;

– Articular as intervenções e promover sinergias com os vários programas e medidas em curso: Plano de Acção para a Matemática, Plano Nacional de Leitura, Rede das Bibliotecas Escolares, Iniciativa Computadores, Redes e Internet nas Escolas, Programa do Desporto Escolar, Programa Escola Segura;

– Contratualizar autonomia para a flexibilização do currículo e dos programas disciplinares e não disciplinares, orientando a avaliação dos alunos segundo as competências definidas para o final de ciclo de escolaridade;

– Criar mecanismos de acompanhamento e auto-avaliação em todas as escolas, responsabilizando-as pelo cumprimento de objectivos e metas.

Metodologia e actores

Actividades desenvolvidas

– Reuniões com directores regionais de educação, responsáveis do Gabinete de Segurança e Observatório de Segurança Escolar e dirigentes das escolas para preparação dos programas e identificação de escolas a sinalizar e anúncio público do relançamento do programa TEIP em Setembro de 2006;

– Inclusão no QREN de uma linha de financiamento para as escolas TEIP;

– Convite dirigido às escolas sinalizadas para apresentação de projectos educativos plurianuais, visando a promoção do sucesso escolar, a transição para a vida activa e a integração comunitária;
– Celebração de contratos-programa entre as escolas e o Ministério da Educação, através das respectivas direcções regionais de educação: os contratos-programa incluem o projecto, os recursos envolvidos, as condições especiais da gestão dos recursos, o plano de financiamento, as actividades a candidatar ao POPH/QREN e a identificação da equipa TEIP;
– Atribuição de recursos e instrumentos por parte do Ministério da Educação, com base e nos termos dos contratos-programa: o Ministério concedeu os apoios pedagógicos e financeiros para a execução dos projectos e as escolas assumiram a responsabilidade pela criação de condições para a promoção do sucesso escolar dos alunos;
– Recrutamento de recursos humanos especializados, com o recurso a perfis profissionais diversos como animadores culturais, psicólogos e assistentes sociais e mediadores, terapeutas da fala e auxiliares de acção educativa;
– Apoio à construção e à adaptação de espaços próprios para oferta de cursos profissionalizantes, espaços desportivos e auditórios para partilha com a comunidade;
– Melhoria de espaços exteriores e instalação de sistemas de aquecimento;
– Constituição de gabinetes de apoio aos alunos e criação da figura da tutoria para o acompanhamento de alunos mais vulneráveis;
– Constituição de gabinetes para o reforço das aprendizagens, nomeadamente no que respeita à Matemática e à Língua Portuguesa;
– Inclusão de normas específicas, no decreto-lei do concurso de professores de 2009, para permitir às escolas TEIP a selecção e recrutamento de professores de acordo com critérios próprios, criação de regras conferindo aos agrupamentos e escolas TEIP autonomia para a selecção e recrutamento de docentes com competências específicas;

- Regulamentação e definição das normas orientadoras para a constituição do programa TEIP 2, Setembro/Outubro de 2008, permitindo o alargamento do programa a cerca de 100 escolas;
- Criação, no âmbito da Direcção-Geral de Inovação e Desenvolvimento Curricular (DGIDC), de uma estrutura permanente de acompanhamento e coordenação dirigida por Nelson Matias, integrando representantes da DGIDC, de cada direcção regional da educação, da Direcção-Geral dos Recursos Humanos da Educação (DGRHE), da Agência Nacional para a Qualificação (ANQ) e um representante do Gabinete de Gestão Financeira do Ministério da Educação (GGF);
- Criação de um conselho consultivo com a seguinte composição: o director-geral da DGIDC (que preside), o presidente da comissão de coordenação permanente do Programa TEIP2, um representante do GEPE, um representante do GAVE, um representante da IGE, um representante da DGRHE, um representante da ANQ, um representante do POPH, um representante de cada DRE, um representante do Observatório de Segurança Escolar, um representante da Direcção-Geral da Saúde, um representante do Instituto da Segurança Social, um representante do Instituto do Emprego e Formação Profissional, um representante da Associação Nacional de Municípios Portugueses, um representante do Programa Bairros Críticos e três peritos de reconhecida competência técnica;
- Instituição de regras de controlo e avaliação, como a elaboração de relatórios semestrais de execução pelas escolas; produção do relatório anual de avaliação do programa, com recomendações para a sua melhoria e com propostas de acções de formação a incluir no plano de formação anual das escolas ou nos programas de formação dos diversos organismos do Ministério da Educação;
- Em 2009, nas regras do concurso nacional de recrutamento e colocação de professores, introduziram-se cláusulas que permitiram aos directores destas escolas, com autonomia, utilizar regras e critérios de selecção de professores adequados à sua realidade.

Actores

As direcções regionais de Educação e o Gabinete de Segurança Escolar tiveram um papel muito importante na identificação das escolas e na sua mobilização para a elaboração dos projectos de intervenção prioritária. Os serviços centrais como a Direcção-Geral de Inovação e Desenvolvimento Curricular, a Direcção-Geral dos Recursos Humanos da Educação e o Gabinete de Gestão Financeira tiveram uma acção decisiva na elaboração das orientações e no estabelecimento de critérios para a distribuição de recursos humanos e financeiros. O Gabinete de Gestão do POPH proporcionou apoio na elaboração dos regulamentos do programa e acompanhamento na apresentação das candidaturas por parte das escolas. O trabalho de coordenação de toda a intervenção e a criação de condições para o alargamento da intervenção a mais de uma centena de escolas coube à Direcção-Geral de Inovação e Desenvolvimento Curricular e à comissão de acompanhamento permanente dirigida por Nelson Matias. Alguns projectos na área da formação de professores e no acompanhamento de escolas em meio difícil, como foi o projecto desenvolvido ao longo de três anos por Ana Maria Bettencourt, com a directora do Agrupamento de Escolas da Vialonga, Armandina Soares, permitem aprofundar a informação e o conhecimento sobre as dificuldades enfrentadas por estas escolas e estes professores, mas também fornecem inúmeras pistas de trabalho para o futuro.

Avaliação e resultados

O acompanhamento e a avaliação permanente das escolas com projecto TEIP2 são uma condição necessária, mesmo que não suficiente, para garantir os resultados e o cumprimento dos objectivos. Neste domínio, é indispensável dispor de persistência e de capacidade de concentração nos objectivos de melhoria das condições para que, mesmo em contextos pouco favoráveis ou mesmo adversos, a escola pública possa cumprir a sua missão e possa fazer a diferença. Nos dois anos de acompanhamento, nas escolas sinalizadas e intervencionadas melhorou muito o ambiente escolar, tendo baixado muito significativamente o número de ocorrências de indisciplina ou de violência e absentismo por parte dos alunos, bem como de abandono escolar.

A intervenção não chegou no entanto às salas de aula, não chegou à formação de professores, nem às dimensões pedagógicas - passos necessários para estas escolas melhorarem os resultados escolares.

Os investimentos previstos para estas escolas permitirão obter resultados a prazo. Em algumas dimensões do funcionamento da escola as melhorias podem ser imediatas, mas a transformação e a melhoria da qualidade que se procura alcançar necessitam de conhecimento e informação, necessitam de tempo de desenvolvimento, de persistência e de consolidação mas, sobretudo, de uma intervenção consistente e coerente.

Desafios futuros

Estas escolas constituem um desafio para a política educativa. O Ministério da Educação, através dos serviços centrais e regionais, enfrenta com elas os testes da persistência e da capacidade de identificar e de lidar com a desigualdade e a diversidade, e de conseguir alcançar os objectivos da equidade, de garantir padrões de qualidade em todas as escolas. Persistência, porque requer um trabalho continuado e coerente de acompanhamento, não as deixando entregues à sua sorte. Capacidade de identificar e de lidar com a desigualdade e a diversidade, porque exige o tratamento de informação e o conhecimento das condições concretas de trabalho das escolas, exige uma proximidade implicada e a capacidade de inovar nas decisões, que é no fundo o que justifica a existência dos serviços do Ministério da Educação.

À semelhança do que se fez com as regras de recrutamento e colocação de professores no concurso de 2009, todos os instrumentos de gestão centralizada do sistema educativo deviam ser revistos à luz das características destas escolas, introduzindo normas de excepção. As medidas de discriminação positiva necessárias nestas escolas não envolvem apenas recursos. Integram também um quadro de regras de maior autonomia que permitam aos seus directores lidar com a diversidade dos problemas que enfrentam. Em contrapartida, tal evolução exigirá mais do Ministério da Educação no acompanhamento destas escolas e na avaliação rigorosa do cumprimento dos objectivos.

Todavia, é necessário também, por parte do Ministério da Educação, uma intervenção preventiva, para a qual necessita de competências, de recursos e de meios que actualmente não mobiliza. Passado que foi o período da expansão escolar, vivendo o país um período de estabilidade demográfica, é relativamente mais simples promover uma maior articulação entre as políticas educativas e as politicas de território e de apoio social, tanto a um nível local como nacional.

Em primeiro lugar, a escolha dos locais destinados à construção de novas escolas, em zonas de crescimento urbano, devia obedecer a critérios que incorporassem o conhecimento que temos hoje dos efeitos negativos que podem ser gerados por determinadas soluções urbanísticas. Em segundo lugar, a localização actual de algumas escolas em meios difíceis devia ser objecto de análise adequada, sem deixarem de ser ponderadas todas as possibilidades, incluindo a da deslocalização das escolas para territórios mais qualificados. Finalmente, as políticas educativas poderão ganhar em eficiência se for promovida uma efectiva e mais ampla articulação com as políticas de apoio social às famílias e com as políticas de saúde, acompanhadas de avaliação dos impactos e dos resultados, tendo em vista uma intervenção mais dinâmica.

Documentos de referência

Normativos

Despacho Normativo n.º 55/2008, de 23 de Outubro – Define as normas orientadoras para a constituição de territórios educativos de intervenção prioritária de segunda geração;
Despacho n.º 8065/2009, de 20 de Março – Identifica as escolas prioritárias para efeitos da atribuição de recursos n âmbito dos diversos projectos do ME;
Portaria n.º 365/2009, de 7 de Abril – Regula o procedimento concursal de recrutamento do pessoal docente para os quadros das escolas TEIP.

Outros documentos

Aviso de abertura de candidaturas ao POPH;
Modelo tipo do contrato-programa a celebrar;
Lista de agrupamentos que integram o Programa TEIP;
Lista de agrupamentos que integram o Programa TEIP 2;
Lista de agrupamentos que integram o Programa TEIP – 3.ª fase;
Comentários à notícia da TSF sobre os TEIP;
Anexo TSF – Levantamento de dados de prorrogações dos contratos da 1.ª fase;
Matias, Nelson, et. al. (2010), Relatório de Execução do Programa TEIP 2, Comissão de Coordenação Permanente do Programa TEIP 2, DGIDC-ME;
DGIDC-ME (2010), Relatório de Execução Global dos Projectos da 1.ª Fase do Programa TEIP 2 – 2006/2009, Coordenação do Programa TEIP, DGIDC-ME;

9. INCLUSÃO NA EDUCAÇÃO ESPECIAL

A consolidação do princípio da escola inclusiva no domínio das necessidades educativas especiais exigiu alterações do enquadramento legal que permitiram uma melhor definição técnica dos apoios especializados e a estabilização das condições da sua prestação. Em particular, foi definida uma rede de escolas de referência neste domínio, às quais foram atribuídos os recursos necessários ao desenvolvimento da sua actividade, criou-se o grupo de docência do ensino especial, o que permitiu melhorar as condições de profissionalização destes professores e, finalmente, definiu-se uma metodologia mais exigente para a identificação dos alunos com necessidades educativas especiais.

Análise do problema

Antecedentes

Na organização do sistema educativo, o princípio da *escola inclusiva* constitui uma condição para o acesso e o sucesso escolar de todas as crianças e jovens, nomeadamente dos alunos com necessidades educativas especiais devido a deficiências físicas ou mentais. A Lei de Bases do Sistema Educativo, de 1986, e o regime jurídico do ensino especial, em vigor desde 1991, consagraram a integração de alunos com necessidades educativas especiais nas escolas, tendo introduzido uma mudança de paradigma na educação especial. Trata--se da evolução de uma perspectiva assistencial e centrada na Segurança Social para uma perspectiva de educação inclusiva da responsabilidade do Ministério da Educação, traduzindo-se numa alteração na centralidade e no papel das instituições especializadas, como as Cooperativas de Educação e Reabilitação de Crianças Inadaptadas (CERCI) e das escolas no esforço de educação e de integração das crianças com necessidades educativas especiais. Desde essa data que nos serviços do Ministério da Educação, inicialmente com Ana Maria

A ESCOLA PÚBLICA PODE FAZER A DIFERENÇA

Benard da Costa e mais tarde com Filomena Pereira, se desenvolveram e consolidaram competências técnicas nesta área de intervenção das políticas educativas.

Justificação

Em 2005, cerca de 4.000 alunos estavam integrados em instituições e colégios especializados. Os restantes, mais de 50.000, estavam inseridos nas mais variadas escolas regulares, que a partir da sinalização de alunos com necessidades educativas especiais tinham a possibilidade de ter professores destacados para os acompanharem. Os principais problemas identificados eram de diferente natureza:

- Falta de estabilidade dos professores colocados anualmente através de destacamento para acompanhamento dos alunos do ensino especial;
- Ausência de uma política de formação e de profissionalização dos professores afectos a funções de ensino especial: qualquer professor podia requerer a sua afectação a estas funções, não sendo definidos os critérios de recrutamento e de selecção destes professores;
- Indefinição de critérios e de procedimentos rigorosos e transparentes na identificação e sinalização de alunos com necessidades educativas especiais. Principal consequência: a indiferenciação da sinalização e da resposta, uma vez que eram considerados igualmente alunos que apresentavam apenas dificuldades de aprendizagem susceptíveis de ser colmatadas de outras formas (era o caso de alunos de minorias étnicas que, por questões culturais, económicas ou sociais apresentavam maiores dificuldades de aprendizagem e de comportamento);
- Falta de critérios objectivos na avaliação de necessidades e de rigor na concessão de recursos físicos e humanos (professores e terapeutas) às escolas;
- Dispersão dos alunos com necessidades educativas especiais tipificadas (surdez, cegueira e baixa visão) por muitas escolas, sem as condições necessárias em recursos humanos e materiais;

- Rede de salas de apoio à multideficiência e ao espectro de autismo muito insuficiente nas escolas públicas de ensino regular;
- Falta de mecanismos de *feedback* aos serviços do Ministério da Educação acerca do estado e evolução do processo de aprendizagem desses alunos.

Era, necessário, portanto dotar o sistema público de educação de eficiência, legibilidade, rigor e transparência no processo de identificação dos alunos com necessidades educativas especiais. Urgente também era a definição de padrões exigentes para a criação de escolas públicas regulares de referência, para cada tipo de deficiência, dotadas de adequados recursos humanos e físicos para a promoção das aprendizagens e da inclusão social.

Desenho e definição de políticas

Objectivo global

Definir, na política educativa, um capítulo para os alunos com necessidades educativas especiais, considerando as suas reais necessidades e especificidades, convergente com os princípios da igualdade de oportunidades e da discriminação positiva; correlativa aposta na autonomia, na estabilidade emocional e na preparação para o prosseguimento de estudos ou para uma adequada integração na vida profissional de todas as crianças, jovens e adolescentes.

Objectivos específicos

Foram objectivos específicos das medidas tomadas:

- Integrar os alunos com necessidades educativas especiais nas escolas regulares públicas e privadas, tornando a escola um espaço inclusivo, promotor das oportunidades no acesso e nos resultados escolares de todos os jovens;
- Definir apoios especializados para as crianças e jovens com necessidades educativas especiais permanentes;
- Dotar as escolas e os professores de condições técnicas, de profissionais e de estabilidade para o cumprimento da sua missão.

140   A ESCOLA PÚBLICA PODE FAZER A DIFERENÇA

Estratégia de intervenção

A estratégia de intervenção assentou nos seguintes princípios:

- Identificação e sinalização rigorosa – nos critérios e nos procedimentos – dos alunos com necessidades de acompanhamento especializado prestado por professores com formação específica, distinguindo-os dos alunos com necessidade apenas de apoio educativo traduzível em respostas técnicas e organizacionais diferentes das proporcionadas pelo ensino especial;
- Permanente reflexão e auscultação dos vários actores do processo, incluindo a audição de peritos e o envolvimento das instituições especializadas;
- Investimento em equipamento, materiais e recursos pedagógicos adaptados à diversidade de cada aluno;
- Identificação, criação e alargamento de uma rede de escolas e de agrupamentos de referência para as várias necessidades: alunos cegos; alunos surdos e intervenção precoce; unidades de apoio especializado para alunos com multideficiência; espectro de autismo; equipamento das mesmas com materiais e recursos pedagógicos adequados;
- Formação de professores, pessoal não docente e técnicos, em cooperação com as universidades e institutos politécnicos e recrutamento de técnicos especializados para as escolas;
- Recurso à utilização da Classificação Internacional de Funcionalidade, enquanto instrumento de identificação dos alunos com necessidades educativas especiais importantes.

Metodologia e actores

Actividades desenvolvidas

Desenvolveram-se actividades de natureza diversa: desde estudos de diagnóstico à definição de novo quadro de regras para a atribuição e a gestão de recursos técnicos e financeiros, passando por conferências, audição de peritos e acções de formação. Destacam-se as seguintes iniciativas:

- Elaboração do plano de acção 2006-2009, para a integração de pessoas portadoras de deficiências ou incapacidades;

- Criação de um grupo de docência próprio para o ensino especial, evitando os destacamentos anuais de professores e permitindo, deste modo, estabilizar e profissionalizar um número elevado de docentes;
- Elaboração e homologação de um programa curricular de Língua Gestual Portuguesa (este programa passa a ter aplicação obrigatória no currículo dos alunos surdos que optem pelo ensino bilingue em escolas de referência para a educação bilingue de alunos surdos);
- Aumento da oferta de manuais escolares em Braille e em formato digital;
- Realização da Conferência Nacional de Educação Especial, iniciativa que permitiu um debate alargado, desta problemática, entre os vários profissionais e peritos conceituados da área e conduziu à sistematização de conclusões;
- Criação, em 2007, de orientações relativas à qualificação de adultos com deficiências ou incapacidades, promovendo as oportunidades de educação, formação e trabalho;
- Audição parlamentar, organizada no dia 17 de Setembro de 2007 e intitulada "Young voices: meeting diversity in education", que deu origem ao documento *Declaração de Lisboa: Pontos de Vista dos Jovens sobre Educação Inclusiva*;
- Criação do novo regime jurídico da educação especial, em 2008, onde se definem os apoios especializados e a criação de condições para a adequação do processo educativo às necessidades educativas especiais;
- Elaboração de um novo enquadramento legislativo que criou as condições para que o processo educativo se adequasse aos alunos com necessidades educativas especiais, apostando num sistema de referenciação e avaliação desse tipo de jovens. Foi para isso adoptada a Classificação Internacional de Funcionalidade, como instrumento de identificação dos alunos com necessidades educativas especiais importantes;
- Realização, em Junho de 2008, do Encontro Temático – Educação Especial, promovido pela Direcção-Geral de Inovação e Desenvolvimento Curricular (DGIDC) e que contou com a participação do director da Agência Europeia para o Desenvolvimento da Educação Especial, Cor Meijer, de peritos,

estrangeiros e nacionais, que têm vindo a desenvolver, nos últimos anos, um trabalho aprofundado de investigação no âmbito da educação inclusiva;

– Estabelecimento de protocolos, em 2008, entre o Ministério da Educação e instituições de solidariedade, no sentido de estas últimas disponibilizarem apoio técnico aos alunos com necessidades educativas especiais, o que resultou na reorientação das escolas especiais em centros de recurso para a inclusão;

– Celebração de protocolos, em 2008, entre o Ministério da Educação, universidades e escolas superiores de educação, para efeitos de acções de formação dirigidas a 1.500 docentes e a 700 funcionários não docentes.

Actores

O processo de reforma foi conduzido em articulação com os serviços da DGIDC. Foram também ouvidos e envolvidos instituições de ensino especializado, peritos de instituições científicas e do ensino superior, associações de pais e peritos de organismos internacionais. Foram estabelecidos protocolos com as instituições especializadas, sobretudo as CERCI, com muita experiência e muito trabalho educativo realizado, para o apoio técnico às escolas, para a definição de referenciais e de programas, bem como para a formação de técnicos e o acompanhamento da reforma.

Avaliação e resultados

Está em curso um estudo de avaliação externa sobre a aplicação do novo diploma do ensino especial (Decreto-Lei n.º 3/2008), dirigida por Rune Simeonsson, Professor da Universidade da Carolina do Norte (EUA) e pela professora coordenadora da Escola Superior de Educação do Porto, Manuela Sanches Ferreira. A primeira reunião da Comissão de Acompanhamento do Projecto ocorreu em Março de 2009, prevendo-se a finalização dos trabalhos para 2011. Existem, nas escolas públicas e privadas, boas práticas no campo do ensino especial. São disso exemplo o agrupamento de escolas Eugénio de Andrade (ensino bilingue de alunos surdos), o agrupamento de escolas

Silva Gaio em Coimbra (alunos cegos e de baixa visão), o agrupamento n.º 1 de Évora (intervenção precoce e alunos surdos), o agrupamento de escolas Rodrigues de Freitas, no Porto (alunos cegos e de baixa visão, entre outros). O respectivo acompanhamento e avaliação certamente permitirá aprofundar o conhecimento das dificuldades e a obtenção de informação relevante para continuar a melhorar a intervenção pública nesta área. De igual modo a transformação de escolas de ensino especial em centros de recursos para apoio à inclusão envolve muitos exemplos de boas práticas como a Cercica (Cascais) e a Cercilisboa, entre muitos outros.

Desafios futuros

A educação integrada de alunos com necessidades educativas especiais é um enorme desafio para todos, mas sobretudo para as escolas e os professores: pela sua complexidade, pelas dificuldades técnicas, pelo confronto diário com um trabalho educativo muito difícil e para o qual, por vezes, não existem respostas técnicas com as quais tanto as famílias como os profissionais se sintam confiantes. Devem ser criadas as condições para o apoio eficaz do trabalho das escolas, dos professores e dos profissionais, garantindo a confiança das famílias e envolvendo as instituições especializadas, por via do conhecimento e da sua experiência. Na educação, este é o campo por excelência em que o acompanhamento e a avaliação se tornaram decisivos. Decisivos para melhorar a intervenção e a acção públicas, proporcionando às crianças melhores oportunidades de desenvolvimento; e para conquistar a confiança das famílias, para atribuir às escolas e aos professores os recursos adequados às exigências do seu trabalho e necessários ao cumprimento da sua missão.

Situamo-nos, de novo, num campo de intervenção política em que, evidentemente, as responsabilidades devem ser partilhadas. Não são nem devem ser um exclusivo do Ministério da Educação e, por isso, vários parceiros devem continuar a ser envolvidos – desde os pais às instituições especializadas da Saúde ou da Segurança Social.

144 A ESCOLA PÚBLICA PODE FAZER A DIFERENÇA

Documentos de referência

Normativos

Despacho Conjunto n.º 30/2006, de 11 de Janeiro – Constitui o grupo interdepartamental a que se refere o n.º 11.1 do Despacho Conjunto n.º 891/99, de 19 de Outubro, que aprova as orientações reguladoras da intervenção precoce para crianças com deficiência ou em risco de atraso grave de desenvolvimento);

Decreto-Lei n.º 20/2006, de 31 de Janeiro – Revê o regime jurídico do concurso para selecção e recrutamento do pessoal docente da educação pré-escolar e dos ensinos básico e Secundário, bem como da educação especial, revogando o Decreto-Lei n.º 35/2003;

Decreto-Lei n.º 27/2006, de 10 de Fevereiro – Cria o grupo de recrutamento de Educação Especial;

Resolução do Conselho de Ministros n.º 120/2006, de 21 de Setembro – Aprova o primeiro plano de acção para a integração das pessoas com deficiências ou incapacidade, para os anos de 2006 a 2009 (PAIPDI);

Portaria n.º 184/2007, de 9 de Fevereiro – Actualiza a Portaria n.º 53/2006, de 11 de Abril, que estabelece os apoios financeiros a vigorar durante o ano lectivo de 2006-2007 nas associações e cooperativas de educação especial;

Portaria n.º 185/2007, de 9 de Fevereiro – Actualiza a Portaria n.º 344/2006, de 10 de Abril, que estabelece os apoios financeiros a vigorar durante o ano lectivo de 2006-2007 nas escolas particulares de ensino especial;

Despacho n.º 29176/2007, de 21 de Dezembro – Define os princípios orientadores do acesso das pessoas com deficiências ou incapacidade ao processo de reconhecimento, validação e certificação de competências (RVCC);

Decreto-Lei n.º 3/2008, de 7 de Janeiro – Define os apoios especializados a prestar na educação pré-escolar e nos ensinos básico e secundário dos sectores público, particular e cooperativo visando a criação de condições para a adequação do processo educativo às necessidades educativas especiais dos alunos com limitações significativas ao nível da actividade e da participação num ou vários domínios da vida;

Despacho n.º 3064/2008, de 7 de Fevereiro – Determina a possibilidade de continuidade do percurso escolar dos alunos com necessidades educativas especiais de carácter permanente nas instituições de ensino especial frequentadas;

Declaração de Rectificação n.º 10/2008, de 7 de Março – Rectifica o Decreto-Lei n.º 3/2008, de 7 de Janeiro. As rectificações incidem apenas no artigo 32.º, "Normas revogatórias";

Lei n.º 21/2008, de 21 de Março – Altera pela primeira vez, por apreciação parlamentar, o Decreto-Lei n.º 3/2008, de 7 de Janeiro, que define os apoios especializados a prestar na educação pré-escolar e nos ensinos básico e Secundário dos sectores público, particular e cooperativo;

Aviso n.º 22914/2008, de 3 de Setembro – Inicia o processo de candidatura para acreditação de centros de recursos para a inclusão (CRI) para apoio à inclusão das crianças e jovens com deficiência e incapacidade;

Portaria n.º 985/2008, de 3 de Setembro – Estabelece os valores e critérios de determinação das compartições das famílias na frequência de estabelecimentos de educação especial por crianças e jovens com deficiência. Revoga a Portaria n.º 288/2007, de 16 de Março;

Portaria n.º 994/2008, de 3 de Setembro – Estabelece os valores máximos e as normas reguladoras das mensalidades a praticar pelas cooperativas e associações de educação especial com fins lucrativos, para efeitos de atribuição do subsídio de educação especial. Revoga a Portaria n.º 171/2007, de 6 de Fevereiro;

Portaria n.º 995/2008, de 3 de Setembro – Estabelece os valores máximos e as normas reguladoras das mensalidades a praticar pelos estabelecimentos de educação especial com fins lucrativos, para efeitos de atribuição do subsídio de educação especial. Revoga a Portaria n.º 172/2007, de 6 de Fevereiro;

Portaria n.º 1148/2008, de 10 de Outubro – Actualiza para o ano lectivo de 2007/2008 as condições de prestação de apoio financeiro a alunos que frequentam associações e cooperativas de ensino especial;

Portaria n.º 1149/2008, de 10 de Outubro – Actualiza para o ano lectivo de 2007/2008 as condições de prestação de apoio financeiro a alunos que frequentam escolas particulares de ensino especial;

Portaria n.º 382/2009, de 8 de Abril – Actualiza para o ano lectivo de 2008-2009 as condições de prestação de apoio financeiro aos alunos que frequentam escolas particulares de ensino especial;

Portaria n.º 383/2009, de 8 de Abril – Actualiza para o ano lectivo de 2008-2009 as condições de prestações de apoio financeiro aos alunos que frequentam associações e cooperativas de ensino especial;

Outros documentos

Gabinete da Secretária de Estado Adjunta e da Reabilitação, Secretariado Nacional para a Reabilitação e Integração das Pessoas com Deficiência (2006), 1.º Plano de Acção para a Integração de Pessoas com Deficiências ou Incapacidade: 2006-2009; IEFP;

DGIDC-ME (2006), Reorientação das Escolas em Centros de Recursos – Documento Estratégico; DGIDC-ME;

Cavaca, Fátima (coord.) (2007), Programa Curricular de Língua Gestual Portuguesa: Edição Pré-Escolar e Ensino Básico; DGIDC-ME;

Cavaca, Fátima (coord.) (2007), Programa Curricular de Língua Gestual Portuguesa: Edição Ensino Secundário; DGIDC-ME;

Agência Nacional para o Desenvolvimento da Educação Especial (2008), Relatório "Vozes Jovens: ao Encontro da Diversidade na Educação" (contempla a Declaração de Lisboa);

Lista de contratos de prestação de serviços celebrados entre a DGIDC-ME e instituições do ensino superior, DGIDC-ME, 14 de Fevereiro de 2008;

Protocolo de colaboração estabelecido entre o Ministério da Educação e os centros de recursos para a inclusão, 2008;

Lista da Rede Nacional de Centros de Recursos para a Inclusão, DGIDC-ME, 2008;

Comparação do Decreto-Lei n.º 319/91 e Decreto-Lei n.º 3/2008;

Apresentação do Decreto-Lei n.º 3/2008 de 7 de Janeiro, ME, 8 de Janeiro de 2008;

Apresentação do Young Voices: Meeting Diversity in Education – Secondary Education;

Apresentação do Young Voices: Meeting Diversity in Education – Vocational Education.

10. INTEGRAÇÃO ATRAVÉS DO ENSINO DO PORTUGUÊS

O ensino da língua portuguesa constitui um instrumento fundamental de promoção activa da integração dos imigrantes e seus descendentes. Para incrementar a sua eficácia, procedeu-se à aprovação de referenciais e à produção de instrumentos pedagógicos adequados ao ensino de jovens e de adultos, com ou sem escolaridade básica, para os quais o português é a segunda língua. Esses referenciais e recursos, para além de orientarem e apoiarem o ensino do português a alunos estrangeiros nas escolas portuguesas, são também de grande utilidade no ensino do português no estrangeiro.

Análise do problema

Antecedentes

Nas matérias da Educação, os direitos dos alunos migrantes ou filhos de imigrantes estão protegidos na Constituição Portuguesa, mas também em legislação específica. Por isso, as crianças, jovens e adultos de outras línguas e culturas de origem usufruem dos mesmos direitos dos alunos portugueses.

Dados de 2004, constantes de um relatório da Rede Eurydice sobre a população imigrante estudantil em 30 países da Europa, revelavam a existência de 90 mil estudantes de diferentes nacionalidades frequentando o sistema de ensino português. O levantamento efectuado no ano lectivo 2004-2005, por meio de questionário realizado pela Direcção-Geral de Inovação e Desenvolvimento Curricular, apurou que, no conjunto das escolas públicas portuguesas, existiam, àquela data, alunos de 120 nacionalidades e que ascendiam a 80 as diferentes línguas faladas em contexto escolar. Do conjunto dos alunos inquiridos, 25% revelavam "muitas dificuldades" e quase 5% "não entendiam nada" de português.

Há alguns anos que os serviços do Ministério da Educação com competência no ensino do português no estrangeiro vinham a desenvolver modelos para o ensino do Português como língua não materna, em articulação com peritos da Faculdade de Letras da Universidade de Lisboa.

Justificação

Nas matérias relativas ao ensino do Português como língua estrangeira ou como língua não materna, justificava-se uma intervenção a vários níveis. Em primeiro lugar, a aprovação dos referenciais e níveis de competência, bem como a produção de instrumentos de ensino do Português, adequados ao ensino de jovens e de adultos, de populações escolarizadas ou sem escolaridade básica. Tal desiderato respondia a necessidades dos núcleos de ensino do Português no estrangeiro, o ensino do Português a alunos estrangeiros nas escolas portuguesas, mas também a necessidades sentidas nos PALOP. A instituição de sistemas de ensino em português levanta dificuldades na sua aplicação. Esses obstáculos resultam de o facto de a língua portuguesa não ser a língua materna nem de socialização da larga maioria dos alunos. Em segundo lugar, justificava-se uma intervenção. No âmbito da orientação e dos recursos a proporcionar às escolas – sobretudo àquelas em que se concentra um número elevado de alunos com diferentes nacionalidades. A heterogeneidade sociocultural e a diversidade linguística da população escolar exigiam condições pedagógicas e didácticas inovadoras, capazes de proporcionar a adequada aprendizagem e o desenvolvimento de projectos curriculares susceptíveis de promover a equidade no acesso ao currículo e ao sucesso educativo. Finalmente, no quadro da articulação entre políticas públicas, justificava-se a atribuição à escola e ao ensino do português a estrangeiros, bem como ao domínio da língua portuguesa, um papel de relevo nos processos de integração e de aquisição da nacionalidade. De facto, a escola é o espaço privilegiado para o desenvolvimento da integração social e cultural das crianças e jovens de recente imigração. O domínio da língua portuguesa encontra-se intrinsecamente ligado ao sucesso escolar e é factor essencial na integração social do indivíduo.

Desenho e definição de políticas

Objectivo global

O objectivo global imediato foi o de oferecer condições equitativas de acesso à aprendizagem, bem como ao domínio suficiente da língua portuguesa – como veículo de todos os saberes escolares –, de forma a assegurar a eficaz integração dos alunos no sistema educativo nacional, independentemente da sua língua, cultura, condição social, origem ou idade.

Objectivos específicos

Foram ainda objectivos específicos:

- Criar condições de acolhimento e acompanhamento dos alunos estrangeiros no processo de aprendizagem;
- Promover projectos curriculares que assegurassem condições equitativas de acesso ao currículo e ao sucesso educativo;
- Criar condições técnicas para a promoção do ensino do português no estrangeiro, em moldes modernos e adaptados às exigências do Quadro Europeu Comum de Referência para as Línguas;
- Apoiar a integração social e económica dos imigrantes, através da promoção de cursos de Português, certificação de competências linguísticas para fins profissionais ou de aquisição da nacionalidade.

Estratégia de intervenção

Apoiar as equipas de peritos e as escolas no desenvolvimento do trabalho técnico e de projectos de ensino, dotando-as dos meios e dos recursos necessários. Modernizar o ensino do português a estrangeiros, aprovando os modelos de formação e de certificação de competências linguísticas, promovendo a elaboração de instrumentos de ensino adequados a diferentes públicos.

Metodologia e actores

Actividades desenvolvidas

Foram desenvolvidas actividades de diferente natureza:

- Definição das orientações relativas ao acolhimento, integração e escolarização de alunos estrangeiros para todos os níveis de escolaridade, designadamente respeitantes à adopção de metodologias de aprendizagem do Português como Língua Não Materna (PLNM), tendo em conta as orientações definidas no Quadro Europeu Comum de Referencia para as Línguas;
- Definição do perfil de competências do professor de PLNM, e dos restantes professores de iniciação e de acompanhamento, e distribuição de recursos humanos e materiais às escolas para o desenvolvimento dos seus programas específicos quer enquanto disciplinas de enriquecimento do currículo quer enquanto cursos de educação extracurricular;
- Formação de professores e de formadores de PLNM
- Definição de prioridades e de modelos de formação contínua de professores, bem como a produção e divulgação de materiais científicos e pedagógicos para apoio aos docentes;
- Apoio às escolas na promoção de cursos de Português para estrangeiros adultos e na realização dos exames para efeitos de aquisição de nacionalidade.

Actores

Na concretização de políticas públicas que envolvam a articulação entre sectores, como é este caso, é muito importante a coordenação da intervenção. Muito importante foi o nível de coordenação alcançado no trabalho conjunto da Direcção-Geral de Inovação e Desenvolvimento Curricular, das Direcções Regionais de Educação e do Alto Comissariado para a Imigração e Diálogo Intercultural (ACIDI). Os peritos e investigadores na área da Linguística e da Didáctica, envolvidos na elaboração dos modelos de formação e certificação de competências, deram um contributo muito importante para a modernização das condições de ensino do PLNM. Todavia, é nas escolas, com o trabalho dos professores, que o serviço público de educação é prestado e que as dificuldades foram sendo sentidas e superadas.

Avaliação e resultados

A população escolar de nacionalidade estrangeira inserida no sistema educativo nacional cuja língua materna não é o português continuará a aumentar. As medidas tomadas deverão por isso ser avaliadas, considerando sobretudo os resultados escolares dos alunos.

Desafios futuros

A introdução formal do ensino do Português como língua não materna nas escolas veio responder a uma dificuldade já sentida – a integração escolar de alunos estrangeiros –, mas acabou por proporcionar o alargamento da missão da escola pública no serviço a novos públicos: adultos estrangeiros. A elaboração e posterior homologação dos referenciais de formação e de certificação de competências em Português, convergentes com o Quadro Europeu Comum de Referência para as Línguas, define melhores condições objectivas para apoiar o esforço dos PALOP e das escolas e centros de línguas no estrangeiro, bem como para ampliar e alargar o número e o tipo de aprendentes de língua portuguesa. A actividade de instituições parceiras, como o Ciberdúvidas da Língua Portuguesa, na formação ou no apoio ao trabalho dos professores, em Portugal ou nos PALOP, bem como no desenvolvimento de instrumentos de ensino, certamente permitirá continuar a melhorar a qualidade do ensino do Português a estrangeiros.

Documentos de referência

Normativos

Decreto-Lei n.º 227/2005, de 28 de Dezembro – Define o novo regime de concessão de equivalências de estudos;

Despacho Normativo n.º 7/2006, de 6 de Fevereiro – Estabelece as normas para o ensino da língua Portuguesa como língua não materna para os alunos do ensino básico;

Portaria n.º 224/2006, de 8 de Março – Aprova as tabelas comparativas entre o sistema de ensino português e outros sistemas de ensino, bem como as tabelas de conversão dos sistemas de classificação correspondentes;

Decreto-Lei n.º 237-A/2006, de 14 de Dezembro – Aprova o regulamento da nacionalidade portuguesa;

Portaria n.º 1403-A/2006, de 15 de Dezembro – Regulamenta os diversos aspectos relativos à nova forma de aferição do conhecimento da língua portuguesa para efeitos de aquisição da nacionalidade portuguesa e aprova os respectivos modelos de teste de diagnóstico;

152 A ESCOLA PÚBLICA PODE FAZER A DIFERENÇA

Ofício-Circular n.º 55/DSEE/2006, de 19 de Dezembro – Estabelece a avaliação sumativa interna no 1.º período dos alunos de PLNM;

Despacho Normativo n.º 30/2007, de 10 de Agosto – Estabelece, no âmbito da organização curricular do ensino secundário, princípios de actuação e normas orientadoras para a criação, o acompanhamento e a avaliação das actividades curriculares e de enriquecimento a desenvolver pelas escolas e agrupamentos de escolas no domínio do ensino do Português língua não materna. Essas normas aplicam-se aos alunos dos cursos científico-humanísticos e dos cursos tecnológicos do ensino secundário, inseridos no sistema educativo nacional cuja língua materna não seja o português;

Outros documentos

DGIDC-ME (2005), Português Língua não Materna no Currículo Nacional – Documento Orientador; DGIDC-ME,

Leiria, Isabel, et. Al. (2005), Português Língua não Materna no Currículo Nacional – Orientações Nacionais – Perfis Linguísticos da População Escolar que Frequenta as Escolas Portuguesas;

Little, David; Perclová, Radka (2005), Portfolio Europeu de Línguas – Guia para Professores e Formadores; Conselho da Europa; trad. DGIDC-ME;

Pascoal, José; Oliveira, Teresa (2005), Português Língua não Materna no Currículo Nacional – Orientações Nacionais – Diagnóstico de Competências, CAPLE-FLUL;

DGIDC-ME (2009), Processo de Validação dos Testes de Diagnóstico do PLNM – Relatório Final, DGIDC-ME;

Leiria, Isabel (coord.) (2008), Orientações Programáticas de Português Língua Não Materna – Ensino Secundário, DGIDC-ME;

Grosso, Maria José (coord.) (2008), O Português para Falantes de Outras Línguas – O Utilizador Elementar no País de Acolhimento, DGIDC-ME;

DGIDC-ME (2007), Linhas Orientadoras para o Trabalho Inicial em Português Língua não Materna: Ensino Secundário, DGIDC-ME;

Quadro Europeu Comum de Referência para as Línguas, Conselho da Europa, Edições ASA, 2001;

Testes de diagnóstico de PLNM, disponíveis na página da DGIDC, como modelo a adaptar pelas escolas em função das necessidades;

Plataforma *moodle* da DGIDC – Disciplina de PLNM (*Site*).

II
QUALIDADE

11. RECONSTRUÇÃO DAS ESCOLAS SECUNDÁRIAS

Foi lançado um programa de requalificação e modernização de 330 escolas secundárias, tendo em vista a sua recuperação e adaptação às exigências do ensino nos próximos anos. Criou-se a empresa Parque Escolar, reformou-se o modelo de financiamento da manutenção e conservação dos edifícios escolares e estabeleceu-se uma metodologia de trabalho que permitiu realizar a requalificação das escolas sem que estas interrompessem o seu funcionamento. Até final de 2009 estavam já incluídas no programa mais de 200 escolas: 30 concluídas, 75 em obra e 100 em fase de elaboração do projecto de arquitectura. O programa foi avaliado pela OCDE e considerado um exemplo passível de ser seguido por outros países da União Europeia.

Análise do problema

Antecedentes

Em 2005, o parque escolar do Ministério da Educação era constituído por cerca de 400 escolas secundárias e 900 escolas básicas (2.º e 3.º ciclos), que registavam um elevado grau de degradação física dos espaços e obsolescência dos equipamentos. Cerca de 100 destas escolas foram construídas no início do século XX e durante o período do Estado Novo – antigos liceus ou escolas técnicas – e, apesar de robustas na sua construção, não estavam preparadas para as actuais exigências e programas de ensino. Por outro lado, as restantes escolas, construídas com materiais pré-fabricados durante o período de expansão do ensino (entre 1970 e 1990), estavam a chegar ao fim do prazo de duração previsto à data da sua construção. Isto é, estavam a atingir os 25 a 30 anos.

A construção, manutenção, conservação, apetrechamento e construção de novas escolas, desde o final dos anos 80, era uma competência das direcções regionais de educação. O financiamento provinha quase exclusivamente do PIDDAC (Programa de Investimentos e Despesas de Desenvolvimento da Administração Central). No III Quadro Comunitário de Apoio houve o financiamento muito limitado de algumas intervenções de melhoria das condições físicas das escolas, apenas as escolas profissionais privadas puderam beneficiar de financiamentos mais significativos. O PIDDAC, cujas verbas anuais para o Ministério da Educação podiam variar entre os 50 e os 120 milhões de euros, era dividido proporcionalmente pelas direcções regionais de educação que, por sua vez, faziam a divisão pelo conjunto das escolas da respectiva área de intervenção.

Uma consulta aos projectos PIDDAC do Ministério da Educação dos últimos 10 anos permitirá verificar que se multiplicavam as pequenas obras e os pequenos projectos para substituição de coberturas, substituição ou reparação de caixilharia, canalização, instalações eléctricas e, mais raramente, a pintura dos edifícios ou a reparação dos pavimentos e das vedações. Não existiam, todavia, critérios claros e transparentes na distribuição dos recursos financeiros pelos referidos projectos, nem levantamentos objectivos e rigorosos sobre o estado de conservação dos edifícios que permitissem conhecer os critérios e as prioridades das intervenções realizadas. A urgência na resolução dos pequenos problemas e a visão imediatista deste método de intervenção traduziu-se na proliferação das pequenas mudanças com prejuízo e a eterna protelação das obras de maior fôlego, ou consideradas menos urgentes, como é o caso da pintura exterior dos edifícios, e das intervenções estruturais. As paredes exteriores ou interiores da grande maioria dos edifícios não tinham sido pintadas desde a sua construção há 20, 25 ou 30 anos. Também não haviam sido corrigidos os seus problemas estruturais. Os meios disponíveis eram claramente insuficientes, para o esforço de construção de novas escolas que continuou sempre, e simultaneamente a definição de um programa sistemático de recuperação, modernização ou simplesmente de manutenção que abrangesse todas as escolas. E a grande maioria necessitava de uma intervenção profunda.

Algumas escolas realizavam obras de manutenção ou de melhoria das instalações, usando receitas próprias ou o apoio das autarquias, dos pais ou de outros parceiros.

No domínio das infra-estruturas, entre 1996 e 1997, lançaram-se dois programas muito importantes – o da construção de pavilhões gimnodesportivos e o da construção das bibliotecas escolares –, cuja concretização se desenvolveu ao longo dos dez anos seguintes. Existia então a preocupação de "completar" as escolas, para que não fossem apenas salas de aula, mas antes Escolas Completas. Na grande maioria dos casos, as bibliotecas escolares e os pavilhões desportivos eram os espaços mais qualificados existentes nas escolas. Estes programas foram concebidos e executados de forma diferente, mas constituíram-se como experiências inspiradoras das soluções de intervenção desenhadas para este programa. Os pavilhões gimnodesportivos foram construídos em parcerias contratualizadas entre o Ministério da Educação e as direcções regionais de educação e as câmaras municipais, podendo a iniciativa caber a qualquer dos parceiros. As bibliotecas escolares foram construídas pelas direcções regionais de educação, mediante proposta do Gabinete da Rede de Bibliotecas, após concurso e apresentação de projecto por parte das escolas. O programa das Bibliotecas Escolares – defendido por Guilherme d'Oliveira Martins, mesmo antes de ser ministro da Educação, foi o primeiro programa, no domínio das infra-estruturas escolares, em que se apelou à iniciativa da direcção da escola e à sua participação no projecto. Mas foi também um programa que, tendo beneficiado da coordenação estável de Teresa Calçada, ao longo de 10 anos, se estendeu de forma sistemática a todas as escolas, com padrões uniformes de qualidade e exigência. Um dos resultados mais importantes desta metodologia, no caso das bibliotecas, traduziu-se numa melhoria de qualidade, mas também numa muito menor desigualdade escolar.

Justificação

As mudanças introduzidas no sector do ensino implicavam transformações e obras de reabilitação em todo o parque escolar. Essas mudanças traduzem-se na obrigatoriedade, universalidade e igualdade no acesso ao ensino. E, por outro lado, na alteração dos currículos do ensino secundário. Aumenta a diversidade da oferta formativa (cursos profissionais); a inovação tecnológica; a crescente utilização de TIC no ensino e nas actividades extracurriculares; a generalização da obrigatoriedade da prática desportiva; o reforço do ensino experimental das ciências e tecnologias e o acesso a centros de recursos. Mais do que espaços de ensino, exige-se hoje que as escolas se constituam espaços abertos à comunidade que ofereçam condições infra-estruturais para a realização de outras actividades de natureza cultural e desportiva, uma vez que em muitos concelhos do país as escolas encontram-se entre os espaços mais qualificados.

A modernização das escolas secundárias constituía um desafio imperioso de resposta às crescentes exigências da qualificação e da redução do atraso que o sistema educativo português apresentava em relação aos padrões europeus. Havia que ter em conta o compromisso de alargar a escolaridade obrigatória até aos 18 anos de idade.

Os obstáculos a ultrapassar eram de diferente natureza. Em primeiro lugar, a modernização dos edifícios escolares devia ser considerada prioritária e objecto de programa próprio. Em segundo lugar, também era preciso reinventar uma metodologia de intervenção sistemática que recuperasse a visão nacional da rede de escolas, adoptasse critérios claros na identificação das escolas a ser objecto de intervenção e definisse o âmbito das intervenções indispensáveis às exigências actuais do ensino.

Desenho e definição de políticas

Objectivo global

O principal objectivo associado ao programa foi requalificar, modernizar os estabelecimentos do ensino secundário e adequá-los às novas exigências do sistema educativo. Preparar as escolas para a escolaridade obrigatória de 12 anos, ancorada na diversificação das ofertas formativas, e assegurar um ambiente educativo de qualidade e promotor do desempenho escolar dos alunos, da valorização do conhecimento e do saber, bem como da satisfação profissional dos professores. Um programa de requalificação e modernização das escolas públicas, previsto para todas as escolas do país, contribui de forma decisiva para diminuir a desigualdade escolar, elevando os padrões de qualidade dos edifícios de todas as escolas, independentemente da sua localização e das características do espaço em que se inserem.

Objectivos específicos

Foram objectivos específicos do programa aprovado em 2007:

- Recuperar e modernizar edifícios escolares e corrigir problemas de construção existentes em todas as escolas do ensino secundário, a necessitar de intervenção – cerca de 330 escolas – até ao ano de 2015;
- Melhorar as condições de habitabilidade, conforto térmico e acústico, de segurança e de acessibilidade, nomeadamente para alunos portadores de deficiência;
- Reorganizar o espaço escolar de modo a permitir uma oferta educativa mais diversificada e qualificada;
- Criar condições de abertura de sectores específicos da escola à utilização pela comunidade exterior, nomeadamente os espaços desportivos e polivalentes, bem como as bibliotecas;
- Criar condições de eficiência energética, nomeadamente através da utilização de energias renováveis e do isolamento dos edifícios;
- Instituir um novo modelo de financiamento e de intervenção assente nos seguintes princípios: 1) sustentabilidade financeira do programa pelo período de tempo necessário à inclusão das 330 escolas secundárias; 2) incorporação, nas empreitadas de requalificação, da responsabilidade de manter e conservar os edifícios escolares nos 10 anos seguintes; e 3) realização das intervenções sem interrupção das actividades escolares, envolvendo a direcção da escola e a comunidade educativa em todo o processo.

A crise mundial económica e financeira, no final de 2008, abriu uma oportunidade para antecipar e acelerar a conclusão do programa para 2013. Novos objectivos foram definidos relacionados especificamente com o combate à crise e ao desemprego.

Estratégia de intervenção

A estratégia seguida exigiu profundas mudanças na orgânica do Ministério da Educação. Foi criada uma entidade empresarial – a Parque Escolar, EPE – ao mesmo tempo que se reformavam as direcções regionais de educação, transferindo gradualmente as suas competências às escolas e recursos para aquela entidade.

O programa foi lançado de forma faseada, começando por um projecto-piloto com quatro escolas de perfil diferente – dois edifícios históricos, um do período do Estado Novo e outro do período da massificação – com o objectivo de testar e consolidar as soluções técnicas, de método e de organização. Seguiram-se as fases de alargamento do programa de forma progressiva e controlada, primeiro a 26 escolas, depois a mais 100.

Um elemento muito importante da estratégia seguida foi o envolvimento das escolas no projecto de requalificação. Ao considerá-las "donas-de-obra" com responsabilidades no projecto, inicia-se o processo de atribuição de novas competências pela gestão, pelo uso racional e pelo cuidado dos espaços físicos.

Metodologia e actores

Actividades desenvolvidas

As actividades desenvolvidas e as iniciativas tomadas foram as seguintes:

- Constituição, em 2006, de um grupo de trabalho para elaborar um estudo-diagnóstico das condições físicas dos estabelecimentos de ensino secundário e para preparar e programar a medida de modernização do parque escolar do secundário, coordenado por Alexandra Vilela, que integrava ainda Teresa Heitor e Vitor Freitas pelo Ministério da Educação, e ainda, pela Parque Expo, Rolando Borges Martins e Helena Medina;
- Criação, em 2007, da empresa Parque Escolar, EPE, com a missão de planeamento, gestão, desenvolvimento e execução do Programa de Modernização das Escolas do Ensino secundário. Como objectivo definia-se ainda a progressiva transferência das responsabilidades de intervenção nas escolas, das direcções regionais de educação para a Parque Escolar, EPE;
- Revisão do modelo de financiamento e intervenção. Para além do PIDDAC, foi programado o recurso aos fundos do QREN-FEDER inscritos no Programa Operacional de Valorização do Território, bem como o recurso a empréstimo bancário, nomeadamente junto do Banco Europeu de Investimento e da banca comercial nacional;

- Concretização dos projectos e das obras de requalificação, ao longo do ano de 2007/8, em duas escolas da cidade de Lisboa e duas da cidade do Porto;
- Alargamento do programa a mais 26 escolas, em todo o país, com a realização de reuniões com os dirigentes das escolas, os projectistas, as direcções regionais de educação e os técnicos e dirigentes da Parque Escolar, EPE;
- No final de 2008, antecipou-se a realização de todo o programa e foi reforçada a participação financeira do Estado, ao abrigo do programa de combate à crise mundial económica e financeira. Dadas as condições de distribuição geográfica das escolas, a existência de trabalho de projecto em fase avançada de elaboração e ainda o facto de se reconhecer a importância do investimento público a realizar nas escolas, o programa da Parque Escolar constituiu-se também como uma oportunidade de combate à crise e ao desemprego;
- Aprovação de condições excepcionais de contratação pública, destinadas à rápida execução dos projectos de investimento público, considerados prioritários para a modernização das escolas;
- Celebração de um contrato-programa entre a Parque Escolar e os ministérios das Finanças e da Administração Pública e da Educação, no qual se estabelece e aprova o modelo de gestão financeira do programa.

O modelo de gestão financeira do programa aprovado baseia-se nos seguintes princípios: o investimento realizado pela Parque Escolar, EPE é proveniente do orçamento de Estado, de empréstimos bancários e de fundos estruturais comunitários, devendo ser executado nos prazos estabelecidos no seu programa de actividade (cerca de 3.000 milhões de euros na recuperação de cerca de 350 escolas até 2013/15). À medida que se concluem as obras de intervenção, a propriedade dos edifícios é transferida para a Parque Escolar, EPE, sendo instituído o valor de uma renda que a escola pagará com o seu orçamento de funcionamento. No contrato-programa prevê-se que, no final do programa, depois da intervenção em todas as escolas, os encargos com os contratos de arrendamento possam ser da ordem dos 70 milhões de euros por ano. Este valor é da mesma ordem de grandeza do PIDDAC anual do Ministério da Educação mas, tratando-se de despesa de funcionamento, ficam criadas condições de cobertura da despesa e de sustentabilidade do programa. Com o valor das rendas, a Parque Escolar, EPE, amortizará em 30 anos os empréstimos contraídos, obrigando-se a responder pela manutenção e conservação dos edifícios, enquanto as escolas são forçadas a respeitar um conjunto de rotinas e regras de utilização dos espaços e dos equipamentos.

Actores

O trabalho inicial realizado pelo grupo técnico dirigido pela empresa Parque Expo, SA, presidida pelo arquitecto Rolando Borges Martins, foi decisivo para um conhecimento mais detalhado da complexidade das intervenções requeridas. As negociações entre o Ministério da Educação e o Ministério das Finanças e da Administração Pública para a criação da Parque Escolar, EPE, e para a aprovação do contrato-programa exigiu o envolvimento dos serviços do Gabinete de Gestão Financeira do Ministério da Educação e do Ministério das Finanças e da Administração Pública. A Parque Escolar, EPE, e as direcções regionais de educação realizaram um importante levantamento das condições e caracterização das escolas. Foi assim possível a definição de critérios de selecção e de seriação das escolas a requalificar. Os responsáveis da Parque Escolar, EPE, designadamente o engenheiro Sintra Nunes e a arquitecta Teresa Heitor revelaram grande capacidade de coordenação e de competência na concretização do projecto.

Avaliação e resultados

No final de 2009, dois anos após a criação da Parque Escolar, EPE, o programa de requalificação e modernização estava concluído em 30 escolas. As obras tinham arrancado em 75 estabelecimentos escolares e havia projectos de arquitectura em curso para mais 100 escolas. O programa da Parque Escolar já abrangia 200 escolas secundárias.

O programa de modernização das escolas secundárias constitui uma das maiores operações de requalificação global integrada dos edifícios escolares, na Europa. Este programa está a ser alvo de um estudo de avaliação externa por parte de um grupo de peritos da OCDE, do Centre for Effective Learning Environments (CELE), dirigido por Richard Yelland. Os resultados desta primeira avaliação já foram apresentados, tendo sido realçado o carácter inovador do projecto e a capacidade de concretização da Parque Escolar, FP. Estes resultados referiam a boa prática de intervenção e investimento público, passível de adopção por outros países.

Desafios futuros

No relatório de avaliação internacional mencionado colocam-se várias questões pertinentes sobre a monitorização do programa. Entre os desafios considerados mais urgentes, coloca-se o da criação de mecanismos de acompanhamento e de avaliação que permitam proceder a ajustamentos nos programas de intervenção, mas, sobretudo, conhecer mais detalhadamente o novo quadro de regras, de relações, de atitudes e comportamentos, de apropriação e uso dos espaços, o que implica o envolvimento dos alunos, professores e outros profissionais, mas também dos pais e de outros agentes da comunidade educativa. A requalificação e modernização dos edifícios escolares constitui uma oportunidade para melhorar a qualidade do ambiente da escola, mas para que tal ocorra é necessário um acompanhamento dos processos de mudança nos momentos em que elas se constroem.

Desafio futuro é ainda a apropriação e utilização por parte das escolas e dos professores dos novos espaços e equipamentos, necessitando para tal de competências profissionais que lhes permitam gerir a complexidade técnica dos edifícios e desses equipamentos. Será importante promover o desenvolvimento de uma formação específica a profissionais, especialmente vocacionados para este tipo de actividades, para que possam vir a assumir eficazmente as responsabilidades de gestão dos edifícios e equipamentos.

Documentos de referência

Normativos

Despacho n.º 7503/2006, de 4 de Abril – Cria o grupo de trabalho para a modernização das escolas secundárias de Lisboa e do Porto;

164   A ESCOLA PÚBLICA PODE FAZER A DIFERENÇA

Resolução de Conselho de Ministros n.º 1/2007, de 3 de Janeiro – Aprova o Programa de Modernização do Parque Escolar do Ensino Secundário;

Decreto-Lei n.º 41/2007, de 21 de Fevereiro – Cria a empresa Parque Escolar, EPE e aprova os respectivos estatutos;

Decreto-Lei n.º 25/2008, de 20 de Fevereiro – Aprova a prorrogação da vigência do regime excepcional de contratação pública de empreitadas de obras e de aquisição ou locação de bens e serviços destinados à execução do Programa de Modernização do Parque Escolar Destinado ao Ensino Secundário pela Parque Escolar, EPE;

Decreto-Lei n.º 34/2009, de 6 de Fevereiro – Estabelece medidas excepcionais de contratação pública, a vigorar em 2009 e 2010, destinadas à rápida execução dos projectos de investimento público considerados prioritários;

Despacho n.º 5395/2009, de 17 de Fevereiro – Aprova a lista de investimentos considerados prioritários que respeitam às escolas identificadas no anexo I ao presente Despacho, do qual faz parte integrante;

Decreto-Lei n.º 83/2009, de 2 de Abril – Procede à primeira alteração ao Decreto-Lei n.º 41/2007, de 21 de Fevereiro, que criou a Parque Escolar, EPE, e aprovou os respectivos estatutos;

Despacho n.º 19088/2009, de 18 de Agosto – Aprova as listas de investimentos prioritários.

Outros documentos

Programa de Modernização das Escolas do Ensino Secundário, 2007;

Heitor, Teresa (2008), Modernizing Portugal's Secondary Schools, OECD;

PIDDAC 2009 Regionalização, ME – Gabinete de Gestão Financeira, Outubro de 2008;

Lista de escolas secundárias intervencionadas por fase de intervenção e distrito – Parque Escolar;

Almeida, Rodolfo (2009), OECD/CELE Review of the Secondary School Modernisation Programme in Portugal, OECD.

12. MODERNIZAÇÃO TECNOLÓGICA DAS ESCOLAS

O programa de apetrechamento e modernização tecnológica de todas as escolas básicas e secundárias teve por objectivo elevar as condições de trabalho e de estudo para padrões semelhantes aos das melhores práticas dos países da União Europeia. Permitiu instalar computadores (1 por cada 5 alunos), videoprojectores (1 por cada sala de aula), quadros interactivos (1 por cada 3 salas de aula), câmaras de videovigilância em todas as escolas, redes locais estruturadas que permitem o acesso à Internet em todas as salas de aula e ligação à Internet em banda larga com velocidade mínima de 2Mbites.

Análise do problema

Antecedentes

O processo de generalização do uso das tecnologias de informação e de comunicação (TIC) nas escolas iniciou-se em Portugal há mais de 10 anos, com o lançamento de vários programas:

- em 1997, ligação das cerca de 7.000 escolas à Internet, incluindo as do 1.º ciclo, através de computadores colocados nas bibliotecas escolares;
- em 1997, lançamento do Projecto Nónio, que consistia no apoio financeiro a escolas e equipas de professores, para o desenvolvimento de projectos de conteúdos e de actividades educativas com recurso às TIC;
- em 2002/04, criação de mais de 1.200 salas TIC em todas as escolas básicas e secundárias;
- em 2005, apetrechamento de todas as escolas com computadores portáteis, tendo sido distribuídos cerca de 30.000, os quais podiam ser usados por professores e alunos no desenvolvimento de projectos e em actividades nas salas de aula;

166 A ESCOLA PÚBLICA PODE FAZER A DIFERENÇA

– entre 1997 e 2005, apoio financeiro continuado a acções de formação contínua de professores em TIC. Realizaram-se nos centros de formação de professores, ao longo das últimas décadas, milhares de horas de formação contínua em TIC para professores dos diversos graus de ensino, com financiamento do PRODEP. O programa de formação contínua de professores do 1.º ciclo, em TIC, conduzido por instituições do ensino superior, baseado numa metodologia de proximidade, de assistência às escolas e ao trabalho dos professores, constituiu apenas um dos exemplos do esforço de formação realizado.

Justificação

Apesar dos esforços feitos pelos vários governos, por escolas, por professores e por associações de professores, visando o desenvolvimento e generalização da utilização das TIC e a promoção de melhores condições de aprendizagem, existiam problemas de atraso tecnológico nas escolas. Em 2005, Portugal situava-se a grande distância dos restantes países da União Europeia nos indicadores de desenvolvimento da sociedade da informação:

– só estava disponível um computador para cada grupo de 18 alunos;
– a velocidade de ligação à Internet encontrava-se limitada a 2Mbites;
– apenas 50% dos alunos tinham computador com ligação à Internet em casa.

O diagnóstico preparatório do Plano Tecnológico da Educação (PTE) descrevia uma situação de grande desigualdade, com um número elevado de escolas a precisar de reforço e actualização de equipamento informático, de uma melhoria substancial da velocidade de acesso à Internet e de falta de redes locais estruturadas eficientes. O número médio de alunos por computador era muito mais elevado do que nos outros países da Europa (onde era de cinco alunos). As principais necessidades relacionavam-se com a disponibilização de conteúdos educativos digitais, com o reforço da oferta formativa e com a certificação de competências TIC de professores e alunos. Seguia-se a carência de uma adequada informatização de processos de gestão para tornar a escola mais eficiente. Finalmente, as infra-estruturas e a formação necessárias ao aumento e diversificação da oferta formativa tendo em conta o acréscimo de cursos profissionalizantes.

Foi neste contexto e no âmbito das dinâmicas geradas pelo Plano Tecnológico da Educação que se desenhou um programa de modernização tecnológica das escolas portuguesas, que permitiu não só reforçar mas, sobretudo, consolidar o papel das TIC no ensino e no conhecimento.

Desenho e definição de políticas

Objectivo global

Adequar as escolas às exigências da sociedade do conhecimento e da informação, transformando-as em plataformas tecnológicas avançadas e colocando, assim, Portugal entre os cinco países europeus mais avançados em matéria de modernização tecnológica do ensino em 2010, e, dessa forma, melhorar as condições de trabalho e de estudo nos estabelecimentos escolares.

Objectivos específicos

Em termos mais específicos, foram definidas as seguintes metas quantitativas, a alcançar até 2010:

- Aumentar de 2 Mbps para, no mínimo, 48 Mbps a velocidade de ligação das escolas à Internet em banda larga;
- Reduzir, de 18,2 para 2, o número de alunos por computador com ligação à Internet nas escolas do ensino público;
- Certificar em TIC 90% dos professores;
- Apetrechar com um computador e um vídeo projector cada sala de aula;
- Colocar pelo menos um quadro interactivo em cada três salas de aula;
- Instalar redes locais e estruturadas em todas as escolas para permitirem acesso à Internet em todos os espaços escolares;
- Instalar sistema de cartão electrónico do aluno e sistema de videovigilância em todas as escolas.

Este programa de investimento público nas escolas mobilizou fundos do Orçamento do Estado e fundos estruturais do QREN, FEDER e FSE.

Estratégia de intervenção

A estratégia para a execução do Plano Tecnológico da Educação seguiu os seguintes passos:

- Elaboração de um diagnóstico, com levantamento e caracterização das infra-estruturas e equipamentos de utilização das TIC nas escolas, a partir do qual foi desenhado um plano modular de intervenção, contemplando três eixos: o eixo *Tecnologia*, o eixo *Conteúdos* e o eixo *Formação*;
- Envolvimento e articulação de vários organismos centrais e regionais do Ministério da Educação, tendo sido criada uma estrutura de coordenação dirigida a partir do Gabinete de Estatística e Planeamento da Educação (GEPE);
- Recurso ao mercado e a entidades especializadas no sector das Tecnologias de Informação, tanto para os estudos de diagnóstico como para a apresentação das melhores soluções e a elaboração dos cadernos de encargos;
- Identificação das fontes de financiamento no âmbito do QREN;
- Criação da figura de coordenador do PTE em todas as escolas, com a responsabilidade de acompanhar a concretização e o desenvolvimento do plano, de dinamizar o uso das TIC e de identificar as necessidades de formação de professores nesta área.

Metodologia e actores

Actividades desenvolvidas

Na fase preparatória de lançamento da iniciativa, foi elaborado o relatório designado "Estudo de diagnóstico: a modernização tecnológica do sistema de ensino em Portugal". A partir do diagnóstico desenhou-se o Plano Tecnológico da Educação (PTE), identificando-se objectivos, metas e procedimentos para adequar as condições de trabalho nas escolas a um ensino apoiado pelas TIC nos três eixos identificados.

Para a concretização do eixo *tecnologia*, foi aprovada a abertura de seis concursos públicos internacionais para a aquisição de serviços e equipamentos informáticos de modernização tecnológica, visando o reforço do número de computadores com ligação à Internet nas escolas, bem como outro tipo de equipamento de apoio, como vídeo projectores e quadros interactivos. Nesse âmbito, foram celebrados contratos para o fornecimento e instalação nas escolas dos seguintes equipamentos ou serviços:

– Apetrechamento das escolas com 111.000 computadores com ligação à Internet e contratos de manutenção, 7.613 quadros interactivos e 28.697 vídeo projectores;
– Acesso, nas escolas dos 2.º e 3.º ciclos do ensino básico e do ensino secundário, à Internet de banda larga de alta velocidade, que aumentou para pelo menos 48Mbps. Foram ainda ligadas em banda larga de alta velocidade (100Mbps) as escolas secundárias e todos os serviços centrais e regionais do Ministério da Educação;
– Instalação das redes de área local, para que a utilização da Internet pudesse ser alargada a todos os espaços da escola, nomeadamente a todas as salas de aula;
– Instalação dos sistemas de alarme e videovigilância contra intrusão nas escolas;
– Instalação de sistemas visando a generalização do uso do cartão electrónico do aluno, nas escolas públicas;
– Criação do Centro de Apoio Técnico às Escolas (CATE) para aumentar a qualidade do apoio técnico nos estabelecimentos de ensino, simplificando procedimentos de apoio e libertando-os de tarefas não pedagógicas.

No eixo *conteúdos*, cujos objectivos associados visavam a generalização das práticas de utilização de conteúdos e materiais pedagógicos digitais, bem como a promoção da produção de plataformas electrónicas de apoio à gestão administrativa escolar, foram desenvolvidas as seguintes iniciativas:

– Lançamento de um portal das escolas, cuja funcionalidade passa por aumentar a produção, distribuição e utilização de conteúdos pedagógicos em suporte informático, a partilha de recursos educativos digitais e a possibilidade do ensino a distância;

170 A ESCOLA PÚBLICA PODE FAZER A DIFERENÇA

- Apoio à criação de conteúdos para utilização em sala de aula, entre os quais se destaca a biblioteca dos livros digitais;
- Assinatura de protocolos entre o Ministério da Educação, a SIC e a RTP, para a disponibilização de conteúdos pedagógicos no Portal da Educação.

No eixo *formação*, foram desenvolvidas as seguintes actividades:

- Programa das Academias TIC nas escolas para certificar competências e desenvolver programas de formação modulares, contínuos e progressivos a pessoal docente e não-docente. Foi realizada a formação de formadores no ano de 2008-2009 e lançado o programa que envolve 11 empresas tecnológicas e 55 academias.
- Programa de Estágios TIC em empresas do sector das tecnologias de informação, para os alunos dos cursos profissionais desta área, dando-lhes a oportunidade de uma formação em contexto real de trabalho. Entre Outubro de 2007 e Março de 2008, foram celebrados 30 protocolos entre o Ministério da Educação e empresas de referência do sector TIC e criados cerca de 500 lugares de estágio para alunos do ensino profissional;
- Aprovação e lançamento, nos centros de formação de professores em articulação com as instituições de ensino superior, do modelo de formação e de certificação de competências TIC para o ensino.

Actores

O diagnóstico e o desenho de um plano foram desenvolvidos pelos serviços do Ministério da Educação – o GEPE e o PRODEP – a partir da sua experiência de trabalho com as escolas e do conhecimento do esforço realizado nos últimos anos. A colaboração com empresas de consultoria e a abertura à participação de técnicos e peritos internacionais foi importante para o estabelecimento de referenciais mais exigentes.

Para a organização dos concursos públicos internacionais foi decisiva a colaboração entre o GEPE, a Secretaria-Geral e o Gabinete Jurídico. A estrutura de coordenação do desenvolvimento da execução do PTE, que envolveu todos os serviços do Ministério da Educação, criou dinâmicas de articulação e de trabalho colaborativo muito importantes para a concretização do projecto Foi decisiva a articulação entre o GEPE e as direcções regionais de educação, sobretudo, na fase de instalação do equipamento nas escolas, de fornecimento e operação das infra-estruturas.

Avaliação de resultados

Em 2009, uma parte importante do PTE, relativa a qualquer dos eixos de intervenção, estava já concretizada. O ambiente de trabalho nas escolas estava significativamente alterado. Assim:

- Foram instaladas redes de área local em todas as escolas e ligações de acesso à Internet de banda larga de alta velocidade de pelo menos 64Mbps, estando 112 escolas ligadas à Internet a 100 Mbps;
- Foi reduzida a desigualdade escolar, traduzida nas oportunidades de acesso a meios tecnológicos, entre alunos do ensino público e alunos do ensino privado. Em 2005, os rácios eram de 9 alunos por computador nas escolas privadas e 18 nas escolas públicas; em 2009, o número de alunos por computador é de 5 em todas as escolas;
- Mais do que triplicou o número de computadores ligados à internet nas escolas do ensino público, passando de 63.694, em 2005, para 228.361, em 2009;
- Nas escolas públicas, do 5.º ao 12.º ano, foi atingido o rácio de um computador com ligação à Internet por cada quatro alunos, o que significa uma melhoria substancial face ao ponto de partida (14, em 2005);
- No total das escolas públicas, por cada cinco alunos há agora um computador ligado à Internet. Em 2005, este rácio era de 18 alunos por computador;
- Instalação de um vídeo projector em cada sala de aula e um quadro interactivo por cada três salas de aula;
- Os alunos do ensino profissional das áreas tecnológicas têm à sua disposição mais de 400 estágios anuais para formação em contexto real de trabalho, em 42 empresas de referência no sector;

- Centenas de escolas do país podem disponibilizar formação, segundo os padrões da indústria, permitindo o acesso à respectiva certificação, com 11 modelos de Academias TIC;
- Está aberto o Portal da Educação, que poderá constituir-se como uma plataforma de criação e disponibilização de conteúdos por uma diversidade de agentes e de instituições, ampliando o acesso a informação de diferente tipo e natureza;
- Foram assinados protocolos com a RTP e outros grupos de comunicação, tendo em vista a disponibilização, em larga escala, de conteúdos informativos.

Desafios futuros

Sendo os meios tecnológicos uma via de acesso ao conhecimento e à informação, a sua disponibilidade e generalização nos espaços escolares é essencial. São estes meios que garantem uma efectiva igualdade de oportunidades e proporcionam à escola pública condições objectivas para diminuir os efeitos das desigualdades sociais e económicas nos resultados escolares. Aumentar a qualidade dos equipamentos, da organização e do ensino, bem como a qualidade e a exigência em todas as escolas sem excepção, é uma forma importante de afirmar e defender a escola pública. Há riscos, evidentemente, de reificação das tecnologias, sobretudo se elas não marcarem presença indispensável na sala de aula ou se não fizerem parte do quotidiano de trabalho de alunos e de professores. O papel dos professores é sempre insubstituível, no que respeita às condições de acesso ao conhecimento por parte dos alunos, mas o seu papel é realçado, nos processos de apropriação e utilização destas tecnologias, podendo mediar a relação dos alunos com os equipamentos, sobretudo no caso daqueles alunos que não têm em casa adultos com igual qualificação. Os desafios principais são os da apropriação efectiva e da naturalização do uso das TIC ao serviço de um melhor acesso ao conhecimento e à informação.

QUALIDADE 173

Documentos de referência

Normativos

Resolução do Conselho de Ministros n.º 132/2007, de 13 de Setembro – Autoriza a abertura de procedimento de concurso público internacional com vista à aquisição dos serviços e bens necessários ao fornecimento, instalação e manutenção de quadros interactivos nas escolas públicas com 2.º e 3.º ciclos do ensino básico e com ensino secundário;

Resolução do Conselho de Ministros n.º 133/2007, de 14 de Setembro – Autoriza a abertura de procedimento de concurso público internacional com vista à aquisição dos serviços e bens necessários ao fornecimento, instalação e manutenção de computadores nas escolas públicas com 2.º e 3.º ciclos do ensino básico e com ensino secundário;

Resolução do Conselho de Ministros n.º 134/2007, de 14 de Setembro – Autoriza a abertura de procedimento de concurso público internacional com vista à aquisição dos serviços e bens necessários ao fornecimento, instalação, manutenção, operação e gestão de redes locais para as escolas públicas com 2.º e 3.º ciclos do ensino básico e com ensino secundário;

Resolução do Conselho de Ministros n.º 135/2007, de 14 de Setembro – Autoriza a abertura de procedimento de concurso público internacional com vista à aquisição dos serviços e bens necessários à implementação do sistema electrónico dos sistemas de alarme e de videovigilância a instalar nas escolas públicas com 2.º e 3.º ciclos do ensino básico e com ensino secundário;

Resolução do Conselho de Ministros n.º 136/2007, de 17 de Setembro – Autoriza a abertura de procedimento de concurso público internacional com vista à aquisição dos serviços e bens necessários ao fornecimento, instalação e manutenção de videoprojectores nas escolas públicas com 2.º e 3.º ciclos do ensino básico e com ensino secundário;

Resolução do Conselho de Ministros n.º 137/2007, de 18 de Setembro – Aprova o Plano Tecnológico da Educação;

Decreto-Lei n.º 379/2007, de 12 de Novembro – Estabelece um regime excepcional para o procedimento de contratação com vista à aquisição de serviços destinados ao desenvolvimento das experiências piloto em execução e cumprimento dos objectivos do Plano Tecnológico da Educação;

Despacho n.º 143/2008, de 3 de Janeiro – Aprova o modelo orgânico e operacional relativo à execução, no âmbito do Ministério da Educação, do Plano Tecnológico da Educação;

Resolução do Conselho de Ministros n.º 23/2008, de 11 de Fevereiro – Autoriza a realização da despesa inerente à aquisição de serviços de comunicações de dados, de serviços de Internet, de locação do equipamento terminal, de alojamento de servidores e interligação entre redes lógicas das escolas do 1.º, 2.º e 3.º ciclos do ensino básico público, das escolas secundárias do ensino público e dos organismos centrais, regionais e tutelados do Ministério da Educação;

Portaria n.º 730/2008, de 11 de Agosto – Define os encargos orçamentais do Centro de Apoio Tecnológico às Escolas;

Portaria n.º 731/2008, de 11 de Agosto – Define os encargos orçamentais do Cartão Electrónico do Aluno;

Portaria n.º 732/2008, de 11 de Agosto – Define os encargos orçamentais – instalação, manutenção, suporte, operação e gestão de redes locais para escolas públicas com 2.º e 3.º ciclos do ensino básico público e ensino secundário;

174 A ESCOLA PÚBLICA PODE FAZER A DIFERENÇA

Despacho n.º 27545/2008, de 28 de Outubro – Aprova o Regulamento do Programa de Estágios TIC;
Portaria n.º 954/2008, de 16 de Dezembro – Determina os encargos orçamentais decorrentes da assinatura do contrato de aquisição dos serviços e bens necessários ao fornecimento, instalação e manutenção de videoprojectores nas escolas públicas com 2.º e 3.º ciclos do ensino básico e com ensino secundário;
Portaria n.º 955/2008, de 16 de Dezembro – Determina os encargos orçamentais decorrentes da assinatura do contrato de aquisição dos serviços e bens necessários ao fornecimento, instalação e manutenção de quadros interactivos nas escolas públicas com 2.º e 3.º ciclos do ensino básico e com ensino secundário;
Resolução do Conselho de Ministros n.º 35/2009, de 11 de Maio – Autoriza a realização da despesa com a aquisição, no âmbito da construção do sistema de informação da educação, de serviços de consultoria de tecnologias de informação para o sistema de informação da educação, de serviços de desenvolvimento de sistemas de informação e de serviços de suporte técnico e gestão operacional;
Portaria n.º 731/2009, de 7 de Julho – Cria o sistema de formação e certificação em competências TIC para docentes em exercício de funções nos estabelecimentos de educação pré-escolar e dos ensinos básico e secundário;
Portaria n.º 823-A/2009, de 20 de Agosto – Prevê a extensão de encargos para aquisição de serviços e bens, necessários à implementação de um sistema integrado de comunicações avançadas de voz, dados e vídeo, em consonância com o previsto n PTE.

Outros documentos

Relatório Anual de Execução do PRODEP III; 2006;
GEPE-ME (2007), Estudo de Diagnóstico – A Modernização Tecnológica do Sistema de Ensino em Portugal, principais resultados, GEPE-ME;
Apresentação "Análise de Modelos Internacionais de Referência de Modernização Tecnológica do Sistema de Ensino", GEPE-ME, Maio de 2007;
Costa, Fernando Albuquerque (coord.) (2008), Competências TIC: Estudo de Implementação: Volume 1, GEPE-ME;
GEPE-ME (2008), Modernização Tecnológica do Ensino: Análise dos Modelos Internacionais de Referência, GEPE-ME;
Apresentação "Plano Tecnológico da Educação: Indicadores de Execução", ME, 2009;
GEPE-ME (2009), Modernização Tecnológica das Escolas 2007/08, GEPE-ME;
Plano Tecnológico da Educação (Site).

13. RECUPERAÇÃO E ACOMPANHAMENTO DOS ALUNOS

Muito antes de qualquer selecção, constitui objectivo da escola pública ensinar o mais possível ao maior número possível de alunos. A promoção do sucesso escolar passa pois pela promoção das aprendizagens dos alunos, sendo a avaliação destes um instrumento fundamental para a monitorização do estado dessas aprendizagens. Neste quadro, foi criada em todas as escolas a obrigatoriedade de, conhecidos os resultados escolares do primeiro período, estabelecer planos de trabalho suplementar para alunos com notas negativas, nos quais devem ser envolvidos os conselhos de turma e os professores de todas as disciplinas.

Análise do problema

Antecedentes

A legislação existente desde 2001, embora já consagrasse orientações e disposições relativas à avaliação da aprendizagem no ensino básico e à responsabilidade dos dirigentes das escolas na promoção de uma cultura de qualidade e de rigor – que assegurasse a todos os alunos as condições de sucesso educativo – não evitou que, na prática, se assistisse ao abandono escolar de milhares de jovens alunos. Esta situação, que constituiu um efeito directo do insucesso escolar repetido, teve, no nosso sistema educativo, uma expressão continuada e sem paralelo nos restantes países da Europa:

- Em 2005, no 2.º ano de escolaridade, aos 7 anos de idade, a taxa de retenção era da ordem dos 8%, reveladora da existência de dificuldades precoces na aprendizagem da leitura, com repercussões ao longo do percurso escolar de uma grande percentagem de alunos.

176 A ESCOLA PÚBLICA PODE FAZER A DIFERENÇA

- Os dados estatísticos revelavam que estavam ainda a frequentar o primeiro ciclo, cerca de 34.000 alunos com 10 anos ou mais, representando 21% da respectiva coorte etária. Mas no ensino secundário, verificava-se a existência de 135.000 alunos com idade superior à idade modal do ciclo que frequentam, representando 48% do total dos alunos. No total do sistema, cerca de 40% dos alunos não tinham a idade adequada no ano de escolaridade que frequentavam por terem percursos marcados pelo insucesso e pela repetência, chegando muitos jovens aos 15 anos sem conseguir completar o 9.º ano.
- As altas taxas de retenção no ensino básico, em particular nos 2.º e 3.º ciclos (13,4% e 20,6% em 2004/2005, respectivamente), constituíam um fenómeno com forte impacto sobre os níveis de equidade do sistema educativo;

Justificação

As altas taxas de retenção no ensino básico demonstravam a permanência no nosso sistema educativo de uma prática desprovida, regra geral, de efeitos pedagógicos positivos para os alunos. A consequência mais directa da retenção, quando incide no mesmo aluno de forma repetida, é o aumento da probabilidade do seu abandono do sistema, sem completar a escolaridade obrigatória. Uma escola que retém o aluno múltiplas vezes tem, aos olhos deste, pouco para lhe dar para além da repetida sanção oficial do 'chumbo' e do rótulo social de excluído. Como vários estudos nacionais e internacionais repetidas vezes recomendaram, é importante dotar as escolas dos meios e dos recursos, bem como de orientação, para conseguir o sucesso educativo de todos os alunos, mesmo daqueles que, em algum momento do percurso, revelam dificuldades de aprendizagem ou de comportamento, mobilizando para o efeito as necessárias estratégias pedagógicas.

Duas características do nosso sistema apontavam para a necessidade de intervenção ao nível das práticas de avaliação e do acompanhamento dos alunos. Por um lado, as elevadas taxas de retenção e insucesso mantiveram-se ou decresceram muito lentamente ao longo de mais de 10 anos, apesar do aumento dos recursos, designadamente do número de professores, e da diminuição do número de alunos, como já vimos atrás, parecendo evidente a existência de ineficiências no sistema que importava corrigir.

Refira-se, por outro lado, a generalização do recurso às "explicações" como compensação das dificuldades com o estudo e o trabalho individual e como estratégia de recuperação dos défices de aprendizagem. Em 2005, mais de metade dos alunos que se candidataram ao ensino superior tinham frequentado explicações durante o ensino secundário. Como é fácil compreender, o acesso a este mecanismo de compensação depende da capacidade económica e financeira das famílias, pelo que parte significativa dos alunos não tinha essa possibilidade. Também aqui se exigia uma intervenção no sentido do reforço do trabalho individual na escola.

Desenho e definição de políticas

A redução dos níveis de insucesso escolar implicará sempre o aumento dos tempos de trabalho dos alunos e do apoio proporcionado pelos professores. Eventualmente, requererá também a mobilização de estratégias pedagógicas e de instrumentos de ensino alternativos e mais adequados aos problemas que os alunos revelam. Mas exigem, seguramente também, uma intervenção tão precoce quanto possível, isto é, uma acção pedagógica preventiva.

Assim, o essencial da medida relativa aos planos de recuperação consiste num conjunto de orientações e de recursos proporcionados às escolas para intervir preventivamente no problema do insucesso escolar dos seus alunos. Por outras palavras, pretende-se prevenir as retenções futuras através do acompanhamento dos alunos com notas negativas, pelos professores, trabalhando para a recuperação das aprendizagens e dos défices de conhecimento. Os alunos que chumbam no final do ano lectivo, em regra, começam a chumbar no 1.º período escolar, isto é, os professores, os conselhos de turma e as escolas, sabem desde essa altura são os alunos em risco de insucesso. Assim sendo, prevenir significa começar a recuperação com mais tempo de trabalho, estudo e acompanhamento, logo que surja a primeira nota negativa em qualquer disciplina.

178 A ESCOLA PÚBLICA PODE FAZER A DIFERENÇA

Objectivo global

Melhorar a qualidade das aprendizagens e agir preventivamente de forma a aperfeiçoar os resultados escolares dos alunos e a reduzir o insucesso e o abandono.

Objectivos específicos

- Criar, em todas as escolas, a obrigatoriedade de, depois de conhecidos os resultados escolares do 1.º período, estabelecer planos de trabalho suplementar com os alunos com notas negativas, definindo a retenção como medida pedagógica de última instância após esgotadas todas as estratégias pedagógicas de recuperação;
- Instituir mecanismos de recuperação de percursos escolares que permitam, numa lógica de proximidade às dificuldades do aluno, a detecção precoce das necessidades de aprendizagem e de percursos de insucesso, evitando o abandono ou a saída do sistema educativo;
- Desenvolver acções preventivas e executar actividades concretas, substituindo a retenção pelo reforço do trabalho;
- Apoiar o desenvolvimento de estratégias pedagógicas de acompanhamento dos alunos no contexto da sala de aula e da escola;
- Melhorar a organização do trabalho docente.

Estratégia de intervenção

- Instituir com carácter de obrigatoriedade, a partir do ano lectivo de 2005-2006, actividades pedagógicas de reforço das aprendizagens, através de planos de trabalho diversificados, individualizados ou de grupo, a elaborar pelas escolas para atender às necessidades dos alunos com notas negativas no primeiro período, no âmbito dos Planos de Recuperação, de Acompanhamento e de Desenvolvimento, criando os mecanismos de controlo e de acompanhamento da medida a nível regional e nacional.

Metodologia e actores

Actividades desenvolvidas

Foram realizadas as seguintes actividades

- Desenvolvimento das orientações e disposições já existentes na lei, relativas à avaliação da aprendizagem no ensino básico e à responsabilização efectiva da escola na promoção da melhoria dos resultados escolares;
- Definição e enquadramento legal dos Planos de Recuperação, de Acompanhamento e de Desenvolvimento ou dos Percursos Curriculares Alternativos (Despacho Normativo n.º 50/2005, de 9 de Novembro) e regulamentação da sua criação, acompanhamento e avaliação, enquanto estratégias pedagógicas e instrumentos de intervenção adequados às necessidades dos alunos e aos contextos de aprendizagem;
- Redefinição, do ponto de vista técnico-jurídico da *retenção* – que passou a ser entendida como medida pedagógica de última instância, numa lógica de ciclo e de nível de ensino – a utilizar após esgotado o recurso a outras práticas de apoio pedagógico assistido e individualizado, para a recuperação do aluno, em coerência com o estabelecido no Currículo Nacional do Ensino Básico, em vigor desde 2001;
- Mobilização de todos os intervenientes no processo educativo de forma a adequar as condições de aprendizagem às necessidades específicas dos alunos, determinando que todos os professores da escola fossem envolvidos neste processo, dedicando um determinado número de horas do seu horário de trabalho ao aproveitamento dos alunos. A escola passou a dispor de autonomia para a organização destes recursos;
- Tornar obrigatória a identificação, nos horários de trabalho dos professores, dos tempos disponíveis para o trabalho de apoio a esses alunos;
- Tornar obrigatório que, em cada escola, no final do 1.º período e depois de conhecidos os resultados escolares, se estabeleçam planos de trabalho suplementar com os alunos de notas negativas;

180 A ESCOLA PÚBLICA PODE FAZER A DIFERENÇA

– Desenvolvimento de um conjunto de outras medidas complementares de reorganização e melhoria do funcionamento do trabalho escolar, aumentando a eficiência e a capacidade de resposta do sistema de educação.

Avaliação e resultados

A aplicação, nas escolas, do Despacho Normativo n.º 50/2005 e os resultados alcançados nos anos lectivos seguintes foram objecto de relatórios próprios. No ano lectivo 2005/2006, 230.088 alunos foram submetidos a planos de recuperação, o que corresponde a 24% do total de alunos do 1.º, 2.º e 3.º ciclos do ensino básico e 65% destes alunos transitaram de ano.

No ano lectivo 2007/2008, 187.638 alunos foram submetidos a planos de recuperação, o que corresponde a 25% do total de alunos do 1.º, 2.º e 3.º ciclos do ensino básico e 75% destes alunos transitaram de ano. Do conjunto dos alunos retidos, 22% foram encaminhados para outros percursos educativos e formativos.

A evolução das taxas de retenção e desistência no ensino básico permite verificar o impacto desta e de outras medidas, na melhoria do sucesso educativo dos alunos do ensino básico:

Quadro 13.1. – Evolução das taxas de retenção e desistência no ensino básico (2004-2009)

	2004-2005	2005-2006	2006-2007	2007-2008	2008-2009	2005-2009
1.º ciclo	5,6	4,7	4,2	3,9	3,6	-2,0
2.º ciclo	13,4	11,4	11,2	8,4	7,9	-5,5
3.º ciclo	20,6	20,5	19,9	14,7	13,5	-7,1

Fonte: GEPE, Estatísticas da Educação.

Desafios futuros

A melhoria dos resultados escolares e a redução do abandono constituem o principal desafio das escolas e dos professores. Contribuir, com todos os meios, para que todos os alunos cumpram a escolaridade básica e prossigam o seu percurso escolar, qualificando-se pelo menos até ao nível do secundário, é a principal responsabilidade da escola: não desistir de nenhum jovem, nem consentir que eles possam desistir de aprender, de estudar e de se prepararem para o futuro. Esta é, porém, uma responsabilidade consagrada na lei desde 1986, mas que tem sido muito difícil de concretizar. Exige grande esforço não apenas da escola, mas também das famílias e dos alunos. Um esforço de valorização do estudo, do saber e do conhecimento. Exige também a convicção, por parte dos jovens, das suas famílias, mas também por parte das escolas e dos professores, de que todos podem aprender e de que vale a pena estudar e saber.

Os planos de recuperação são apenas um entre muitos outros meios, como o estudo acompanhado ou as aulas de substituição, que têm como objectivo agir preventivamente, reforçando os tempos de trabalho dos alunos. A sua eficácia depende também da forma como são concretizados e utilizados pelas escolas e pelos professores. Subsiste o risco de excessiva burocratização dos procedimentos, perdendo-se a finalidade e os objectivos das acções numa infinidade de papéis, mas a minimização deste risco cabe inteiramente às escolas e aos professores que têm larga margem de autonomia na organização do seu trabalho.

No final de 2009, aprovou-se o Projecto + Sucesso Escolar, respondendo às expectativas de algumas escolas que desenvolviam, autonomamente, projectos de combate ao insucesso e ao abandono, designadamente, o Projecto Fénix do Agrupamento de Escolas de Beiriz, coordenado por Maria Luísa Tavares Moreira, e da Turma Mais, coordenado por José Verdasca. O objectivo era generalizar a utilização de estratégias pedagógicas, estimular as escolas a procurar as soluções para os seus problemas, fazendo um uso inteligente e eficaz dos recursos de tempo de trabalho dos professores. Em algumas outras escolas, com as quais se celebraram contratos de autonomia, como foi o caso do Agrupamento de Escolas de Vialonga, também se aprovaram estratégias pedagógicas e de formação de professores, justamente com o mesmo objectivo. Todas estas experiências, baseadas no saber acumulado de escolas e de professores e na motivação excepcional para superar os problemas do insucesso, exigem um acompanhamento especial do Ministério da Educação, pois é com boas práticas e com a inovação que se aprende numa matéria tão difícil.

O tópico do insucesso escolar enfrenta, na política educativa, dificuldades relacionadas com a percepção pública da repetência e do chumbo. A ideia, muito divulgada – no interior da comunidade educativa e fora dela –, de que chumbar faz bem ao "carácter" das crianças e dos jovens, tem sido impeditiva do desenvolvimento de uma atitude mais exigente para com os resultados escolares dos alunos. Esta visão esquece que a alternativa à repetência e ao "chumbo" não é passar sem saber. Pelo contrário, a alternativa é exigir tempo de trabalho e de estudo para que os alunos aprendam o que não sabem, a alternativa é a diversificação dos métodos pedagógicos de ensino; a alternativa é exigir bons resultados escolares. É necessário que os objectivos de melhoria dos resultados escolares entre na agenda e nas preocupações de todas as escolas e do trabalho dos professores. Trata-se de garantir não apenas o ensino para todos, mas também a qualidade das aprendizagens de todos.

Documentos de referência

Normativos

Despacho Normativo n.º 50/2005, de 9 de Novembro – Define, no âmbito da avaliação sumativa interna, princípios de actuação e normas orientadoras para a implementação, acompanhamento e avaliação dos planos de recuperação, de acompanhamento e de desenvolvimento como estratégia de intervenção tendo em vista o sucesso educativo dos alunos do ensino básico.

Outros documentos

Relatório Síntese de aplicação do Despacho Normativo n.º 50/2005, de 9 de Novembro, relativo ao ano-lectivo 2005-2006;ME;
Relatório Síntese de aplicação do Despacho Normativo n.º 50/2005, de 9 de Novembro, relativo ao ano-lectivo 2007-2008;ME;
"Taxa de retenção e desistência" – Estatísticas oficiais GEPE/ME, segundo o ano-lectivo, por ciclo de estudo para o ensino público do Continente;
Edital "Mais Sucesso Escolar", ME;
Lista de escolas seleccionadas no âmbito do projecto "Mais Sucesso Escolar".

14. PLANO PARA A MATEMÁTICA

Os défices de qualidade do ensino e das aprendizagens da Matemática vinham há muito a ser revelados com os resultados dos exames nacionais e de provas internacionais. Em 2005, foi lançado um conjunto vasto de medidas, como a formação contínua em Matemática de professores do 1.º e do 2.º ciclo, a alteração do regime da formação inicial de professores e a avaliação dos manuais. Foi também lançado um concurso para apoio de iniciativas das escolas no desenvolvimento de projectos pedagógicos visando a melhoria das condições de ensino e dos resultados dos seus alunos em Matemática.

O Plano de Acção para a Matemática, que envolveu todas as escolas e milhares de professores de Matemática, permitiu aumentar e melhorar a qualidade dos tempos de trabalho dos alunos. O seu impacto nos resultados escolares foi positivo, tendo melhorado significativamente as classificações dos alunos, tanto nos exames nacionais do 9.º ano e do 12.º ano como nas provas de aferição do 4.º e do 6.º anos de escolaridade. Aguardam-se ainda os resultados dos alunos no PISA, cujos testes se realizaram no ano de 2009, os quais permitirão medir com rigor a evolução registada.

Análise do problema

Antecedentes

Desde a década de 1990, com a introdução dos exames nacionais do 12.º ano de Matemática e das provas de aferição amostrais no ensino básico, que o país se via confrontado com dados objectivos que revelavam as dificuldades dos alunos na disciplina de Matemática. Anos mais tarde, a divulgação, a partir de 1995, dos resultados de testes internacionais – TIMSS (Trends in International Mathematics and Science Study) e PISA (Programme for International Student Assessment) – veio revelar, ao nível da literacia matemática, que:

184　A ESCOLA PÚBLICA PODE FAZER A DIFERENÇA

1) o desempenho médio dos alunos portugueses era de 466 (face à média estandardizada da OCDE que era de 500); 2) os alunos com nível muito baixo (nível 1 ou inferior) ascendiam a 30% (em comparação com os 21% na OCDE); e 3) os alunos que atingiam os níveis mais altos (5 e 6) eram apenas 5% (contra os 15% na OCDE).

Governos anteriores procuraram intervir, criando para tal grupos de trabalho constituídos por professores do ensino superior, que muitas vezes reclamam publicamente da qualidade do ensino e dos níveis de conhecimento dos alunos à saída do ensino secundário, para a análise da situação e a apresentação de propostas de intervenção, com vista à correcção dos problemas identificados. Para além de querelas ideológicas sobre questões do foro estritamente pedagógico, foram sinalizadas algumas questões críticas como: 1) a existência de relação entre as dificuldades com a leitura e as dificuldades de aprendizagem da Matemática; 2) o défice de qualidade da formação inicial de professores, sobretudo do 1.º e do 2.º ciclo, designadamente no que respeita ao insuficiente peso da componente científica de Matemática nos currículos dos cursos; 3) a ausência de mecanismo de avaliação de conhecimentos no regime de recrutamento e contratação de professores; 4) a inexistência de avaliação da qualidade e adequação dos programas de ensino, bem com dos manuais escolares, do seu regime de adopção; 5) a necessidade de exames ou provas de aferição da qualidade das aprendizagens ao longo da escolaridade básica e não apenas no final do ensino secundário.

Na sequência destes contributos são introduzidos os exames de Matemática e de Português no 9.º ano, final da escolaridade básica, por determinação do Ministro da Educação, David Justino, que vêm a realizar-se pela primeira vez no ano lectivo 2004/05.

Justificação

Em 2005, realizaram-se pela primeira vez os exames nacionais de matemática no 9.º ano e as provas de aferição universais no 4.º e no 6.º ano de escolaridade, que vieram confirmar défices de competências em Matemática superiores às expectativas associadas aos conteúdos dos programas de ensino. A confirmação repetida das dificuldades dos alunos com a Matemática alimentou desconfiança no sistema de ensino e gerou atitudes de descrença nas capacidades dos alunos para adquirir competências básicas. Mas, simultaneamente, generalizou a ideia do insucesso em Matemática como sendo "natural", tanto por parte dos alunos como das suas famílias.

Sabendo-se que o fenómeno nada tem de "natural" e que os nossos jovens são na inteligência e nas capacidades iguais aos jovens de outros países; sabendo-se também que as competências em Matemática são essenciais para a formação de base de qualquer jovem, mas também decisivas para o prosseguimento de estudos, o desenvolvimento profissional ou a concretização de uma cidadania plena – é muito importante a realização do esforço necessário para melhorarmos os resultados escolares nesta disciplina. Tanto no âmbito das escolas como no do Ministério da Educação – e tendo por referência as práticas e os resultados dos países mais desenvolvidos.

Desenho e definição de políticas

Objectivo global

Melhorar o ensino da disciplina, assim como a qualidade das aprendizagens, através da criação de condições inovadoras para que as escolas e os professores, no âmbito do exercício da sua autonomia, possam desempenhar um papel preponderante no desafio do ensino da Matemática, através da mobilização de estratégias pedagógicas eficazes.

Objectivos específicos

O Plano de Acção para a Matemática, pela abrangência das áreas de intervenção, cumpriu de forma convergente um campo vasto de objectivos específicos:

- Apoiar e responsabilizar as escolas pelo desenvolvimento de projectos de melhoria do ensino e do sucesso educativo, através do financiamento adequado e do estabelecimento de contratos-programa com os agrupamentos de escolas e de escolas não agrupadas;
- Reforçar a formação de professores, com o programa orientado de formação contínua em Matemática para professores do 1.º ciclo, alargando este programa aos docentes dos restantes níveis de ensino, em articulação com as instituições do ensino

superior, através de um programa de formação contínua para professores de Matemática do 2.º ciclo. Apoiando ainda, programas de formação contínua destinados aos docentes do 3.º ciclo e do ensino secundário;
– Alterar as condições para a formação inicial de professores e o acesso à profissão, no âmbito do Processo de Bolonha, no propósito de garantir um reforço dos saberes na área da docência, suprindo insuficiências diagnosticadas no domínio do ensino da Matemática;
– Reajustar os programas de Matemática para os três ciclos do ensino básico, de modo a garantir uma efectiva articulação vertical das aprendizagens;
– Promover a avaliação da qualidade dos manuais escolares e de outros instrumentos de ensino;
– Melhorar as condições de estabilidade de professores, assegurando a permanência dos docentes nas escolas, por períodos de três ou quatro anos, através da alteração das regras dos concursos, de modo a possibilitar o acompanhamento dos alunos ao longo de um ciclo de escolaridade.

Estratégia de intervenção

A estratégia de intervenção baseou-se no pressuposto de que o problema do défice de competências matemáticas, de grande parte dos alunos, requer, em primeiro lugar, o reforço dos tempos de trabalho e de estudo. Mas requer também a melhoria das condições de ensino da Matemática, através do reforço das equipas pedagógicas, ou a continuidade pedagógica dessas mesmas equipas, bem como através da melhoria da qualidade dos principais instrumentos de ensino, tais como os manuais de estudo ou os programas. É na escola, portanto, no quadro da sua autonomia e da sua actividade técnica e pedagógica, que se situa o centro da acção relevante para enfrentar os problemas. Neste sentido, as escolas foram mobilizadas para uma reflexão sobre os resultados dos seus alunos e chamadas a apresentar os seus projectos para a melhoria dos resultados. Ao Ministério da Educação coube afectar os recursos necessários e promover a orientação, coordenação e acompanhamento dos projectos de escola. Importa sublinhar a importância da valorização política do ensino da Matemática e da melhoria dos seus resultados como possibilidade e condição do sucesso escolar.

Metodologia e actores

Actividades desenvolvidas

Foi vasto o conjunto das actividades desenvolvidas para a concretização do Plano de Acção para a Matemática, desde a realização de exames e provas externas de avaliação ao apoio orientado às escolas e ao reforço dos recursos humanos e financeiros. Mais concretamente:

- Lançamento do Programa de Formação Contínua de Professores do 1.º ciclo em Matemática, em Abril de 2005, após a apresentação pública dos resultados do PISA. O programa foi coordenado por Lurdes Serrazina e envolveu todas as instituições de ensino superior com responsabilidades na formação inicial de professores;
- Realização, no ano lectivo de 2004-2005 de exames de Matemática no final do 9.º ano de escolaridade: de um total de 84.890 alunos sujeitos a exame nesse ano lectivo, apenas 24.896 tiveram nota positiva. Ou seja, apenas cerca de 30% obteve um resultado entre e três e cinco;
- Devolução dos resultados dos exames nacionais às escolas e aos professores e promoção da reflexão alargada, em 1.252 estabelecimentos de ensino com 3.º ciclo, acerca das causas associadas ao défice de competências revelado pela larga maioria dos alunos;
- Identificação, pelas escolas, dos principais problemas: a ausência de conhecimentos prévios (que se reflectem na interpretação de enunciados, na resolução de problemas, na falta de hábitos de trabalho e de motivação, entre outros), a excessiva extensão do programa de Matemática, a carga horária insuficiente, o elevado número de alunos por turma, a falta de 'investimento' no raciocínio em geral, nomeadamente demonstrativo, e também em tarefas de construção geométrica ou desenho, bem como na utilização de novas tecnologias e materiais manipuláveis;

- As principais propostas, por parte das escolas incidiam na necessidade de: criação de laboratórios de Matemática e salas de estudo orientado; aquisição de materiais manipulativos para o ensino da disciplina, promotores de maior investimento na resolução de problemas e de treino do raciocínio demonstrativo; reforço das equipas pedagógicas e formação de equipas de docentes de diferentes disciplinas e níveis de ensino; definição de horários e tempos de trabalho para apoio aos alunos;
- Em Junho de 2006, depois de várias reuniões nacionais com professores de Matemática de todo o país, foi publicado o edital do Plano de Acção para a Matemática, para apoio de projectos de melhoria de resultados por parte das escolas, tendo sido celebrados contratos entre o Ministério da Educação, através da Direcção Geral de Inovação e Desenvolvimento Curricular (DGIDC), e 1.070 agrupamentos de escolas e escolas não agrupadas;
- Nos serviços do Ministério da Educação e nas escolas criou-se a Comissão de Acompanhamento do Plano da Matemática, dirigida por Leonor Santos, e desdobrada em equipas de professores supervisores e professores acompanhantes que asseguravam o acompanhamento dos projectos das escolas;
- Em articulação com instituições do ensino superior, promoveram-se as iniciativas de reajustamento dos programas de Matemática, de avaliação dos manuais e de formação contínua de professores.

Actores

Foi decisivo o trabalho articulado entre os serviços do Ministério da Educação e as escolas, bem como a iniciativa, o empenho e a capacidade de inovação dos professores de Matemática e dos coordenadores dos respectivos departamentos. As instituições de ensino superior desempenharam um papel muito importante na organização e concretização dos programas de formação contínua de professores de Matemática, de revisão dos programas e de avaliação dos manuais escolares. O Ministério da Educação contou com a disponibilidade e o empenho de Lurdes Serrazina, que durante quatro anos coordenou o programa de formação contínua de professores do 1.º ciclo, com uma metodologia inovadora de proximidade e observação de aulas. A responsabilidade de revisão e de adaptação do programa de Matemática do ensino básico às actuais exigências do currículo, bem como a coordenação da equipa de avaliação dos primeiros manuais escolares coube a João Pedro Ponte. A Associação dos Professores de Matemática, através dos seus presidentes, Isabel Rocha e Arsélio Martins, e de muitos outros professores de matemática, acompanhou os trabalhos dos serviços do Ministério da Educação e das escolas, proporcionando todo o apoio solicitado.

Glória Ramalho e Elvira Florindo, respectivamente, na qualidade de directora do Gabinete de Avaliação Educacional e presidente do Júri Nacional de Exames, tiveram um papel muito importante no acompanhamento das escolas no processo de análise dos resultados dos exames e de diagnóstico da situação. Mais tarde, coube à Direcção-Geral de Inovação e Desenvolvimento Curricular (DGIDC), e a Leonor Santos, presidente da Comissão de Acompanhamento, o trabalho de seguimento e de dinamização do Plano de Acção para a Matemática.

Avaliação e resultados

O Plano de Acção para a Matemática transformou-se num movimento enraizado em todas as escolas, envolvendo 78 mil professores e quase 400 mil alunos (o que corresponde a 85% dos alunos do 3.º ciclo e a 97% dos alunos de todas as escolas públicas com 2.º e 3.º ciclos), trabalhando em equipa para a melhoria dos resultados escolares em Matemática: a percentagem de notas positivas nos exames da Matemática, do 9.º ano, subiu de 36% para 64%, entre 2005-2006 e 2008-2009. A percentagem de notas positivas nas provas de aferição de Matemática subiu de 80%, em 2005-2006, para 89% em 2008-2009 no 4.º ano de escolaridade, e de 59% para 79%, no 6.º ano de escolaridade, no mesmo intervalo de tempo.

Os programas de formação contínua abrangeram 16.000 professores do 1.º ciclo, 17.000 professores do 2.º ciclo e 1.500 professores do 3.º ciclo, formados nos novos programas e em novas tecnologias. Foi criado um banco de itens *on line*, com milhares de questões e exercícios para todos os ciclos e níveis de ensino, utilizado nas escolas e em casa pelas famílias.

Desafios futuros

O movimento gerado nas escolas, desenvolvido pelos professores de Matemática, deve ser apoiado e renovado, ao mesmo tempo que se promove a avaliação dos resultados obtidos. É fundamental para que o entusiasmo das escolas, dos professores e dos alunos não esmoreça e para que todos prossigam um esforço que vai muito para além das rotinas instaladas.

O pior que pode acontecer é que se naturalize o insucesso, que se considere a dificuldade com a Matemática como parte da natureza dos alunos portugueses, e que não ter jeito para os números seja visto como "natural", como tantas vezes se ouve dizer. Os jovens alunos portugueses têm recursos e capacidades em tudo idênticas às dos jovens dos outros países. Um dos principais obstáculos para ultrapassar o problema da Matemática é o tempo de trabalho e de estudo que os alunos lhe dedicam. Mas é também uma questão de confiança e de convicção. Para ultrapassar o problema do insucesso escolar em Matemática, precisamos de acreditar que os maus resultados não são uma fatalidade, que todos os alunos podem aprender e que está nas nossas mãos a possibilidade de alterar esta situação. As famílias, as escolas e os professores precisam de acreditar que, com trabalho e com estudo, todos podem e devem aprender. E que nenhum aluno pode ser dispensado da Matemática, porque é com essas competências que ele chegará mais bem preparado à idade adulta. É nessa convicção e nessa confiança que deve assentar a acção política. Mas também a acção dos profissionais envolvidos no ensino da Matemática.

Os professores de Matemática, mas não só, enfrentam ainda o desafio de reflectir sobre os métodos de ensino e as práticas pedagógicas. No dia-a-dia, da vida das escolas, cabe aos professores escolher e decidir sobre a melhor forma de ensinar, em função das características dos seus alunos. Esse é o cerne da autonomia profissional no ensino, à semelhança do que acontece na saúde, domínio em que a autonomia profissional do médico implica a escolha e a decisão sobre os métodos de diagnóstico e de terapêutica mais adequados.

Corre-se um elevado risco se forem teóricos, ideólogos ou mesmo políticos a decidir e a impor o "melhor método de ensinar matemática" ou outra qualquer disciplina. Por um lado, porque tais decisões operam no patamar da intervenção profissional, não da intervenção política, e, por outro lado, porque exigem conhecimentos técnicos e práticos que constituem as competências específicas dos profissionais. Esta é a conclusão a que chegam peritos norte-americanos, no relatório *Foundations for Sucess: The Final Report of the National Mathematics Advisory Panel* (U.S. Department of Education, 2008), elaborado justamente para responder a estas questões.

Porém, a autonomia profissional no ensino, para ser aceite e defendida perante a sociedade, exige dos profissionais um elevado grau de conhecimento, de responsabilidade e de respeito por regras de ética e deontologia profissional. Exige também disponibilidade para participar nos debates controversos e para construir uma argumentação baseada em factos, em conhecimentos e em resultados.

Documentos de referência

Normativos

Despacho de 8 de Junho de 2006 – Lança o Programa de apoio ao desenvolvimento de Projectos de Agrupamento/Escola para a melhoria dos resultados em Matemática dos alunos do 2.º e 3.º Ciclos do Ensino Básico (Edital);
Despacho de 20 de Março de 2009 – Lança o programa de apoio ao desenvolvimento de Projectos de agrupamentos de escolas e escolas não agrupadas do Ensino Básico – Plano da Matemática II (Edital).

Outros documentos

GAVE-ME (2006), Resultados do Exame de Matemática do 9.º Ano – 1.ª chamada, GAVE-ME;
Ponte, João Pedro da et. al. (2007), Avaliação de Manuais de Matemática do 9.º Ano – Resumo Sumário, DGIDC-ME;
Ponte, João Pedro da et. al. (2007), Programa de Matemática do Ensino Básico, DGIDC-ME;
Martins, Maria Eugénia Graça et. Al. (2007), Análise de Dados – Textos de Apoio para os Professores do 1.º Ciclo, DGIDC-ME;
Boavida, Ana Maria Roque et. al. (2008), A Experiência Matemática no Ensino Básico – Programa de Formação Contínua em Matemática para Professores dos 1.º e 2.º Ciclos do Ensino Básico, DGIDC-ME;
Resultado dos Exames Nacionais do Ensino Básico 2008/2009 e 2007/2008, sem data;
Currículo Nacional do Ensino Básico: Competências Essenciais, ME, sem data;
Novo Programa de Matemática do Ensino Básico, 1.º, 2.º e 3.º Ciclos – Percursos Temáticos de Aprendizagem, sem data.

15. PLANO PARA A LEITURA

O défice de qualidade do ensino e da aprendizagem da leitura nos primeiros anos de escolaridade tem-se traduzido em elevados níveis de insucesso e repetência para milhares de crianças a partir dos 7 anos de idade, cujo percurso escolar fica em regra definitivamente comprometido. Para melhorar as condições de ensino e de aprendizagem da leitura, foi lançado um conjunto de medidas dirigidas às escolas, aos professores, aos alunos e encarregados de educação destinadas a estimular a prática da leitura. O Plano Nacional de Leitura (PNL) estimula as dinâmicas de ensino e aprendizagem nas escolas e atribui recursos – livros e orientações técnicas – para melhorar as condições de trabalho de escolas e de professores. Os projectos dirigidos às escolas do 1.º ciclo, que permitiram apetrechar as salas de aula e as bibliotecas escolares com milhares de novos livros para utilização quotidiana pelos alunos, o alargamento dos tempos de leitura em sala de aula, associados aos programas de formação contínua de professores, foram a aposta central do PNL, esperando-se impactos positivos nos resultados escolares dos alunos.

Análise do problema

Antecedentes

Os resultados do primeiro estudo PISA na área da leitura, conhecidos em 2000, mostravam que 48% de jovens portugueses atingem apenas os patamares inferiores (1 ou 2) numa escala de cinco níveis. Estes dados permitiram ilustrar com rigor um problema que era conhecido de todos e cuja solução parecia distante, como os resultados do segundo estudo, divulgados em 2003, mostravam, indicando a ausência de uma evolução positiva a este respeito.

Esta situação parecia inamovível apesar de importantes esforços, desde meados da década de 1990, de promoção da leitura, empreen-

194 A ESCOLA PÚBLICA PODE FAZER A DIFERENÇA

didos nas escolas, na rede de bibliotecas públicas e na rede de bibliotecas escolares. Desde 2004 que os serviços do Ministério da Educação e do Ministério da Cultura vinham a conceber um plano para a dinamização da leitura.

Justificação

A leitura revela-se essencial para um efectivo desenvolvimento cognitivo, para a formação de juízo crítico, no acesso à informação e enriquecimento cultural, constituindo-se como a competência básica para aprender, trabalhar e realizar-se no mundo contemporâneo. A aquisição de competências de leitura nas primeiras etapas da vida é indispensável para evitar dificuldades de aprendizagem que progressivamente se acumulam, se multiplicam e se transformam em obstáculos ao sucesso educativo.

No contexto da Estratégia de Lisboa, a União Europeia traçou o objectivo de, até 2010, reduzir para 15,5% o número de leitores com fracas competências, e organizações internacionais como OCDE e UNESCO consideram as competências na leitura e na escrita como o alicerce da sociedade do conhecimento, indispensáveis ao desenvolvimento sustentado, tendo dirigido recomendações aos diversos governos, no sentido de considerarem o seu desenvolvimento como uma prioridade política. Neste contexto, foi lançado o Plano Nacional de Leitura (PNL), com a duração de 5 anos, como iniciativa de vários ministérios e dirigido a vários públicos alvo, mas orientado prioritariamente para os alunos do 1.º ciclo do ensino básico, por ser nestas idades que as dificuldades das crianças se identificam e mais tarde se ampliam.

Desenho e definição de políticas

Objectivo global

Aumentar os níveis de literacia e índices de leitura da população portuguesa, em particular dos jovens, melhorando as condições de ensino e aprendizagem da leitura nas escolas do 1.º ciclo e colocar o país ao nível dos nossos parceiros europeus.

Objectivos específicos

Sob o lema "ler mais, ler bem e ler depressa" os objectivos específicos no momento do lançamento do PNL foram:

- Contribuir para criar um ambiente social favorável à leitura na escola, mas também em casa, nos transportes públicos, nos centros de saúde e outros espaços de espera;
- Apoiar as escolas e os professores na aquisição de livros adequados às diferentes idades e níveis de proficiência, tornando-os disponíveis em sala de aula, em número suficiente, sobretudo nas salas do 1.º ciclo, de forma a permitir a familiarização dos alunos com livros de diferente tipo;
- Inventariar e valorizar práticas pedagógicas e outras actividades que estimulem o prazer de ler entre crianças, jovens e adultos;
- Criar instrumentos que permitam definir metas cada vez mais precisas para o desenvolvimento da leitura;
- Realizar um conjunto de estudos que permitam conhecer melhor a realidade e monitorizar e avaliar a intervenção;
- Enriquecer as competências dos indivíduos, aperfeiçoando a actividade de professores e de mediadores de leitura, formais e informais;
- Consolidar e ampliar o papel da Rede de Bibliotecas Públicas e da Rede de Bibliotecas Escolares no desenvolvimento de hábitos de leitura;
- Atingir resultados gradualmente mais favoráveis em estudos nacionais e internacionais de avaliação de literacia dos portugueses.

Estratégia de intervenção

A estratégia de intervenção assentou na mobilização e envolvimento de agentes de diferentes sectores da sociedade civil nos desígnios da leitura, nos princípios de valorização do conhecimento e da informação, com o acompanhamento e a avaliação externas e a realização de diversos estudos que permitem sustentar a intervenção; e finalmente, na definição de referenciais e orientações, bem como no apoio directo e na afectação de recursos financeiros para a aquisição de livros por parte das escolas e das famílias.

O PNL foi patrocinado pelo Presidente da República e por uma centena de outras personalidades, tendo sido criado também um Conselho Científico e estabelecidos centenas de protocolos com autarquias e outras instituições – um assinalável consenso em torno destes cinco objectivos muito precisos. Eram eles: usar as novas tecnologias de comunicação para promover o acesso ao livro; estimular a diversificação das actividades de leitura e a informação sobre livros e os autores; criar oportunidades de leitura; e disponibilizar informação sobre livros classificados por nível de dificuldade para orientar o trabalho dos professores e das famílias. Foi ainda parte da estratégia de intervenção a valorização política das iniciativas do PNL, bem como a produção de um discurso político sublinhando a importância da leitura.

Metodologia e actores

Actividades desenvolvidas

O PNL foi lançado pelos Ministérios da Educação, da Cultura e dos Assuntos Parlamentares, em Junho de 2006. Ao longo de três anos desenvolveram-se diversas actividades nas quatro áreas de intervenção – área do Sistema Educativo, área da Leitura em Família, área da Leitura Pública, área da Investigação Científica, área das Parcerias e Apoios e área da Divulgação –, que se encontram amplamente descritas nos relatórios de actividades publicados.

Actores

Foram inúmeras as instituições e peritos envolvidos e mobilizados pelo PNL. O Ministério da Educação, responsável pela iniciativa, contou com a colaboração da comissária, Isabel Alçada, que foi o seu rosto. Foi igualmente importante a colaboração de Teresa Calçada e da Rede de Bibliotecas Escolares, bem como o envolvimento dos serviços, como o Gabinete de Estatística e Planeamento da Educação, a Direcção-Geral de Inovação e Desenvolvimento Curricular e as direcções regionais de Educação. O Ministério da Cultura, através da Direcção-Geral do Livro e das Bibliotecas, apoiou inúmeras actividades na rede pública de bibliotecas. O Gabinete para os Meios de Comunicação Social do Ministério dos Assuntos Parlamentares assegurou a colaboração dos meios de comunicação nas campanhas de divulgação que foram lançadas. As autarquias e os governos das regiões autónomas, empresas e instituições como a Fundação Agha Kan e a Fundação Calouste Gulbenkian apoiaram financeiramente diversas iniciativas. Convém no entanto recordar que os principais actores do PNL foram os responsáveis da rede de bibliotecas escolares e os professores coordenadores de projectos de promoção da leitura.

Avaliação e resultados

Beneficiaram da acção do PNL mais de um milhão de crianças, abrangidas por actividades diárias de leitura orientada, da educação pré-escolar ao 2.º ciclo, e pela aquisição de livros em todas as escolas do país. Realizaram-se diversos estudos de acompanhamento e avaliação, como o inquérito aos Hábitos de Leitura dos Portugueses, o Levantamento de Instrumentos de Avaliação de Leitura e a Determinação de Níveis de Referência para a Leitura no 1.º e 2.º Ciclos de Escolaridade, por instituições científicas, cujos resultados foram sendo divulgados. Organizaram-se conferências, seminários e programas de formação. Garantiu-se a divulgação de toda a informação de forma rigorosa e transparente no sítio electrónico do PNL. O seu acompanhamento e a avaliação dos resultados obtidos de imediato ou a longo prazo são uma exigência e uma condição para a continuidade e desenvolvimento nos próximos anos.

Desafios futuros

Como vimos no segundo capítulo dedicado ao 1.º ciclo do ensino básico, todos os anos, no nosso país, há milhares de crianças (em 2009, 7%) que no final dos dois primeiros anos de escolaridade – isto é, com sete anos de idade – reprovam por dificuldades na aprendizagem da leitura. Essas crianças iniciam, nesta idade, um percurso que será marcado pelo insucesso e pelo abandono escolar. O défice de competências em leitura vai-se manifestando ao longo do percurso escolar, com efeitos na aprendizagem de outras disciplinas. E está na base do fenómeno da repetência, do insucesso e do abandono escolar que atingiu, no final do ensino básico, durante vários anos, mais de 15% dos alunos.

A relação entre o défice de competências em leitura e o insucesso escolar necessita de ser mais bem observada e conhecida para tornar possível a melhoria dos métodos de ensino e das condições de aprendizagem. O PNL, em colaboração com o programa de formação contínua de professores do 1.º ciclo, pode ter, e certamente terá, um papel importante na produção de instrumentos técnico-pedagógicos e na formação de professores para apoiar o ensino da leitura nos primeiros anos de escolaridade. Os projectos já desenvolvidos e apoiados pelo Ministério da Educação, como a Biblioteca de Livros Digitais, coordenado por Carlos Correia, e o Caminho das Letras, sob a responsabilidade de Inês Sim-Sim, divulgados no Portal das Escolas, são exemplos da atenção que está a ser dada a este tema.

Documentos de referência

Normativos

Despacho Conjunto n.º 1081/2005, de 22 Dezembro – Cria uma equipa de coordenação do Plano Nacional de Leitura e define a sua constituição, suas competências e sua coordenação;
Resolução do Conselho de Ministros n.º 86/2006, de 12 Julho – Aprova o Plano Nacional de Leitura e cria a respectiva Comissão.

Outros documentos

Alçada, Isabel (coord.) (2006), Plano Nacional de Leitura – Relatório Síntese, ME;
Sem-fim, Inês; Viana, Fernanda Leopoldina (2007), Para a Avaliação do Desempenho de Leitura; GEPE-ME;
Lajes, Mário F. et. Al. (2007), Os Estudantes e a Leitura, GEPE-ME, 2007;
Santos, Maria de Lourdes Lima dos (Coros.) (2007), A Leitura em Portugal, GEPE-ME;
Comunicado – Um Ano de Actividade do Plano Nacional de Leitura, 30 de Maio de 2007;
Plano Nacional de Leitura Relatório de Progresso, Maio de 2007;
Costa, António Firmino da, et. al. (2008), Barómetro de Opinião Pública: Atitudes dos Portugueses Perante a Leitura e o Plano Nacional de Leitura; CIES-ISCTE;
Costa, António Firmino da, et. al. (2008), Avaliação do Plano Nacional de Leitura, GEPE-ME;
Neves, José Soares, et. al. (2008), Práticas de Promoção da Leitura nos Países da OCDE, GEPE-ME.

16. ENSINO ARTÍSTICO DA MÚSICA E DA DANÇA

Em 1983, iniciou-se uma reforma do ensino artístico especializado que nunca chegou a ser concluída. Após um estudo de diagnóstico, verificou-se ser necessário clarificar a missão das escolas de ensino artístico especializado da música e definir novas regras para o seu funcionamento. O conjunto das medidas lançadas teve por objectivo o aumento do número de alunos do ensino básico e secundário e a melhoria das condições de acesso e de frequência destas escolas, através da valorização dos regimes de formação integrada ou articulada. Foi ainda necessário regularizar a situação profissional dos professores destas escolas, cuja situação de instabilidade e incerteza se arrastava há várias décadas.

Em menos de um ano, foi possível aumentar o número de alunos de ensino especializado da música em cerca de 40%, tendo-se alargado a rede de escolas privadas de ensino da música, bem como a rede de escolas públicas de ensino regular com protocolos de colaboração para a promoção do regime de ensino articulado.

Análise do problema

Antecedentes

A reforma do ensino artístico de 1983 criou o nível de ensino superior e estabeleceu que os conservatórios de música – as escolas mais antigas no sistema educativo (e que até essa altura conferiam diplomas terminais – passavam a integrar o sistema de ensino básico e secundário. A reforma, então iniciada, não chegou a ser concluída, em particular nos aspectos relativos à organização e rede, à regulação dos quadros de pessoal, bem como às orientações curriculares e programáticas. O ensino artístico especializado, desde essa data, passou a ser assegurado por 5 conservatórios públicos (2 em Lisboa, 1 em Aveiro, 1 em Coimbra, 1 no Porto e outro em Braga). As escolas públicas estavam instaladas em edifícios provisórios (Porto e Coimbra) ou apresentando sinais de elevada degradação (Lisboa e Aveiro), não tendo existido nos últimos 30 anos investimentos significativos nos espaços físicos destas escolas. No que respeita aos professores, a maioria encontrava-se em situação de instabilidade e incerteza, impedidos, por ausência de enquadramento legal, de prosseguir a sua profissionalização e estabilizar o vínculo e a ligação à respectiva escola. Integravam ainda o sistema cerca de 100 escolas privadas financiadas pelo Ministério da Educação ao abrigo de contratos de patrocínio, geridos pelas direcções regionais de educação.

Uma avaliação ao ensino artístico, realizada em 2007 por uma equipa dirigida por Domingos Fernandes, realçou o fechamento deste subsistema e os obstáculos existentes à sua abertura e crescimento – sobretudo devido ao facto de a procura de ensino artístico estar essencialmente determinada pela motivação e esforço das famílias. A aprendizagem da Música ou da Dança, na prática, encontrava-se acessível apenas a alunos cujas famílias dispunham da informação e dos recursos necessários ao esforço financeiro e logístico da sua formação. Num universo de 1.500.000 de alunos, apenas cerca de 18.000 frequentavam cursos de música e dança e eram poucos os que concluíam os respectivos cursos básicos ou secundários. O reduzido número de alunos e as baixas taxas de conclusão tiveram como principal resultado a escassez de diplomados no mercado de trabalho, designadamente para o ensino da música. Tal era evidente já em 2006, quando as autarquias procuraram contratar diplomados para o ensino da Música no 1.º ciclo e apenas conseguiram preencher 40% dos lugares criados. O relatório de avaliação permitiu ainda concluir que existia uma enorme diversidade de modelos organizativos entre o reduzido universo das escolas de ensino artístico especializado. E que havia um conjunto de outros aspectos contribuindo para a fraca legibilidade deste subsistema de ensino, resultado de um quadro normativo insuficiente, disperso e obsoleto.

Em paralelo, a criação de escolas do ensino profissional, em 1989, permitiu o desenvolvimento e a consolidação de cerca de 7 escolas profissionais, localizadas no Norte do país, dispondo de um quadro normativo e de um modelo pedagógico e de financiamento claros. O financiamento destas escolas, através de fundos estruturais, permitiu a sua modernização gradual, pelo que apresentavam condições de melhor qualidade e também melhores resultados na sua actividade.

Os principais problemas identificados no estudo de diagnóstico foram os seguintes:

- O predomínio da oferta de ensino em regime supletivo (cerca de 56% do total de alunos), apenas as escolas profissionais e duas escolas públicas ofereciam o regime integrado;
- Nas escolas públicas, mais de 30% dos alunos serem adultos que estavam fora da escolaridade básica ou secundária;
- A ausência efectiva de articulação entre a formação geral e a especializada, nos casos do regime articulado;
- A falta de clareza nos modelos de financiamento das escolas particulares e cooperativas, originando fortes assimetrias regionais no que respeita aos custos e à rede de escolas;
- Os baixos índices de conclusão de estudos, pela desarticulação entre os níveis de ensino leccionados e pela carência de modelos pedagógicos consolidados.
- A indefinição em torno da missão do ensino artístico especializado levou a um gradual desfasamento entre a natureza da procura – o ensino artístico como um complemento da formação pessoal – e a finalidade com que, originalmente, foram concebidos os cursos que estas escolas oferecem, a de formação de profissionais.

Justificação

A necessidade de aumentar o número de alunos a frequentar e a concluir os cursos de ensino artístico especializado, de melhorar a legibilidade do sistema de oferta formativa, bem como a necessidade de promover um ensino de qualidade assente em referenciais pedagógicos, de organização e funcionamento tornou urgente a necessidade de uma intervenção destinada ao incremento do acesso de alunos ao ensino artístico especializado, criando condições para a sua abertura, crescimento e melhoria da qualidade.

Desenho e definição de políticas

Objectivo global

Aumentar o número de alunos nos cursos especializados de música e melhorar as condições de aprendizagem destes alunos, tanto no ensino articulado como no ensino integrado.

Objectivos específicos

Foram objectivos específicos do conjunto das medidas tomadas:

– Melhorar as condições de funcionamento e organização pedagógica das escolas públicas, aproximando-as do modelo integrado seguido pelas escolas profissionais;
– Aumentar o número de alunos nas diversas especialidades do ensino artístico, promovendo uma maior articulação entre as escolas do ensino regular e as escolas do ensino artístico especializado;
– Aumentar a oferta de cursos de iniciação musical para crianças dos 6 aos 10 anos, permitindo alargar a base de recrutamento para o ensino especializado da música e aumentar a frequência no nível básico de escolaridade;
– Promover a estabilização e profissionalização dos docentes;
– Aumentar os apoios às escolas do ensino particular e cooperativo;
– Tornar o sistema mais legível, promovendo a aproximação às escolas de ensino regular;
– Qualificar os edifícios das escolas públicas de música.

Estratégia de intervenção

O relatório de diagnóstico foi submetido a discussão pública e o novo quadro de regras assentou nas propostas de um grupo de trabalho que integrava representantes das escolas públicas, das escolas privadas e das escolas profissionais, bem como técnicos dos serviços do Ministério da Educação e peritos externos. Feito o diagnóstico da situação do ensino artístico especializado, definiram-se as novas regras de funcionamento e de organização pedagógica, criaram-se as condições legais para a profissionalização e a regularização dos quadros de professores, e fixaram-se, ainda, as novas regras de financiamento das escolas privadas. A aprovação das novas orientações gerou um movimento de protesto, numa fase anterior à da sua aplicação, por parte de professores, pais, alunos e representantes de algumas das escolas públicas. Todavia, a adesão e apoio às mudanças propostas, por parte das escolas profissionais, das escolas privadas e de algumas escolas públicas, permitiu que se concretizasse a aplicação das novas regras que, depois de entrarem em vigor, obtiveram o acolhimento geral.

Metodologia e actores

Actividades desenvolvidas

As principais iniciativas e medidas tomadas foram as seguintes:

– Elaboração do estudo de avaliação do Ensino Artístico Especializado por uma equipa dirigida por Domingos Fernandes;
– Constituição de um grupo de trabalho para acompanhamento, análise e discussão das propostas de medidas a tomar, coordenado pela ANQ e que contou com a colaboração permanente de Carla Barbosa, Manuel Rocha, Carlos Alberto Pereira e Regina Almeida;
– Definição e aprovação de um novo quadro de regras e orientações para a organização pedagógica, o funcionamento e as condições de matrícula e frequência dos cursos de ensino especializado da música, após várias reuniões de trabalho com representantes das escolas públicas, privadas e profissionais;
– Aprovação de novos planos de estudo para os cursos básicos de dança, música e canto gregoriano e fixação de regras relativas à constituição de turmas, avaliação, admissão de alunos e certificação;
– Construção de novas instalações para o Conservatório de Música do Porto e para o Conservatório de Música de Coimbra;
– Definição de um novo modelo de financiamento, das escolas privadas do ensino artístico especializado com contratos de patrocínio, baseado num custo por aluno/ano, consoante o nível de qualificação do corpo docente da escola, o curso e a modalidade de frequência;
– Publicação de edital de candidatura a financiamento para as escolas do ensino particular e cooperativo e definição de um

204 A ESCOLA PÚBLICA PODE FAZER A DIFERENÇA

regime de transição para o novo modelo de financiamento, com o consequente alargamento da rede de escolas do ensino particular e cooperativo, através de contratos de patrocínio;
– Apoio à criação de uma rede de articulação entre as escolas do ensino artístico especializado e as escolas do ensino regular;
– Autorização de funcionamento de novos cursos profissionais de Música em duas escolas secundárias públicas do Algarve e na academia da Orquestra Metropolitana de Lisboa, alargando a rede ao centro e sul do país;
– Regularização, através de normativos próprios, da situação dos quadros e do desenvolvimento profissional dos professores contratados e em efectivo exercício de funções nas escolas de ensino especializado da música e da dança;
– Organização anual da festa "1001 músicos – festa das escolas de música", no Centro Cultural de Belém, em Lisboa, com a participação das escolas públicas, privadas e profissionais, em concertos durante um dia inteiro, cujo êxito muito deve à capacidade de organização dos serviços do ME com a colaboração continuada de Manuel Rocha, Carlos Meireles, Isabel Rocha e João Correia;
– Aprovação do projecto de organização e desenvolvimento das orquestras Geração, sob coordenação e direcção da Escola de Música do Conservatório Nacional que, sob coordenação de Wagner Dinis e abrangendo à partida três escolas e 160 alunos, tem por objectivo alargar progressivamente a sua base, estimulando o ensino da Música e a criação de orquestras em escolas públicas.

Actores

O relatório de avaliação realizado pela equipa de Domingos Fernandes foi o primeiro passo para as decisões posteriormente tomadas. Nele se apresentavam já contributos para a resolução de alguns dos problemas identificados.

O envolvimento das escolas nas sessões de trabalho técnico para análise das propostas, mas também o seu envolvimento na concretização de uma parte das iniciativas tomadas, a forma positiva como a maioria delas respondeu aos desafios implicados na mudança, foram decisivos para o seu êxito. Deve sublinhar-se a colaboração da Associação das Escolas Profissionais de Música, designadamente do Dr. Alexandre Reis, no reconhecimento dos problemas e na procura conjunta de soluções tanto para o ensino público como para o ensino privado.

Os serviços do Ministério da Educação, como o Gabinete de Estatística e Planeamento da Educação, o Gabinete Coordenador dos Sistemas de Informação (MISI), as direcções regionais de educação e a Agência Nacional para a Qualificação (ANQ) e a Direcção Geral de Inovação e Desenvolvimento Curricular (DGIDC), deram importantes contributos para o desenho das soluções.

Avaliação e resultados

O principal resultado imediato foi o do aumento do número de alunos do ensino especializado da Música. Em 2008, o crescimento ascendeu a cerca de 50%, sobretudo nas modalidades do ensino integrado e articulado do nível básico. A rede de escolas envolvidas foi também alargada. Com as iniciativas tomadas, registou-se um crescimento de 21% no número de escolas do ensino particular e cooperativo, apoiadas por contratos de patrocínio com o Ministério da Educação. A rede estendeu-se a cerca de 100 escolas do 1.º ciclo (para, em articulação com escolas de ensino especializado oferecerem uma parte das aulas de iniciação). E houve ainda, o envolvimento de cerca de 350 escolas do ensino regular com protocolos com escolas do ensino artístico especializado. O número de professores com profissionalização nas escolas públicas sofreu também um aumento de 40%.

Desafios futuros

Os desafios consistem, em primeiro lugar, em continuar a acompanhar e a avaliar o desenvolvimento destas modalidades de ensino, tendo em vista a melhoria do seu funcionamento e o alargamento da base de recrutamento de alunos para o ensino especializado da música. O ensino especializado da música e da dança não fora objecto de qualquer iniciativa, medida ou intervenção ao longo dos últimos 20 anos – razão pela qual não se desenvolveu, não cresceu e não se modernizou. As iniciativas de alargamento da rede de escolas privadas e de envolvimento das escolas regulares vão certamente permitir recuperar os atrasos de crescimento, mas necessitam de um acompanhamento e de avaliação que garantam a qualidade do trabalho realizado e o controlo de efeitos não esperados.

A modernização dos edifícios dos conservatórios públicos de Lisboa, Aveiro e Braga virá certamente a constituir-se como uma urgência – sobretudo depois de concluídas as escolas do Porto e Coimbra – que não deixarão de ser encaradas como referências de qualidade para os edifícios das escolas de Música.

Documentos de referência

Normativos

Portaria n.º 1135/2005, de 31 de Outubro – Publica os planos de estudo da Escola de Dança Ginasiano – Curso Básico de Dança;

Decreto-Lei n.º 4/2008, de 7 de Janeiro – Introduz alterações nos cursos artísticos especializados de nível secundário de educação, excluindo o ensino recorrente de adultos, e suspende a revisão curricular do ensino secundário aprovada pelo Decreto-Lei n.º 74/2004, de 26 de Março, nas componentes de formação científica e técnico-artística, relativamente aos cursos artísticos especializados de Dança, Música e Teatro;

Despacho n.º 17932/2008, de 3 de Julho – Regula o apoio financeiro no âmbito dos contratos de patrocínio das escolas do ensino particular e cooperativo do ensino artístico especializado;

Despacho n.º 18041/2008, de 4 de Julho – Regula a matrícula nos cursos de música, em regime supletivo em escolas dos ensinos básico e secundários públicas, particulares e cooperativas;

Portaria n.º 617/2008, de 11 de Julho – Adiciona vários cursos ao elenco de cursos reconhecidos como habilitação para a docência nos grupos e subgrupos do ensino vocacional da Música;

Despacho n.º 31495/2008, de 10 de Dezembro – Dispensa da realização da profissionalização em serviço dos professores do ensino artístico especializado das artes visuais e audiovisuais das escolas secundárias artísticas António Arroio, em Lisboa, e Soares dos Reis, no Porto;

Decreto-Lei n.º 69/2009, de 20 de Março – Estabelece o regime de integração nos quadros de escola dos docentes dos estabelecimentos públicos do ensino artístico especializado da música e da dança com pelo menos dez anos consecutivos de exercício efectivo de funções em regime de contrato;

Portaria n.º 551/2009, de 26 de Maio – Cria lugares nos quadros de vários estabelecimentos de ensino público do ensino especializado da música e dança;

Portaria n.º 691/2009, de 25 de Junho – Cria os cursos básicos de Dança, de Música e de Canto Gregoriano e aprova os respectivos planos de estudo;

Despacho n.º 15896/2009, de 13 de Julho – Republica o Despacho n.º 17932/2008, de 3 de Julho, que regula o apoio financeiro no âmbito do ensino especializado da Música;

Portaria n.º 942/2009, de 21 de Agosto – Regula o recrutamento de pessoal docente para grupos, subgrupos e disciplinas de formação artística do ensino artístico especializado da Música e da Dança, por parte dos estabelecimentos de ensino públicos legalmente competentes para o efeito;

Despacho de 20 de Agosto de 2009 – Aprova, na generalidade, o Projecto Especial Orquestra Geração, da Escola de Música do Conservatório Nacional;

Portaria n.º 871/2006, de 29 de Agosto – Revoga a Portaria n.º 421/99, de 8 de Julho (aprova os planos de estudo dos cursos básicos e Secundários de Música do Instituto Gregoriano de Lisboa), e institui os planos de estudo dos cursos básicos e Secundários de Música do Instituto Gregoriano de Lisboa;

Despacho n.º 4694/2007, de 14 de Março – Concede e renova a autonomia ou paralelismo pedagógico às escolas particulares e cooperativas de música, dança e artes plásticas – ano lectivo de 2005-2006;

Portaria n.º 424/2008, de 13 de Junho – Altera a Portaria n.º 871/2006, de 29 de Agosto, republicando os planos de estudos dos cursos secundários de Canto Gregoriano, Instrumento de Tecla e Instrumento Monódico do Instituto Gregoriano de Lisboa;

Aviso n.º 28052/2008, de 24 de Novembro – Cria a relação de estabelecimentos de ensino vocacional da música;

Despacho n.º 31227/2008, de 4 de Dezembro – Cria a rede de vinculação dos estabelecimentos de ensino particular e cooperativo do ensino artístico especializado ao Conservatório de Música Calouste Gulbenkian – Braga e Conservatório de Música do Porto;

Declaração de Rectificação n.º 137/2009, de 20 de Janeiro – Procede à rectificação do Despacho n.º 17932/2008, de 3 de Julho;

Declaração de Rectificação n.º 138/2009, de 20 de Janeiro – Procede à rectificação do Despacho n.º 18041/2008, de 24 de Junho de 2008;

Despacho n.º 11476/2009, de 12 de Maio – Vincula os estabelecimentos de ensino particular e cooperativo do ensino artístico especializado ao Conservatório de Música Calouste Gulbenkian – Braga e Conservatório de Música do Porto;

Despacho n.º 11477/2009, de 12 de Maio – Concede e renova a autonomia ou paralelismo pedagógico às escolas particulares e cooperativas de música, dança e artes plásticas;

Despacho n.º 15897/2009, de 13 de Julho – Republica o Despacho n.º 17932/2008, de 3 de Julho, que regula o apoio financeiro no âmbito do ensino especializado da Música;

Declaração de Rectificação n.º 59/2009, de 7 de Agosto – Rectifica a Portaria n.º 691/2009, de 25 de Junho, do Ministério da Educação, que cria os cursos básicos de Dança, de Música e de Canto Gregoriano e aprova os respectivos planos de estudo.

Outros documentos

Fernandes, Domingos (Coord.), Estudo de Avaliação do Ensino Artístico – Relatório Final;

Ensino Especializado da Música: Ano-Lectivo 2008-2009 – Alguns Indicadores de Evolução, ANQ, sem data;

Conferência Nacional de Educação Artística (*Site*).

17. SEGURANÇA ESCOLAR

A segurança escolar é decisiva para que as escolas possam cumprir a sua missão, sendo ainda uma das questões que mais preocupa os pais e encarregados de educação. Em 2005, foi lançado um conjunto de medidas de regulação, de reforço dos recursos humanos e de melhoria da coordenação com as forças de segurança do Ministério da Administração Interna, com o objectivo de melhorar as condições de segurança nas escolas e a capacidade de prevenção e de intervenção nas situações mais críticas. Criou-se o Observatório da Segurança Escolar, nomearam-se responsáveis pelas questões da segurança em todas as escolas, realizaram-se acções de formação específica e reforçou-se o número de efectivos para a vigilância dos espaços escolares.

Análise do problema

Antecedentes

As condições de segurança na escola, tanto no seu interior como no espaço imediatamente envolvente, são uma questão decisiva para o cumprimento da missão educativa e constituem uma preocupação crítica para os pais e encarregados de educação. Desde 1977 que funcionava no Ministério da Educação um Gabinete de Segurança, dirigido pelo coronel Jorge Parracho, uma estrutura informal de coordenação de equipas constituídas por cerca de 500 ex-efectivos reformados das forças de segurança. A sua presença nas escolas críticas constituía um apoio e um reforço da vigilância no interior dos recintos escolares, registando e comunicando as ocorrências de indisciplina e violência. Todavia, tal estrutura manteve-se precária até 2007, porque não fora possível encontrar uma solução formal para a sua integração na orgânica do Ministério da Educação.

A ESCOLA PÚBLICA PODE FAZER A DIFERENÇA

Em 1992, tomaram-se iniciativas de reforço da segurança nas escolas, com a criação do Programa Escola Segura através de um protocolo celebrado entre os Ministérios da Educação e da Administração Interna. O programa implicava a presença policial em permanência junto à entrada das escolas (em geral, de agentes reformados) e recrutaram-se auxiliares de educação com a função de garantirem a segurança nos espaços interiores da escola. Em 1996, o Programa Escola Segura foi reformulado e ampliado, constituindo-se equipas especializadas de agentes da PSP e GNR, que se deslocavam em veículos automóveis próprios e que passaram a ser identificados com a imagem de marca do programa.

Justificação

Em Fevereiro de 2005 (Despacho Conjunto n.º 105-A/2005), definiram-se os objectivos prioritários do Programa Escola Segura. Contudo, a ausência de mecanismos de coordenação e de articulação entre os diversos intervenientes e o reconhecimento da necessidade de conhecer melhor os reais problemas de segurança nas escolas impunham uma intervenção mais abrangente nesta área.

Desenho e definição de políticas

A avaliação do Programa Escola Segura e do Gabinete de Segurança originou a publicação de novas regras de funcionamento e de coordenação, necessárias para uma maior integração e consolidação do trabalho desenvolvido nas duas frentes de intervenção em matéria de segurança escolar, bem como para um melhor conhecimento da realidade.

Objectivo global

A intervenção política nesta área visou promover a segurança em ambiente escolar, melhorando a articulação entre as forças de segurança, os serviços do Ministério da Educação e as escolas, tornando o apoio às escolas e às famílias mais eficaz e mais moderno.

Objectivos específicos

Foram objectivos específicos da intervenção nesta área:

- Promover a formalização e integração do Gabinete de Segurança do Ministério da Educação, consolidar o Programa Escola Segura e definir os mecanismos de coordenação entre as forças da GNR, da PSP e do Ministério da Educação;
- Melhorar a qualidade da informação sobre as ocorrências de indisciplina e violência, bem como o conhecimento sobre as condições relacionais e de clima nas escolas;
- Reforçar a autoridade dos dirigentes das escolas, bem como dos professores, dotando-os de instrumentos de gestão pedagógica e disciplinar necessários a uma intervenção eficaz e atempada;
- Promover uma cultura de segurança nas escolas, através, designadamente, de programas de formação específica, para professores, pessoal não-docente e forças de segurança;
- Fomentar iniciativas e projectos direccionados à promoção de valores de cidadania e de civismo no meio escolar, contribuindo deste modo para a afirmação da escola enquanto espaço privilegiado de integração e socialização, com vista ao exercício responsável da liberdade individual e ao desenvolvimento harmonioso de crianças e jovens.

Estratégia de intervenção

A estratégia de intervenção seguida foi reforçar a colaboração institucional entre o Ministério da Educação e o Ministério da Administração Interna, que se traduziu, entre outras medidas, na designação de um alto quadro das forças de segurança para dirigir o Gabinete de Segurança do Ministério da Educação e na organização conjunta de acções de formação em segurança.

Na orientação estratégica seguida, considerando a importância das questões de segurança escolar, promoveu-se a integração do Gabinete de Segurança na estrutura do Ministério da Educação, produzindo esta decisão efeitos ao nível dos recursos organizacionais das escolas, bem como ao nível do sistema de informação e conhecimento do Ministério da Educação.

Procurou-se uma articulação e convergência com outras medidas ou programas em curso. Por exemplo: a revisão do modelo de gestão com o reforço da autoridade dos órgãos de gestão das escolas; a revisão do Estatuto do Aluno e dos regulamentos internos das escolas de modo a reforçar a autoridade dos professores, a facilitar a tomada de medidas disciplinares de carácter educativo e a aumentar a responsabilização das famílias na assiduidade, no comportamento e no aproveitamento dos alunos; o programa de intervenção em escolas TEIP (Territórios Educativos de Intervenção Prioritária); o programa de Modernização das Escolas Secundárias; e o Plano Tecnológico da Educação, no âmbito do qual se instalaram sistemas de videovigilância em todas as escolas.

Metodologia e actores

Actividades desenvolvidas

Do conjunto das actividades e iniciativas promovidas, destacam-se as seguintes:

- Aprovação, em 2006 e em colaboração com o MAI, de um quadro de regras para a consolidação e funcionamento mais coordenado do Programa Escola Segura;
- Criação de uma Equipa de Missão para a Segurança Escolar (EMSE), na dependência do Ministério da Educação, coordenada pela intendente Paula Peneda, da PSP, que teve como missão a concepção, a coordenação, o desenvolvimento, a concretização e a avaliação do sistema de segurança nas escolas;
- Criação do Observatório da Segurança Escolar (OSE) coordenado por João Sebastião para em articulação com a Equipa de Missão proceder à avaliação das ocorrências registadas nas escolas e à elaboração do plano de acção nacional para combate às situações de insegurança e violência escolar;
- Modernização, sob proposta do coordenador do Observatório, do sistema de registo e comunicação de ocorrências – formulário electrónico e elaboração, pelo Grupo Coordenador do Programa Escola Segura, de uma análise trimestral da informação referente às questões de segurança;

- Acompanhamento permanente das escolas com maior número de ocorrências, designadamente através de visitas e reuniões de trabalho nessas escolas;
- Criação do Gabinete Coordenador da Segurança Escolar (GCSE) – que sucedeu à EMSE – com mandato para conceber, coordenar e executar as medidas de segurança no interior das escolas e a formação de pessoal docente e não docente e os efectivos que, informalmente, vinham garantindo a vigilância nas escolas;
- Designação, em cada sede de agrupamento ou escola não agrupada, de um professor responsável de Segurança. Foram nomeados 1.380 responsáveis que elaboraram planos-tipo de emergência, generalizáveis, com as devidas adaptações, a todas as escolas;
- Articulação com o Programa TEIP, através da concepção de instrumentos e procedimentos específicos para a resolução dos problemas identificados, na área da segurança escolar, nas escolas deste programa;
- Organização de acções de formação sobre segurança escolar para os diversos membros da comunidade educativa: 40 acções de formação, ano lectivo de 2006-2007, para os vigilantes da EMSE, agentes das forças de segurança (Programa Escola Segura – PSP e GNR) e responsáveis de segurança nas escolas sede de agrupamento; formação específica para os alunos – módulo curricular não disciplinar intitulado Cidadania e Segurança, aplicado com carácter de obrigatoriedade no 5.º ano de escolaridade, em estreita articulação com a Direcção-Geral de Inovação e Desenvolvimento Curricular;
- Promoção, de forma concertada com os respectivos parceiros, da realização de acções de sensibilização e de formação sobre a problemática da prevenção e da segurança em meio escolar, destinadas às forças de segurança, pessoal docente e não docente e demais elementos da comunidade educativa, bem como à opinião pública em geral;
- Revisão, de forma convergente e articulada, do regime de gestão das escolas e do estatuto do aluno, visando reforçar a autoridade de directores, de professores e de outro pessoal nas escolas. No mesmo sentido, outros mecanismos e instru-

A ESCOLA PÚBLICA PODE FAZER A DIFERENÇA

mentos de gestão pedagógica, como a escola a tempo inteiro e a ocupação plena dos tempos escolares, a Educação para a Cidadania, a Educação para a Saúde, ou o Desporto Escolar, visaram também a prevenção da indisciplina e a plena integração dos alunos no projecto escola;

– Generalização, no âmbito do Plano Tecnológico da Educação, do uso do cartão electrónico do aluno, tendo em vista eliminar a circulação de dinheiro nas escolas e instalação, em todas as escolas, dos sistemas de videovigilância e alarme;

– Apetrechamento de viaturas da Escola Segura com 300 computadores portáteis com ligação à Internet, no âmbito do Programa *e-escola*;

Actores

As questões da segurança nas escolas envolvem instituições do Ministério da Administração Interna, como a PSP e a GNR e os serviços do Ministério da Educação, cuja missão é a de apoiar as escolas no esforço de vigilância e de segurança. Foi da maior importância o esforço de coordenação e de articulação dos diferentes agentes e instituições envolvidas, bem como a clarificação das respectivas missões. Igualmente importante foi a implicação de um perito externo – João Sebastião – na condução dos trabalhos do Observatório da Segurança Escolar.

Avaliação e resultados

Entre 2005 e 2008, divulgaram-se os dados estatísticos anuais relativos às ocorrências de indisciplina e violência nas escolas. Em mais de 90% das escolas não se registou qualquer ocorrência e assistiu-se, ao longo de todo o período, a uma redução consistente da violência em ambiente escolar.

Quadro 17.1 – Evolução do número de ocorrências registadas no Observatório da Segurança Escolar (2005-2008)

	2005-2006	2006-2007	2007-2008	Variação 2005-2008
Ocorrências	10.964	7.028	6.039	–45%

Fonte: GEPE, relatórios do Observatório da Segurança Escolar.

Em todas as escolas instalaram-se os sistemas de videovigilância, contribuindo para a melhoria das condições de segurança e de confiança no espaço da escola, por parte de professores, de encarregados de educação e de alunos.

Em muitas escolas existem muito boas práticas de controlo da indisciplina e dos comportamentos mais violentos, tanto nas regras que instituem como nos mecanismos de controlo do cumprimento de tais regras.

Desafios futuros

Os problemas da indisciplina e da violência requerem uma atenção permanente para que não comprometam a qualidade das relações pedagógicas, nem impeçam o desenvolvimento de um ambiente favorável ao estudo e à aprendizagem, valorizador do saber e do conhecimento. Sobre estes problemas, é necessário porém dispor de informação estatística agregada, bem como de um conhecimento em profundidade dos processos e dos factores explicativos das situações mais frequentes. Só com essa base se pode intervir de forma adequada, e se pode ganhar a confiança dos pais, dos alunos, dos professores e da opinião pública em geral, podendo contribuir para difundir uma imagem positiva da escola.

A presença de adultos, professores, técnicos, dirigentes, pessoal auxiliar e outros adultos no espaço da escola constitui a principal referência e a principal garantia de segurança para os alunos. Mas é igualmente imprescindível um quadro de regras claras e exigentes. As escolas não podem demitir-se de elaborar regulamentos, e de os fazer cumprir, incluindo neles regras sobre práticas e comportamentos que, não sendo em si próprias condenáveis, são muitas vezes geradoras de atitudes e comportamentos desestabilizadores. É o caso, por exemplo, da presença e do uso dos telemóveis nas salas de aula. Os regulamentos e conjuntos de outras regras – elaborados com autonomia, partilhados e compreendidos por toda a comunidade educativa – devem ser a base a partir da qual se preserva a escola como um espaço seguro, onde as boas regras da convivência social e de civilidade são simultaneamente aprendidas e exercidas. Essa é uma condição essencial à vida da escola.

O equilíbrio entre a necessidade de manter níveis elevados de exigência e de intransigência com os comportamentos de violência ou de indisciplina e a necessidade de resistir à tentação de empolamento, dramatização e mediatização é muito difícil de alcançar. Mas não é impossível, como prova o facto de a grande, grande maioria das nossas escolas se oferecer como um espaço seguro. Uma liderança pedagógica forte é essencial, tal como o trabalho de articulação com os pais e as instituições locais de proximidade. Existem no conjunto das nossas escolas muito boas práticas de liderança pedagógica segura, e muito bons exemplos de recuperação de situações difíceis, como é o caso do agrupamento de escolas do Monte da Caparica, dirigido por Inês de Castro, ou o caso da escola básica António Sérgio no Cacém, dirigida por Albertina Mateus, ou o caso da escola básica de Miragaia no Porto, dirigida por Eugénia Mota, entre muito e muitos outros casos.

Documentos de referência

Normativos

Despacho Conjunto n.º 25650/2006, de 19 Dezembro – Aprova o regulamento do Programa Escola Segura;

Despacho n.º 222/2007, de 5 de Janeiro – Cria a Equipa de Missão para a Segurança Escolar;

Decreto-Lei n.º 117/2009, de 18 de Maio – Cria o Gabinete Coordenador de Segurança Escolar como estrutura integrada no âmbito do Ministério da Educação, dotada de autonomia administrativa;

Portaria n.º 1018/2009, de 10 de Setembro – Regula o procedimento concursal de recrutamento dos chefes de equipa de zona e dos vigilantes da escola.

Outros documentos

ME e MAI (2007), Escola Segura – Ano Lectivo 2006/2007, ME e MAI;
ME e MAI (2008), Escola Segura – Relatório Anual – Ano Lectivo 2007/2008; ME e MAI;
Oliveira, Isabel (Coord.) (sem data), Cidadania e Segurança, DGIDC-ME.

III
EFICIÊNCIA

18. AULAS DE SUBSTITUIÇÃO

Há muito que se fazia sentir o problema da substituição de professores quando as suas ausências coincidiam com as aulas. A inexistência de mecanismos eficientes de gestão tinha efeitos negativos não só no cumprimento dos programas de ensino, mas também na ocupação plena dos alunos em actividade de trabalho e de estudo. A regulamentação da componente não lectiva do horário dos professores, estipulando um número de horas de trabalho na escola, permitiu criar nestas a obrigatoriedade de ocupação plena dos tempos escolares dos alunos. As escolas passaram assim a assegurar a substituição de professores ausentes, por qualquer motivo, e a garantir a ocupação dos alunos em todos os tempos escolares.

Análise do problema

Antecedentes e justificação

No Estatuto da Carreira Docente, em vigor desde 1990, previam-se três componentes no horário de trabalho dos professores: a componente lectiva, que podia variar entre as 12 e as 25 horas semanais, e a componente não lectiva, para trabalho individual e para trabalho na escola, que completaria um horário de 35 horas semanais. Todavia, a inexistência de orientações sobre o número de horas da componente não lectiva do horário que devia ser utilizada para o trabalho na escola levou a que, na prática, a componente não lectiva do horário fosse entendida como exclusiva para trabalho individual dos professores.

O desenvolvimento de actividades de coordenação de projectos, de departamentos e de outras estruturas das escolas, era assegurado através da redução das horas lectivas de professores afectos a essas actividades. A substituição de docentes ausentes por motivos de doença ou outros, apenas ocorria em casos excepcionais (uma vez que, na prática, se exigia o pagamento de horas extraordinárias). O impacto das faltas por doença, ou outros motivos, no cumprimento dos programas e no enquadramento e ocupação dos alunos, transformou-se num problema com crescente visibilidade particularmente sentido pelos encarregados de educação.

O problema já existia em 1993, era ministra da Educação Manuela Ferreira Leite. Foi então determinado, pelo secretário de Estado Manuel de Castro Almeida, que as escolas assegurassem as substituições de professores ausentes. A função foi entregue aos professores sem serviço lectivo distribuído, aos dos apoios educativos ou, ainda, àqueles que, estando incapazes para leccionar, pudessem desenvolver outras actividades na escola. A verdade é que este sistema revelar-se-ia insuficiente e apenas um pequeno número de escolas resolveu o problema da substituição de professores ausentes.

Em 2005, os níveis de absentismo docente ascendiam aos 10%, mas as escolas estavam desprovidas dos recursos (de tempo ou financeiros) para mitigar o impacto das ausências de professores no cumprimento dos programas e na ocupação pedagógica dos alunos. Uma das manifestações deste problema era a permanência dos alunos nos recreios da escola, sem vigilância, o que provocava enorme ruído ao longo de todo o dia. Os alunos sem aulas circulavam na escola, ou fora dela, sem qualquer ocupação útil, perdendo inúmeros tempos de estudo e de aprendizagem.

Assim, a medida "ocupação plena dos tempos escolares", mas vulgarizada como "aulas de substituição", visava, em primeiro lugar, criar as condições para que os tempos escolares dos alunos fossem tempos úteis do ponto de vista pedagógico. E que fossem aproveitados para efeitos de trabalho e estudo, devendo todas as aulas previstas ser efectivamente ministradas, independentemente das ausências e impedimentos dos professores.

Determinou-se que o recurso utilizado seria a componente não lectiva do horário de trabalho de cada professor, devendo esta ser fixada pelo dirigente da escola em função do número de alunos, de turmas, de disciplinas e de horas lectivas de cada professor. No mesmo sentido, clarificou-se que as horas de redução da componente lectiva, por desgaste na profissão, a partir dos 40 anos de idade e 10 anos de serviço (art. 79.º do ECD), que em 2005 abrangia mais de 55.000 professores e o total de mais de um milhão mensal de horas, passavam a dever ser consideradas horas de trabalho para a escola, devendo a direcção distribuir serviço e actividades compatíveis com a situação de cada docente.

Desenho e definição de políticas

Objectivo global

Garantir a ocupação e o acompanhamento educativo dos alunos durante o período de permanência no espaço escolar, mesmo na ausência do professor, através da definição e marcação das horas de trabalho na escola, respeitantes à componente não lectiva do horário de trabalho dos professores, criando condições para uma organização mais eficaz e uma utilização eficiente e racional dos recursos humanos existentes nas escolas.

Objectivos específicos

Eram os seguintes os objectivos específicos desta medida:

- Garantir aos alunos e às suas famílias a responsabilidade da escola e dos professores no acompanhamento das crianças e dos adolescentes durante a sua permanência no estabelecimento de ensino;
- Assegurar o cumprimento dos programas das disciplinas, mesmo quando os professores que as leccionam se apresentam em situação de ausência temporária;
- Constituir equipas pedagógicas que acompanhem os alunos ao longo do ciclo de ensino, e fomentar a articulação e a interacção pedagógica entre os diferentes actores envolvidos no processo de ensino e de aprendizagem;
- Reforçar o papel das escolas na identificação e execução da sua acção educativa, em consonância com o quadro de autonomia de que dispõem, e com o regime legal definidor das condições de trabalho do pessoal docente, cabendo à direcção da escola fixar o número de horas de trabalho da componente não lectiva que cada professor deve dedicar na sua escola.

Estratégia de intervenção

A estratégia de intervenção assentou em três princípios:

– Definição de orientações para os estabelecimentos escolares quanto à ocupação dos alunos do ensino básico durante o período de permanência no estabelecimento escolar;
– Regulamentação da componente não lectiva para trabalho na escola;
– Reforço da autonomia das escolas, conferindo-lhes as competências, nos domínios da distribuição do serviço docente, para organizar com flexibilidade as actividades de ocupação plena dos tempos escolares, tendo em vista o cumprimento dos objectivos.

Foi estabelecido um acordo com vários sindicatos e criado um grupo de trabalho, com representantes das organizações sindicais, para acompanhamento e divulgação de boas práticas.

Metodologia e actores

Actividades desenvolvidas

As actividades desenvolvidas assentaram, no essencial, na definição de orientações, como as que tornaram obrigatória, a partir do ano lectivo 2005/06, a ocupação plena dos tempos escolares dos alunos do 2.º e 3.º ciclos do ensino atribuindo às escolas as competências para a sua organização e planeamento. Simultaneamente, foi necessário desenvolver actividades de acompanhamento das escolas e de convencimento da importância e da exequibilidade da medida. Em Novembro de 2005, foi assinado um Protocolo de Acordo entre o Ministério da Educação e as organizações sindicais. Fica ainda constituído um grupo de trabalho com a dupla missão de acompanhar as práticas desenvolvidas pelas escolas no que respeita à organização e à distribuição do pessoal docente pela componente lectiva e não lectiva, e de apoiar a divulgação de boas práticas. No ano lectivo seguinte, a medida foi alargada, com sucesso, ao ensino secundário.

Actores

As direcções dos estabelecimentos escolares tiveram um importante papel na concretização desta medida. As escolas foram chamadas, pela primeira vez, a gerir com autonomia a componente não lectiva do horário dos professores, com um objectivo preciso. No espaço de dois anos lectivos, fizeram uma aprendizagem que permitiu que as actividades de substituição fossem incluídas na rotina das escolas.

Uma das principais reivindicações das organizações sindicais consistia em que o Ministério da Educação determinasse, centralmente, um número igual de horas de trabalho para todas as escolas e para todos os professores. Invocaram a incapacidade dos dirigentes das escolas para o fazerem de forma equilibrada e tendo em conta a especificidade da escola e a situação concreta dos seus professores. A defesa do respeito pelos princípios da diversidade e da autonomia das escolas permitiu também reforçar as lideranças e a capacidade de coordenação dos dirigentes das escolas.

Avaliação e resultados

Em todas as escolas funciona hoje um sistema que garante a ocupação plena dos tempos escolares e o acompanhamento dos alunos enquanto estão na escola. Melhorou, portanto, o exercício da custódia das crianças à responsabilidade da escola. Esta medida contribuiu para revelar, em cada escola, a dimensão do absentismo, que antes a maioria dos professores não conhecia, tendo permitido criar condições para uma maior responsabilização da escola e dos seus profissionais.

A primeira consequência da concretização deste instrumento foi, assim, a diminuição do absentismo de professores em mais de 40%, a par, também, da diminuição do absentismo de alunos. Ao mesmo tempo, foi essencial o reforço da importância, aos olhos dos alunos, dos tempos de trabalho e de estudo na escola. A partir do segundo ano de concretização desta medida, melhorou a aceitação generalizada dos professores, tendo as escolas encontrado mecanismos de organização mais flexíveis e adaptados à situação concreta de cada docente. Seguramente, o maior número de horas de aulas efectivas implicou o aumento da taxa de concretização dos objectivos associados ao cumprimento dos programas, bem como o aumento dos tempos de trabalho dos alunos.

No primeiro ano de concretização da medida, registou-se contestação por parte de professores e dos sindicatos. No caso dos professores, os motivos invocados estavam relacionados sobretudo com a rejeição da obrigação de substituir colegas, ou porque estes eram de outras disciplinas, ou porque não conheciam os alunos. A forma como a escola organizava as actividades, mas também a necessidade de aí permanecer mais tempo foi gerador de contestação. A partir do segundo ano, as aulas de substituição entraram na rotina, sobretudo porque as escolas adoptaram esquemas mais flexíveis, como permutas entre os professores, ajustando de forma diferente as duas componentes dos horários de professores.

A contestação sindical incidiu sobre a exigência de pagamento de horas extraordinárias. Foram levados a tribunal centenas de casos, com base na considerada ambiguidade do estatuto da carreira docente. Todavia, a grande maioria dos casos foi decidida de forma favorável ao Ministério da Educação. Foi no entanto necessário eliminar a ambiguidade existente no estatuto, procedendo à sua alteração. É todavia significativo que, no Memorando de Entendimento assinado em Abril de 2008 com todos os sindicatos de professores, estes tenham acabado por aceitar o princípio do dever de assegurar as aulas de substituição, tendo aí ficado estabelecido o número máximo de horas da componente não lectiva passível de ser usado para esse efeito.

Por parte dos alunos, sobretudo do secundário, a contestação exprimia-se em torno de duas questões: o facto de os alunos terem perdido "o direito aos furos" e a crítica à forma como em alguns casos as aulas ou as actividades de substituição eram organizadas e concretizadas. Todavia, passados cerca de cinco anos sobre esta medida, há novas gerações de alunos socializados apenas no "direito às aulas" previsto nos programas de ensino.

Desafios futuros

A medida da ocupação plena dos tempos escolares visa, simultaneamente, a melhoria da qualidade do serviço de educação prestado pelas escolas e da eficiência na gestão dos recursos públicos. Os desafios futuros nesta matéria serão os de continuar a aperfeiçoar estas duas dimensões: exigência de qualidade e exigência de eficiência.

Será possível, certamente, ir mais longe se forem reforçadas as competências de gestão de recursos humanos dos directores das escolas, designadamente na distribuição de serviço lectivo e não lectivo, bem como na avaliação e controlo da qualidade do serviço prestado. Quanto ao Ministério da Educação, existe um amplo espaço de trabalho no sentido de, mobilizando de forma eficaz o sistema de informação, afectar recursos humanos às escolas com maior rigor e exigência.

Documentos de referência

Normativos

Despacho n.º 17387/2005, de 12 de Agosto – Estabelece as regras e princípios orientadores a observar, em cada ano lectivo, na elaboração do horário semanal de trabalho do pessoal docente em exercício de funções no âmbito dos estabelecimentos de ensino.
Despacho n.º 25994/2005, de 16 de Dezembro – Constitui um grupo de trabalho com o objectivo de acompanhar as práticas desenvolvidas pelas escolas no que respeita à organização e distribuição do serviço docente;
Despacho n.º 13599/2006, de 28 de Junho – Consolida e aperfeiçoa a ideia contida no Despacho n.º 17387/2005, de 12 de Agosto. Estabelece as regras e princípios orientadores a observar, em cada ano lectivo, na elaboração do horário semanal de trabalho do pessoal docente em exercício de funções no âmbito dos estabelecimentos de ensino;
Despacho n.º 17860/2007, de 13 de Agosto – Altera o Despacho n.º 13599/2006, de 28 de Junho, no que concerne, essencialmente às modificações introduzidas no ECD. Estabelece regras e princípios orientadores que regem a organização do ano lectivo.

Outros documentos

Organização e Distribuição do Serviço Docente nas Escolas – Relatório Preliminar do Grupo de Trabalho, 25 de Janeiro de 2006;
Organização e Distribuição do Serviço Docente nas Escolas – Relatório Final do Grupo de Trabalho, criado pelo Despacho n.º 25994/2005, de 25 de Novembro, 12 de Junho de 2006;
Política Educativa e Organização do Ano-Lectivo de 2006/2007, ME, Maio de 2006;
Protocolos celebrados entre o Ministério da Educação e as organizações sindicais para as aulas de substituição, 2005.

19. AVALIAÇÃO EXTERNA DAS ESCOLAS

O quadro de autonomia e competências dos órgãos de gestão das escolas tem vindo a ser alargado. Um quadro mais largo de autonomia exige sempre mais responsabilização e prestação de contas, sendo essencial o desenvolvimento dos mecanismos de avaliação externa. Assim, foram tomadas medidas tendo em vista a concretização da avaliação externa das escolas, cujo regime estava aprovado desde Dezembro de 2002. Nos primeiros quatro anos de execução do programa, foram avaliadas cerca de 600 unidades orgânicas e estava em fase de preparação a avaliação de mais cerca de 300 escolas.

Análise do problema

Antecedentes

Desde o inicio da década de 90 do século transacto, múltiplas foram as actividades e os projectos desenvolvidos no âmbito da auto-avaliação e da avaliação externa de escolas. Iniciativas como a Avaliação do Funcionamento Global das Escolas (1993-1995), a Auditoria Pedagógica (1997), o Programa de Avaliação das Escolas Secundárias (1998-1999) ou o Programa de Avaliação Integrada das Escolas (1999-2000) que todavia não chegaram a generalizar-se. De todas estas iniciativas o Programa de Avaliação Integrada das Escolas, lançado por Maria José Rau, apresentava contudo um elevado nível de consolidação, tanto no desenvolvimento das metodologias e organização, como na sua difusão junto das escolas.

A Lei n.º 31/2002, de 20 de Dezembro, estabelece o sistema de avaliação da educação e do ensino não superior, e define as bases da auto-avaliação, de carácter obrigatório, a realizar em cada escola ou agrupamento de escolas, e da avaliação externa dos estabelecimentos de educação pré-escolar e dos ensinos básico e secundário, a realizar no âmbito do plano nacional ou por área educativa. Em 2005, apenas

em algumas escolas estavam em curso processos de auto-
-avaliação, seguindo procedimentos muito diversificados, quer do ponto de vista dos olhares e finalidades quer dos percursos metodológicos realizados. Estavam no entanto criadas condições suficientes para se iniciar um processo de avaliação externa das escolas.

Justificação

Dois traços se evidenciam neste percurso: a acumulação de experiências diversas em matéria de auto-avaliação e a falta de continuidade dessas mesmas experiências. A importância de desenvolver os processos de auto-avaliação e de avaliação externa das escolas, tendo em vista a melhoria da qualidade do ensino, é, porém, um tema recorrente nos debates públicos. A necessidade da avaliação decorre, por um lado, da percepção de que a diversidade de condições vividas pelas escolas e a heterogeneidade dos alunos exigem um modelo de gestão das escolas com mais autonomia e centrado em objectivos – e, portanto, associado a mecanismos de acompanhamento, de controlo e de avaliação. Por outro lado, ela decorre também dos processos de modernização administrativa e das exigências crescentes de acesso a conhecimento e a informação por parte dos beneficiários de serviços públicos.

Apesar da sua descontinuidade, a experiência anteriormente adquirida pelas escolas ajudou certamente a concretizar a intervenção em matéria de auto-avaliação e avaliação externa. Assim, partindo do quadro normativo aprovado em 2002, foi lançado um programa de concretização gradual de avaliação externa, com o objectivo de, em quatro anos, abranger todas as escolas.

Desenho e definição de políticas

Objectivo global

Generalizar os mecanismos de auto-avaliação e de avaliação externa das escolas, associando o processo de avaliação a três finalidades: prestação de contas e transparência na gestão de recursos públicos, consequências ao nível da afectação de recursos e da autonomia de gestão, identificação clara dos objectivos associados à melhoria da qualidade do serviço público de educação e dos resultados escolares dos alunos.

Objectivos específicos

Foram objectivos específicos:

- Instituir rotinas e mecanismos processuais para concretizar a auto-avaliação e a avaliação externa em todas as escolas, articulando a avaliação externa com a auto-avaliação;
- Envolver no processo de avaliação das escolas peritos externos ao sector educativo, recrutados localmente nas empresas, na administração pública, nas instituições científicas ou no ensino superior;
- Realizar as avaliações de forma faseada, arrancando com uma experiência piloto em cerca de 25 escolas e, posteriormente, proceder à avaliação externa de 300 estabelecimentos de ensino por ano, até atingir as 1.200 unidades de gestão;
- Celebrar contratos de desenvolvimento e autonomia com as escolas, na sequência da avaliação e dos resultados obtidos, em função de projectos específicos, orientados para melhorar os resultados escolares dos alunos e a qualidade do serviço prestado.

Metodologia e actores

Actividades desenvolvidas

O processo iniciou-se com a criação, em Janeiro de 2006, do Grupo de Trabalho de Avaliação das Escolas (GTAE), dirigido por Guedes de Oliveira. O grupo tinha por missão e objectivo propor um modelo de auto-avaliação e de avaliação externa das escolas, após o teste da sua aplicação num número limitado de escolas. Contemplou os seguintes passos:

- Definição dos referenciais para a auto-avaliação para a avaliação externa dos estabelecimentos de ensino; e produção de recomendações de apoio à celebração de contratos de autonomia;
- Aplicação dos referenciais de auto-avaliação e avaliação externa a um número restrito de estabelecimentos (entre 20 e 30), bem como a definição dos procedimentos, do calendário e das condições necessárias à generalização da auto-avaliação e da avaliação externa aos restantes estabelecimentos de ensino;

– Elaboração de recomendações para uma eventual revisão do quadro legal em vigor, tanto em matéria de avaliação, como da autonomia de escolas.

Em Dezembro de 2006, o GTAE entregou o relatório, contendo os resultados da avaliação externa a 24 escolas e apresentando um quadro de referência para a avaliação externa de todas as outras. O relatório foi objecto de apreciação na Comissão Parlamentar Educação, bem como de debate público no Conselho Nacional de Educação. No ano lectivo de 2006-2007, e com o intuito de dar continuidade ao processo de autonomia das escolas, o GTAE alargou o processo de avaliação externa a mais 100 estabelecimentos.

A terceira fase de avaliação externa das escolas, já sob responsabilidade da Inspecção-Geral da Educação (IGE), arrancou no início do ano lectivo de 2007-2008, num processo que envolveu 273 escolas. No ano lectivo de 2008-2009, 289 escolas foram alvo da avaliação externa e no ano lectivo de 2009-2010, serão alvo da avaliação externa mais 300 escolas. Realizaram-se vários encontros, organizados pela IGE, reunindo peritos externos e escolas, para a divulgação da metodologia, dos resultados e dos casos de boas práticas.

Actores

A avaliação externa das escolas é hoje uma actividade de rotina da IGE, que para o efeito recruta, fora do sistema educativo, peritos externos que a apoiam nessa missão. Fundamental no arranque de todo o processo foi o envolvimento de Guedes de Oliveira. A sua longa experiência e elevada competência técnica na avaliação de projectos e de instituições do sistema científico e de inovação permitiu transferir e adaptar ao sistema educativo as metodologias e as exigências de uma avaliação com consequências. Foi certamente importante para o cumprimento da missão que lhes foi confiada, a diversidade de experiências e de competências dos membros do grupo – constituído ainda por Carmo Clímaco, José Maria Azevedo, Maria Antónia Carravilha, José Fernando Oliveira e Cláudia Sarrico, e apoiados por Ana Paula Gravito.

Avaliação e resultados

No âmbito do Programa Nacional de Avaliação das Escolas Básicas e Secundárias avaliaram-se até final de 2009, 686 unidades de gestão do Continente, correspondendo a 57,4% do total de estabelecimentos (1.196). O alargamento da avaliação externa a todo o sistema de ensino completar-se-á no ano lectivo de 2010-2011, a partir do qual as escolas passam a ser avaliadas de quatro em quatro anos, abrangendo anualmente cerca de 290 unidades de gestão.

Os resultados da avaliação externa das escolas têm sido divulgados publicamente, permitindo dá-los a conhecer, local e nacionalmente, mas também permitindo a intervenção dos serviços do Ministério da Educação, sempre que se justifica a correcção urgente de anomalias ou situações críticas.

Desafios futuros

A consolidação dos procedimentos de auto-avaliação e avaliação externa é um desafio que requer uma permanente capacidade de reflexão e de melhoria das metodologias e dos procedimentos, de forma a evitar-se o risco da cristalização e da burocratização de todo o processo associado às rotinas.

É também um desafio, com a consolidação, manter a abertura e a participação qualificada e maioritária de peritos externos, muitas vezes contra argumentos e razões certamente racionais. As nossas escolas têm sido organizações muito fechadas sobre si próprias, tendendo a naturalizar práticas, rotinas e situações, que certamente o "espanto" de quem vem de fora, de quem é exterior, ajudará a avaliar essas mesmas situações de outro modo ou, pelo menos, ajudará os envolvidos a questionarem-nas.

Um enorme desafio futuro é também manter uma avaliação externa que diferencie, que distinga, que permeie, que identifique os problemas e as disfunções. Os processos de objectivação da avaliação, das escolas ou de outro tipo de instituições, mostram-se por vezes tão difíceis que ocorre uma tendência para a rotina tornar neutral a avaliação, indistintas as classificações e mitigadas as apreciações. Urge contrariar essa tendência, de modo a garantir que, com base na avaliação, é possível o reconhecimento do mérito, premiando-se as melhores práticas e apoiando as escolas nos seus processos de desenvolvimento. Urge, ainda garantir que o Ministério da Educação pode, a partir da avaliação, ter uma intervenção positiva, diferenciada e centrada no objectivo da melhoria da qualidade do ensino em todas as escolas.

Documentos de referência

Normativos

Despacho Conjunto n.º 370/2006, de 3 de Maio – Constitui um grupo de trabalho com o objectivo de estudar e propor os modelos de autoavaliação e de avaliação externa das escolas;
Despacho n.º 4341/2007, de 9 de Março – Designa os peritos para integrarem as equipas de avaliação, a constituir no âmbito da Inspecção-Geral de Educação, para o ano 2007.

Outros documentos

Oliveira, Pedro Guedes, et. al. (2006), Relatório Final da Actividade do Grupo de Trabalho para Avaliação das Escolas, ME;
Azevedo, José Maria; Ventura, Alexandra (Coord.), Avaliação Externa das Escolas – Relatório Nacional 2006-2007, IGE-ME;
Apresentação do Relatório: Organização do Ano Lectivo 2007/2008 – Relatório Nacional, IGE-ME, Março de 2008;
Apresentação do relatório: Organização do Ano Lectivo 2008/2009 – Relatório Nacional, IGE-ME, Março de 2009;
IGE-ME (sem data), Organização do Ano Lectivo – Relatório Nacional 2007/2008, IGE-ME;
IGE-ME (2009), Organização do Ano Lectivo – Relatório Nacional 2008/2009, IGE-ME;
Quadro de Referência para a Avaliação de Escolas e Agrupamentos.

20. GESTÃO EFICIENTE E PARTICIPADA

Com o objectivo de tornar a gestão das escolas mais democrática e eficiente, foi promovida uma alteração ao regime de gestão e administração escolar.

As escolas, para o cumprimento cabal da sua missão – proporcionar a todos os alunos, sem excepção, oportunidades de aprendizagem e percursos escolares até aos 18 anos –, precisam hoje de mais autonomia e de instrumentos de gestão que lhes permitam lidar com a diversidade. Por outro lado, exige-se também que as escolas se constituam cada vez mais como espaços privilegiados de aprendizagem da cidadania e da vida democrática.

A alteração promovida concretizou-se na criação de conselhos gerais em todas as escolas, com representação de professores e de pessoal não docente, de pais, de alunos adultos, de autarquias e de outros agentes locais, com competências para a definição da orientação estratégica da escola e de escolha do director. Foram também reforçadas as lideranças e criados mecanismos de responsabilização dos directores das escolas perante a comunidade educativa. Assim, os directores das escolas passaram a ter mais autonomia na escolha e nomeação dos coordenadores e chefias intermédias de gestão, bem como na organização pedagógica interna da escola.

Análise do problema

Antecedentes e justificação

A autonomia das escolas, na definição de soluções diferenciadas adequadas às necessidades e características dos contextos em que se inserem e dos alunos que integram, é entendida hoje como um instrumento necessário à melhoria da eficiência e da qualidade do serviço público de educação. Nos últimos 30 anos, as escolas evoluíram de meros estabelecimentos de ensino, iguais de norte a sul do país, para organizações cada vez mais complexas, usufruindo de autonomia pedagógica, organizacional e financeira. Tem sido progressivamente alargada a sua missão que é hoje a de ensinar todas as crianças e jovens, por um período cada vez mais longo e com crescentes e diversificadas actividades pedagógicas. Os estabelecimentos de ensino transformaram-se em instituições com elevado grau de complexidade técnica e organizacional, onde predomina cada vez mais o trabalho de profissionais com elevadas qualificações a quem se exige autonomia no exercício da profissão e na resolução de problemas emergentes, mas também capacidade de auto-organização e auto-regulação. A integração de todos os estabelecimentos de ensino em Agrupamentos de Escolas, em 2003 promovida por David Justino, enquanto ministro da Educação – e a concentração em grandes unidades orgânicas vieram tornar mais evidente esta complexidade.

O Decreto-Lei 192/91 e, mais tarde, o Decreto-Lei n.º 115 A/99, de 4 de Maio, consagraram um regime mais alargado de autonomia, administração e gestão dos estabelecimentos de ensino. Neste último diploma – tributário dos trabalhos de João Barroso – consagrou-se a possibilidade de celebração de contratos entre as escolas e o Ministério da Educação, através dos quais se poderiam reforçar ainda mais as competências próprias de gestão pedagógica e de recursos. Ao abrigo deste quadro normativo foi celebrado em 2004, um contrato de autonomia, assinado pela então ministra da Educação Maria do Carmo Seabra, conferindo à Escola da Ponte, maior autonomia pedagógica para organização dos grupos turma e distribuição do serviço docente, bem como na selecção e recrutamento de professores.

A hipótese de extensão e até de generalização destes contratos a outras escolas era no entanto uma impossibilidade decorrente do facto de vigorarem no nosso sistema educativo vários instrumentos de gestão centralizada incompatíveis e conflituantes com a necessidade ou a vontade política de progredir no processo de autonomia das escolas e de liberalização da gestão. De facto, e referindo apenas dois exemplos, o regime do concurso nacional de recrutamento e colocação de professores e o Estatuto da Carreira Docente (ECD), sendo instrumentos de gestão centralizada do sistema, impedem a possibilidade de atribuir às escolas, de forma generalizada, competências para a contratação de professores e de gestão dos tempos de trabalho de forma flexível. Reclamar mais autonomia para as escolas e, ao mesmo tempo, continuar a defender ou aceitar os concursos nacionais e o ECD, que são pilares da gestão centralizada do sistema educativo, significa reclamar autonomia apenas para a gestão de aspectos secundários da actividade escolar, tal não produzirá qualquer diferença.

A percepção da necessidade de uma mudança no regime de gestão das escolas, que permitisse consagrar mais autonomia de gestão administrativa e pedagógica, compaginada com responsabilização e prestação de contas pelos resultados, tinha já levado o XV Governo a propor à Assembleia da República alterações a este regime que, todavia, não chegaram a ser promulgadas.

O tema da autonomia das escolas colocou-se com particular acuidade no momento em que se discutia e se preparava a decisão de alargamento da escolarização obrigatória até aos 18 anos. A consequência era o aumento da diversidade social dos alunos no interior da escola e, tendencialmente, o aumento das dificuldades associadas à gestão dessa crescente heterogeneidade. Para efectivamente poder responder à diversidade de alunos, de situações e de problemas, a escola necessita de diversidade de instrumentos de gestão, de soluções formativas e de meios técnicos e de agentes. A gestão da diversidade exige mais autonomia e responsabilização e constitui também um imperativo para uma maior abertura da escola pública à participação e acompanhamento por parte de parceiros exteriores e de proximidade, começando pelas famílias dos alunos.

Desenho e definição de políticas

Objectivo global

A instituição de um modelo de governação participada nas escolas susceptível de conferir real capacidade de acção na definição do projecto e na gestão dos seus recursos, fornecendo novos instrumentos de gestão que permitissem a emergência e consolidação de lideranças fortes, essenciais à melhoria da prestação do serviço público de educação.

Objectivos específicos

Os objectivos específicos associados à solução encontrada visavam, em primeiro lugar, a promoção da abertura da escola à comunidade em que se insere, designadamente criando condições para uma efectiva participação dos pais, dos estudantes adultos, das autarquias e de outros agentes locais de proximidade na orientação estratégica da escola e no acompanhamento das suas actividades. Em segundo lugar, visava-se a evolução do sistema de gestão para um modelo de efectiva responsabilização pelos recursos utilizados e pelos resultados obtidos na prestação do serviço público, articulando o modelo de gestão com o processo de avaliação externa das escolas. Finalmente, pretendia-se criar um quadro legal mais flexível para os problemas decorrentes da complexidade técnica e da especialização de funções de apoio ao ensino, bem como para a organização interna e o funcionamento das escolas.

Concretamente, o objectivo da alteração do modelo de gestão das escolas era o de criar um órgão colegial, integrando representantes de toda a comunidade educativa, com funções de orientação estratégica e competência para escolher o director. Pretendia-se o reforço da direcção da escola, que passaria a ter os poderes de direcção pedagógica e de nomeação dos órgãos intermédios de coordenação.

Estratégia de intervenção

A estratégia de intervenção baseou-se numa proposta de alteração do modelo de gestão das escolas assente na experiência concreta de níveis mais aprofundados de autonomia ou de exercício de novas competências e tendo em conta os bloqueios identificados por parte dos dirigentes das escolas. Após a análise e a avaliação externa de 24 escolas com as quais foram celebrados contratos de autonomia e de desenvolvimento, o modelo de gestão foi alterado. As mudanças não foram, contudo, introduzidas sem primeiro criar e auscultar o Conselho das Escolas, órgão de consulta do Ministério da Educação constituído por directores de escolas.

Metodologia e actores

Actividades desenvolvidas

Foram desenvolvidas as seguintes actividades:

- A partir de Outubro de 2006, por despacho, as direcções regionais de educação delegaram uma série de competências nos conselhos executivos, após a identificação de responsabilidades próprias passíveis de serem exercidas pelas escolas. Contribuíram, assim, de facto, para desburocratizar a gestão e reforçar a autonomia dos estabelecimentos escolares. São exemplo do esforço de descentralização e de desburocratização os despachos que, na área dos recursos humanos, atribuíram às escolas uma série de novas competências. Foi o caso da possibilidade de homologar contratos de prestação de serviço docente e celebrar contratos de trabalho destinados ao pessoal não-docente, bem como a possibilidade de autorizar a nomeação e a transferência de professores. E ainda, a competência na exoneração e na rescisão de contratos de pessoal docente e não-docente, na concessão de licenças sem vencimento até 90 dias para professores, na autorização de prestação de serviço extraordinário e na mobilidade do pessoal não-docente entre estabelecimentos de ensino do mesmo agrupamento. Na área pedagógica, também foram descentralizadas certas competências. As escolas passaram a poder autorizar o adiamento da primeira matrícula no 1.º ciclo ou a antecipação do ingresso neste nível de ensino – de acordo com o grau de desenvolvimento evidenciado pelos alunos –, bem como a autorizar a integração de alunos em turmas em que o professor é seu familiar. Passaram também a autorizar a deslocação ao estrangeiro de alunos envolvidos em actividades de intercâmbio escolar e a decidir acerca da concessão dos apoios no âmbito da Acção Social Escolar;
- Criação, em Março de 2007, do Grupo de Trabalho do Projecto de Desenvolvimento da Autonomia das Escolas (GTPDAE) para a elaboração de recomendações relativas ao processo de transferência de competências e à celebração dos contratos de desenvolvimento e autonomia;

– Assinatura de contratos de desenvolvimento e autonomia, no ano lectivo de 2006/2007, entre o Ministério da Educação e 24 agrupamentos e escolas, após participação voluntária no processo de avaliação externa. Os contratos assinados resultaram de propostas, apresentadas pelas próprias escolas para o desenvolvimento de projectos com autonomia, nos quais estavam fixados os objectivos a atingir, bem como os recursos e os procedimentos a utilizar para cumprir as metas estipuladas;
– Constituição da Comissão de Acompanhamento Local para cada contrato de desenvolvimento e autonomia, e de um grupo de trabalho dirigido por João Formosinho, envolvendo outros académicos e dirigentes do Ministério da Educação, para acompanhamento e avaliação das condições de execução dos contratos de autonomia. No final de 2009, esse grupo de trabalho apresentou formalmente o seu relatório, bem como um conjunto de recomendações dirigidas às escolas e aos serviços do Ministério da Educação;
– Consulta pública do projecto de diploma, que continha os princípios da contratualização da autonomia, da possibilidade de transferência de competências e da avaliação externa como condição prévia à sua concretização. Foram recebidos contributos dos sindicatos e das associações profissionais, do Conselho das Escolas, do Conselho Nacional de Educação, de peritos, de alunos e de pais e encarregados de educação;
– Aprovação do diploma e aplicação do novo modelo de gestão em todas as escolas ao longo do primeiro semestre de 2009. As mudanças mais significativas, a curto prazo, foram a criação nas escolas de um órgão colegial de direcção estratégica, designado por Conselho Geral e do cargo de director;
– O Conselho Geral é constituído por representantes do pessoal docente e do pessoal não-docente, dos pais e encarregados de educação e, também, dos alunos (no caso dos adultos e estudantes do ensino secundário). Passaram a integrar, ainda, os representantes das autarquias e das comunidades locais nomeadamente, os representantes de instituições, organizações económicas, sociais, culturais e científicas. O director, cargo que passou a existir em cada escola, passou a ser autoridade para desenvolver o projecto educativo da escola e executar local-

mente as medidas de política educativa, a gestão administrativa, financeira e pedagógica, assumindo, para o efeito, a presidência do conselho pedagógico. O director é seleccionado através de um procedimento concursal, com critérios transparentes, pelo conjunto dos membros do Conselho Geral. Para conferir mais eficácia, mas também maior responsabilidade ao director, é-lhe atribuído o poder de designar os responsáveis dos departamentos curriculares, bem como outras estruturas de coordenação e de supervisão pedagógica.

Actores

No processo de alteração do modelo de gestão foi tido em conta o trabalho realizado com os directores das 24 escolas com as quais se celebraram contratos de autonomia, uma vez que tornou possível identificar os principais bloqueios ao nível da gestão. O Conselho de Escolas teve um papel decisivo, tendo mantido na agenda da política educativa a questão da gestão e da autonomia das escolas e a possibilidade da participação dos directores no desenho de medidas de política educativa.

Por sua vez, o grupo de trabalho que acompanhou o processo de celebração dos contratos de autonomia, identificou diferentes problemas e apresentou recomendações que puderam ser consideradas.

Avaliação e resultados

Os resultados das alterações ao modelo de gestão das escolas sentir-se-ão, sobretudo, num horizonte de médio prazo. Contudo, não pode deixar de ser significativa a assinatura dos primeiros 24 contratos de desenvolvimento e autonomia, celebrados na sequência do processo de avaliação externa, contendo referência explícita a recursos e a objectivos de melhoria dos resultados escolares.

O processo de aplicação do novo modelo de gestão, concretizado nos primeiros seis meses do ano de 2009, permitiu que, num espaço de tempo muito curto, mais de 15.000 pessoas, entre as quais pais, estudantes adultos, autarcas, técnicos, peritos de instituições científicas e dirigentes de empresas passassem a integrar os conselhos gerais das cerca de 1.200 unidades orgânicas. Dessa forma, participaram no processo de definição de orientações estratégicas para as escolas, na elaboração de regulamentos internos e na escolha dos novos directores, envolvendo-se activamente na construção de uma escola mais aberta e democrática.

Os efeitos gerados pelas novas condições – que conferem aos directores margem de manobra para tomar decisões e determinar a organização das actividades pedagógicas da escola, designadamente o poder de nomeação dos coordenadores de nível intermédio – deverão observar-se, durante a avaliação externa, no cumprimento dos objectivos inscritos no projecto de escola.

Desafios futuros

A questão da autonomia das escolas, bem como o seu acompanhamento e monitorização através do desenvolvimento de procedimentos de avaliação externa e de auto-avaliação, é um processo em contínua evolução. Autonomia, no quadro das políticas públicas, não é, nem pode ser uma finalidade em sim mesma. Não significa – nem pode significar – privatização, independência ou auto-gestão corporativa baseada em "práticas emancipatórias", como alguns defendem. A autonomia deve ser vista como um meio para melhorar a qualidade e a eficiência do serviço público de educação, sendo também um instrumento para responder às expectativas sociais, crescentes e legítimas, por parte de comunidades educativas alargadas, de uma participação mais qualificada na vida das escolas. Com o novo regime de gestão e de administração, as escolas não passam, naturalmente, a ser propriedade da comunidade local. Elas continuarão a ser uma instituição pública destinada ao cumprimento de uma missão de serviço público, para a qual recebem orientações e recursos, estando obrigadas a critérios de transparência e de rigor na sua utilização. O processo que alarga a autonomia é mais exigente relativamente aos órgãos de gestão das escolas e deve ser conduzido a par com o desenvolvimento de hábitos de prestação de contas, de apresentação de resultados e de uma orientação para os objectivos da organização. Ao mesmo tempo, também exige mais do Ministério da Educação, em particular no que respeita ao desenvolvimento dos instrumentos de avaliação, ao acompanhamento e controlo, bem como ao aperfeiçoamento dos instrumentos de orientação pedagógica, curricular e organizacional.

Os riscos maiores associados aos processos de descentralização e de reforço do papel dos agentes locais, sejam escolas ou autarquias, colocam-se no campo das desigualdades escolares, decorrentes da desigualdade de recursos sociais e económicos e outras condições locais. Mas há ainda, também, o risco da captura dos recursos da escola por parte de grupos de interesses, desviando-a do cumprimento da sua missão. Por estas razões é que se torna tão importante instituir mecanismos de observação e intervenção que permitam evitar e corrigir eventuais situações críticas, e se considera que os processos de autonomia e descentralização alterarão a natureza das responsabilidades e da intervenção do Ministério da Educação.

Será necessário, por fim, equacionar no futuro a relação entre os diferentes instrumentos de regulação e gestão do sistema educativo. A prevalência que ainda têm alguns instrumentos da gestão centralizada, herdados do passado – como é o caso do concurso de professores – está em contradição com as transformações em curso na arquitectura do sistema. O concurso nacional de professores é e será um verdadeiro obstáculo a qualquer tentativa de aprofundamento da autonomia das escolas ou de desenvolvimento de instrumentos mais modernos de gestão descentralizada.

Documentos de referência

Normativos

Portaria n.º 1260/2007, de 26 de Setembro – Estabelece os requisitos para a celebração dos contratos de autonomia entre as escolas e as respectivas direcções regionais de educação;

Decreto-Lei n.º 75/2008, de 22 de Abril – Estabelece o novo regime de autonomia, administração e gestão das escolas;

Portaria n.º 604/2008, de 9 de Julho – Define as regras a observar no procedimento concursal prévio à eleição do director, nos termos do Decreto-Lei n.º 75/2008, de 22 de Abril;

Decreto Regulamentar n.º 1-B/2009, de 5 de Janeiro – Fixa o suplemento remuneratório a atribuir pelo exercício de cargos de direcção em escolas ou agrupamentos de escolas, prevendo também a atribuição de um prémio de desempenho pelo exercício de cargos ou funções de director, subdirector e adjunto de agrupamento de escolas ou escola não agrupada;

Despacho n.º 9744/2009, de 8 de Abril – Define as reduções da componente lectiva para os cargos de direcção e de coordenação;

Despacho n.º 9745/2009, de 8 de Abril – Fixa o número de adjuntos do director para os agrupamentos e as escolas;

Despacho n.º 16551/2009, de 21 de Julho – Fixação dos critérios a observar na constituição e dotação das assessorias técnico-pedagógicas para apoio à actividade do cargo de director dos estabelecimentos públicos de educação pré-escolar e dos ensinos básico e Secundário;

Outros documentos

Listagem das escolas e agrupamentos de escolas abrangidas por contratos de autonomia;

21. DISCIPLINA NA ESCOLARIDADE OBRIGATÓRIA

O Estatuto do Aluno estabelece os direitos e os deveres dos alunos. O conjunto das alterações promovidas ao documento de 2002 visou reforçar a autoridade dos órgãos de gestão de escolas e de professores na tomada de medidas disciplinares de carácter educativo, desburocratizando os procedimentos associados à gestão da indisciplina e responsabilizando os pais e encarregados de educação pela assiduidade dos seus educandos. Com as alterações introduzidas, o Estatuto do Aluno ficou mais pequeno e mais simples, alargou e reforçou o poder de decisão das escolas e dos professores e diminuiu os prazos dos procedimentos, responsabilizando os pais e salvaguardando e garantindo os direitos dos alunos. Passou a ser possível às escolas resolver situações processuais em menos de 15 dias – quando antes os prazos exigiam, pelo menos, 52 dias úteis. E abriu-se a possibilidade de as escolas e os professores exercerem a sua autoridade com autonomia na avaliação da gravidade das situações e na decisão do enquadramento das medidas correctivas, disciplinares ou sancionatórias.

Análise do problema

Antecedentes e justificação

O Estatuto do Aluno dos estabelecimentos públicos dos ensinos básico e secundário estava regulado por Decreto-Lei desde 1998. Em 2002, passa a ter força de lei com a aprovação, pela Assembleia da República, da Lei n.º 30/2002. Ficam consagrados os princípios gerais e organizativos do sistema educativo, nomeadamente: a assiduidade, a integração dos alunos na comunidade educativa e na escola, o cumprimento da escolaridade obrigatória, a formação cívica do aluno, o sucesso escolar e educativo e a efectiva aquisição de saberes e competências.

Contudo, algumas críticas apontavam para uma excessiva influência do código de procedimento administrativo, em particular no âmbito do regulamento disciplinar e penal aplicado às escolas, tendo vindo o seu uso a revelar-se excessivamente burocrático. Considerava-se que o papel dos professores em particular, mas o dos adultos em geral, não era suficientemente valorizado, nem se contemplava a necessidade de uma actuação célere em situações de alteração do ambiente de trabalho nas escolas, o que não contribuía de forma eficaz para o desenvolvimento de uma cultura de responsabilização de alunos, pais e encarregados de educação. Por outro lado, considerava-se também que o quadro legal existente não permitia prevenir ou combater eficazmente problemas como, por exemplo, a falta de assiduidade dos alunos.

Desenho e definição de políticas

Objectivo global

Melhorar as condições de funcionamento das escolas, de ensino e de aprendizagem através de um instrumento que simultaneamente permitisse reforçar a responsabilidade dos diferentes membros da comunidade educativa na prevenção e resolução de problemas comportamentais, designadamente o absentismo.

Objectivos específicos

Promover alterações ao Estatuto do Aluno no sentido do reforço da autoridade dos órgãos de gestão da escola e dos professores na tomada de medidas disciplinares de carácter educativo. Por um lado, pretendeu-se desburocratizar procedimentos associados à gestão da indisciplina e, por outro, promover a implicação e responsabilização de pais e encarregados de educação na assiduidade dos seus educandos. No que respeita aos alunos, procurou-se reforçar a sua participação efectiva na escolaridade obrigatória e o desenvolvimento de competências de cidadania activa, através da assumpção das regras de convivência e de resolução de conflitos.

Estratégia de intervenção

A proposta de alteração do Estatuto do Aluno, aprovada em Conselho de Ministros e enviada à Assembleia da República, estabelecia cinco princípios orientadores:

- Reforço das condições do exercício da autoridade dos órgãos de gestão das escolas e dos professores na tomada de medidas disciplinares. A proposta referia a necessidade da distinção clara entre medidas *correctivas*, de cariz dissuasor, preventivo e pedagógico, e medidas *sancionatórias*, e da simplificação e agilização dos processos disciplinares;
- Reforço da autonomia e da especificidade das escolas, valorizando o regulamento interno de cada escola como o principal instrumento orientador dos *deveres e direitos* dos alunos, e atribuindo às escolas competências adicionais de avaliação e de decisão dos casos concretos;
- Aumento da responsabilização e do envolvimento dos pais e dos encarregados de educação no controlo da assiduidade dos seus educandos, por um lado, e dos próprios alunos, por outro, através da instituição de provas de recuperação e de trabalho adicional em actividades de integração escolar, a aplicar na sequência de um elevado número de faltas. O objectivo consistia em diagnosticar necessidades de apoio específico e desenvolver medidas de apoio ao estudo e à recuperação de défices de aprendizagem;
- Adequação do Estatuto do Aluno ao princípio da obrigatoriedade de frequência da escola, excluindo a expulsão e a retenção das medidas sancionatórias.

Metodologia e actores

Actividades desenvolvidas

- Aprovação em Conselho de Ministros da proposta de alteração à Lei n.º 30/ 2002;
- Debate público da proposta e audição dos parceiros;
- Aprovação da versão final, pela Assembleia da República, em Janeiro de 2008;

– Adaptação dos regulamentos internos das escolas ao novo Estatuto do Aluno.

Avaliação e resultados

Com as alterações introduzidas, o Estatuto do Aluno ficou mais pequeno e mais simples, alargou e reforçou o poder de decisão de escolas e de professores e diminuiu os prazos dos procedimentos, responsabilizando os pais e salvaguardando e garantindo os direitos dos alunos. Passou a ser possível às escolas resolver situações processuais em menos de 15 dias – quando antes os prazos exigiam, pelo menos, 52 dias úteis. E abriu-se a possibilidade das escolas e os professores exercerem a sua autoridade com autonomia na avaliação da gravidade das situações e na decisão do enquadramento das medidas correctivas, disciplinares e sancionatórias.

O Estatuto do Aluno gerou controvérsia no debate político e contestação na sua aplicação, sobretudo no campo do regime de faltas instituído e nas medidas correctivas da falta de assiduidade nele previstas. Apesar do apoio por parte das associações de pais – que acolheram positivamente a substituição das "reprovações por faltas" pela exigência de realização de provas e de actividades escolares adicionais –, os alunos contestaram a aplicação destas "penalizações", principalmente quando as faltas eram motivadas por doença. No caso das escolas, houve igualmente críticas ao trabalho que tais "provas e actividades adicionais" implicavam para os professores, tendo sido apontada a sua ineficácia nos casos extremos de alunos com comportamentos repetidamente absentistas.

Todavia, um inquérito conduzido pelos serviços do Ministério da Educação sobre a aplicação do Estatuto do Aluno, realizado em 1.126 escolas (cerca de 94% do total), permitiu concluir que, no primeiro período do ano lectivo 2008/2009, em comparação com o mesmo período do ano lectivo anterior, o número de faltas justificadas e injustificadas dos alunos do 3.º ciclo desceu 22,5%. Pode concluir-se que, apesar de o número de faltas dadas pelos alunos ser, em média, ainda excessivo, a aplicação do novo Estatuto resultou já numa redução significativa.

Desafios futuros

O Estatuto do Aluno, estabelecendo direitos e deveres, é um instrumento para as escolas enfrentarem e resolverem os problemas de indisciplina impeditivos do cumprimento da sua missão.

Periódica e regularmente surge o apelo para que se altere o Estatuto do Aluno e se reforce a autoridade de professores. Estes momentos têm estado quase sempre associados ao surgimento de casos de indisciplina ou violência que, depois de mediatizados, são empolados e dramatizados de tal forma que se dissemina a ideia da sua generalização em todas as escolas e da inabitabilidade dos espaços escolares. Todavia, todos os dados e informações disponíveis, todo o conhecimento empírico baseado em comparações internacionais aponta para duas conclusões. Primeira: a grande esmagadora maioria das nossas escolas são espaços seguros, estando os casos reportados oficialmente concentrados num número reduzido de escolas. Segunda: os estabelecimentos de ensino com maior número de casos de indisciplina sofrem, em regra, o efeito conjugado de um contexto social e económico adverso e de um défice de liderança traduzido na incapacidade para estabelecer e fazer cumprir as regras.

Sem prejuízo de se aceitar e defender que todos os instrumentos de gestão do sistema educativo devem ser periodicamente revistos e adaptados às necessidades de escolas e de professores, incluindo o Estatuto do Aluno, é muito importante ter presente e afirmar que para a maioria dos problemas relacionados com a incivilidade e a indisciplina por parte dos alunos não é aí que as soluções se encontram. Pensar o contrário é o mesmo que pensar que o problema dos acidentes de viação se resolve apenas com o Código da Estrada. O Estatuto do Aluno, tal como o Código da Estrada, é apenas um instrumento, muito importante, mas não se deve concentrar a atenção exclusivamente aí, nem pretender que todos os problemas se resolvem nessa sede. Essa orientação será impeditiva de mobilizar outros meios e de encontrar soluções mais eficazes para apoiar as escolas com mais problemas.

Os comportamentos de incivilidade, indisciplina e desrespeito pelos professores, pelos adultos ou mesmo por outros alunos, bem como a falta de assiduidade dos alunos, são problemas que ocorrem nas escolas, não em todas, não com todos os alunos, mas com uma frequência que não podemos nem queremos aceitar. É necessário referir que estes problemas são muitas vezes o revelador de uma questão mais complexa que radica na desmotivação para aprender e na desvalorização genérica do saber e do conhecimento, por parte de um número significativo de alunos. A escola é vista e valorizada, por estes alunos, não como um espaço de trabalho, estudo, responsabilidade e exigência, mas apenas como um espaço de socialização e de relacionamento com os colegas. Esta questão, não sendo nova, tem hoje uma expressão mais visível, e por vezes um grande impacto em alguns estabelecimentos escolares, pelo simples facto de todas as crianças e todos os jovens estarem obrigatoriamente integrados no espaço da escola que tem actualmente a difícil missão de ensinar todos, mesmo os que não querem aprender, mesmo os que não podem ou têm particulares dificuldades.

Para que a escola possa cumprir cabalmente a missão que socialmente hoje lhe está atribuída é necessário enfrentar este problema, discuti-lo, analisá-lo, compreendê-lo e encontrar soluções. Soluções, no plural, porque se exigirão sempre várias medidas, envolvendo não apenas as escolas e os professores. O Estatuto do Aluno e outros instrumentos de intervenção disponíveis nas escolas devem ser encarados justamente como instrumentais, como meios para que a escola possa cumprir a sua missão de educar todos. Os instrumentos, qualquer que seja a sua natureza, têm que ser coerentes com esta missão, com os objectivos e as finalidades da escola.

São cinco os desafios futuros.

Primeiro: compreender melhor e mais profundamente a relação entre os comportamentos absentistas e de indisciplina e a motivação para aprender e para valorizar o saber e o conhecimento.

Segundo: instituir nas escolas regras, rotinas e rituais de diferenciação dos espaços, das funções e das competências, que valorizem (também simbolicamente) o saber, o estudo, a cordialidade, o civismo e o respeito pelos outros. Desta forma pode impedir-se a degradação das relações sociais e a prevalência, por contaminação, da indiferenciação e da desvalorização daqueles princípios fundadores da escola de hoje.

Terceiro: no quadro destas regras, devem ser dadas aos adultos, designadamente aos professores, garantias de apoio e de protecção no exercício da sua autoridade pela direcção da escola, evitando que os professores enfrentem e resolvam sozinhos as situações mais difíceis.

Quarto: resistir à "tentação" de desistir dos alunos que, pelo seu comportamento e desmotivação para aprender, se tornam mais difíceis, abandonando-os à sua sorte. A desistência sob a forma da "expulsão" ou da "retenção", é a via mais fácil, e não permite à escola cumprir a sua missão. Todavia, é preciso ter consciência de que esta orientação - não desistir de nenhum aluno - exigirá sempre mais trabalho por parte de professores e de outros técnicos, que por vezes não podem contar com o apoio das famílias e dos encarregados de educação. Estes problemas que, seguramente, aumentarão com o alargamento da escolaridade obrigatória exigem uma atenção e acompanhamento permanentes.

Quinto: continuar a preservar a escola como espaço de vivência e de aprendizagem da democracia, onde o poder não é exercido de forma arbitrária. Os alunos são indivíduos portadores de direitos fundamentais, que a escola protege, mas também têm deveres e responsabilidades, que aumentam com a idade, e sobre os quais devem aprender a responder com autonomia e dignidade.

Documentos de referência

Normativos

Lei n.º 3/2008, de 3 de Janeiro – Altera pela primeira vez a Lei n.º 30/2002, de 20 de Dezembro, que aprova o Estatuto do Aluno dos Ensinos Básico e Secundário;
Despacho n.º 30265/2008, de 24 de Novembro – Clarifica os termos de aplicação do Estatuto do Aluno.

Outros documentos

Resultados do Inquérito sobre a Aplicação do Estatuto do Aluno, Ministério da Educação, ME, Março de 2009.

22. MAIS COMPETÊNCIAS PARA AS AUTARQUIAS

O Ministério da Educação partilha responsabilidades com as autarquias desde meados dos anos 1980, nas matérias relativas ao 1.º ciclo. O trabalho desenvolvido em colaboração com as autarquias, a partir de 2005, para a reorganização da rede do 1.º ciclo, para a construção dos centros escolares e para a instituição da escola a tempo inteiro permitiu alargar, qualificar e valorizar a intervenção das autarquias nas matérias de Educação. A experiência de colaboração permitiu testar as vantagens da política de proximidade, das políticas sociais locais. Assim, foi promovida uma alteração do enquadramento legal que estabelece as competências das autarquias nas matérias da política educativa, alargando-se as suas competências a todo o ensino básico e prevendo-se a celebração de contratos de execução.

Análise do problema

Antecedentes

Desde 1984, depois da consagração em lei da transferência para os municípios de um conjunto de competências ao nível da educação pré-escolar e do 1.º ciclo do ensino básico (Decretos-lei n.º 77/84 e 299/84), que o Ministério da Educação partilha responsabilidades com as autarquias locais em matéria de Educação nesse nível de ensino. A Lei n.º 159, de 1999, veio reforçar esta situação, atribuindo às autarquias a responsabilidade pelas seguintes áreas: construção, apetrechamento e manutenção dos estabelecimentos escolares do primeiro ciclo do ensino básico e da educação pré-escolar; fornecimento de refeições, transportes escolares, acção social escolar, actividades de complemento curricular e de apoio à família; gestão do pessoal não docente.

No entanto, e apesar das intenções políticas, muitas destas competências não eram efectivamente exercidas, nomeadamente pela

254 A ESCOLA PÚBLICA PODE FAZER A DIFERENÇA

percepção generalizada, por parte das autarquias, da insuficiência das contrapartidas financeiras necessárias a um exercício pleno das suas responsabilidades. Esta situação contribuiu para a existência, por um lado, de grandes disparidades na qualidade do serviço educativo prestado; e por outro, de diferentes interpretações sobre as competências das câmaras municipais e sobre a forma de exercício dessas competências. As dúvidas colocavam-nas tanto as autarquias como os próprios serviços regionais e centrais do Ministério da Educação.

Assim, em 2005, e relativamente às matérias cujas competências tinham começado a ser transferidas cerca de 20 anos antes, a situação era caracterizada por:

- Fortes assimetrias concelhias na rede escolar do 1.º ciclo do ensino básico e da educação pré-escolar, com escolas isoladas, degradadas e com poucos alunos, ou com estabelecimentos em regime de desdobramento nos centros urbanos, e com pouca ou nenhuma articulação com as escolas dos restantes níveis de ensino;
- Num total de cerca de 300 concelhos, apenas 24 tinham as cartas educativas concluídas e 20% dos municípios não tinham ainda constituído Conselho Municipal de Educação;
- Disparidades nos critérios e regras da acção social escolar: apenas 30% dos alunos do 1.º ciclo do ensino básico tinham acesso a refeição escolar; em alguns concelhos, os manuais eram distribuídos a todos os alunos e noutros isso não se verificava;
- Inexistência de actividades de enriquecimento curricular, previstas na lei desde 2001. Nos raros casos em que ocorriam, estas actividades eram "encaixadas" nas cinco horas de currículo diário do 1.º ciclo, com claro prejuízo das actividades curriculares como a Matemática ou a Língua Portuguesa;
- Apenas 40% dos estabelecimentos públicos de educação pré-escolar ofereciam a componente de apoio à família; os restantes encerravam entre as 15h00 e as 15h30;
- Indefinição ao nível da contratação de pessoal não docente para os jardins-de-infância e para os estabelecimentos do 1.º ciclo, levando à coexistência, nas mesmas escolas, de pessoal contratado pelo Ministério da Educação e de pessoal

contratado pelas autarquias, com as decorrentes dificuldades na sua gestão quotidiana.

Os processos de transferência de competências do Ministério da Educação para as câmaras municipais haviam sido, no passado, marcados por hesitações e dificuldades, por um modelo de financiamento pouco eficaz e pela ausência de mecanismos de acompanhamento, controlo e avaliação do cumprimento do serviço público prestado pelas autarquias. A ausência destes mecanismos permitiu a emergência de casos, como o da cidade de Lisboa, em que, por inacção de vários executivos, o serviço público de educação, ao nível do 1.º ciclo, ficou reduzido a 50% das necessidades das famílias, e ao nível do pré-escolar a 12%. O que restava da rede de escolas públicas encontrava-se em tal estado de degradação, que exigia uma intervenção profunda em 80% das escolas. Para inverter esta situação, serão necessários muito tempo e muitos recursos, como se pode confirmar pelo programa de requalificação e alargamento da rede de escolas que o actual executivo já iniciou

Porém, se é verdade que a partilha de responsabilidades de gestão, envolvendo as autarquias, o Ministério da Educação e os órgãos de gestão dos agrupamentos, gerou vazios de acção e dinâmicas de desresponsabilização com efeitos negativos sobre as escolas e o sistema educativo, também é verdade que, com o mesmo quadro legal, emergiram muitos bons exemplos de trabalho das câmaras com as escolas, não apenas do 1.º ciclo, mas também com as básicas e as secundárias, ultrapassando muito o quadro estrito das suas responsabilidades.

Justificação

O debate sobre a descentralização de competências da administração central para a administração local é recorrente e incide sobre vários sectores das políticas sociais. No caso da Educação, se, por um lado, se considera que o poder de proximidade pode ser mais eficiente na gestão e afectação dos recursos públicos e também mais facilmente escrutinado e avaliado pelos cidadãos, por outro lado, invoca-se regularmente a incerteza e a desconfiança por parte dos agentes, impedindo que os processos possam ser conduzidos até ao fim para retirar deles todas as lições e consequências.

A experiência das autarquias na área da Educação leva mais de 20 anos e permitiu a emergência de inúmeros casos de boas práticas na gestão da rede de escolas ou dos recursos humanos, fruto do protagonismo e da iniciativa de alguns presidentes de câmara. De facto, em algumas autarquias de pequena dimensão procedera-se ao encerramento das escolas isoladas e à concentração dos alunos do 1.º ciclo em centros escolares mais modernos. Organizavam-se já actividades de enriquecimento curricular (como Inglês e Natação no quadro das actividades lectivas), utilizavam-se fundos comunitários para obras de requalificação e apetrechavam-se escolas com computadores e outros equipamentos. Também na organização da oferta de pré-escolar ao nível concelhio se identificavam diversos casos de boas práticas e de excelente serviço prestado à Educação. A experiência dos últimos 20 anos não terá sido globalmente positiva, como revela o estado a que chegou a generalidade das escolas do 1.º ciclo, mas permitiu perceber que é possível fazer melhor e que nem tudo o que correu mal é da responsabilidade das autarquias.

A avaliação das experiências mais recentes de partilha de responsabilidades entre o Ministério da Educação e as câmaras municipais, desenvolvidas a partir de 2005 – como a generalização do ensino do Inglês, o alargamento do horário de funcionamento das escolas do 1.º ciclo e a oferta de actividades de enriquecimento curricular e de refeições escolares, bem como o processo de encerramento de escolas e lançamento do programa de construção de centros escolares –, permitiu comprovar a existência de espaço e disponibilidade para uma participação mais qualificada das autarquias nas matérias da Educação.

Por outro lado, a recente integração, desde 2003, das escolas do 1.º ciclo em agrupamentos verticais de escolas e o próprio alargamento das competências e reforço da autonomia das escolas começava a gerar equívocos na partilha de responsabilidades entre os serviços do Ministério da Educação, as direcções das escolas e os municípios que, tendo em conta o novo quadro da rede escolar, necessitavam de ser clarificados.

Considerando que as autarquias têm não apenas legitimidade mas também condições para exercer com eficiência políticas sociais de proximidade, justificava-se, tanto do ponto de vista dos municípios como do ponto de vista das escolas e do Ministério da Educação, prosseguir o processo mais global de transferência de competências.

Desenho e definição de políticas

Objectivo global

Prestar um melhor serviço público de educação e obter ganhos de eficiência e qualidade, promovendo uma gestão de proximidade e de partilha de responsabilidades entre o Ministério da Educação e as autarquias, através de uma participação mais qualificada neste campo decisivo para o futuro do país.

Objectivos específicos

O objectivo específico definido foi o de alargar as competências das autarquias nas áreas da afectação de recursos físicos e financeiros às escolas. Estender as competências da manutenção dos recursos físicos (edifícios), a afectação de recursos humanos (pessoal auxiliar, administrativo e técnico), e da Acção Social Escolar (refeitórios e infra-estruturas de apoio) a todo o ensino básico e não exclusivamente ao 1.º ciclo. Em concreto, tratava-se de transferir a titularidade de propriedade e a responsabilidade pela manutenção e conservação de cerca de 900 edifícios escolares dos 2.º e 3.º ciclos, a transferência e integração de cerca de 45.000 funcionários e a gestão dos refeitórios, incluindo o equipamento, e os contratos de exploração.

Estratégia de intervenção

Após negociação com a Associação Nacional de Municípios Portugueses (ANMP), foi elaborado um novo diploma legal com a definição das novas competências das câmaras em matéria de educação, exigindo-se, para a efectiva transferência, a celebração de contratos de execução entre o Ministério da Educação e cada uma das autarquias. Esta metodologia justificava-se pelo facto de a capacidade de resposta das autarquias ser muito diferente Isto é, existem concelhos com uma única escola básica e outros onde existem dezenas, revelando as autarquias diferenças tanto na organização dos serviços de educação como na disponibilidade para a assunção de mais competências. A metodologia dos contratos de execução permitiu dar passos seguros, transferindo-se competências apenas para as autarquias que se consideraram com plenas condições para assumirem as responsabilidades inerentes ao processo. Respeitava-se assim a diversidade de situações e de capacidade de organização e de resposta. Foi ainda necessário assegurar as atribuições próprias das escolas, reforçando as suas competências, bem como a autonomia dos órgãos de gestão dos agrupamentos de escolas nas áreas de gestão administrativa e pedagógica.

Metodologia e actores

Actividades desenvolvidas

Foram desenvolvidas as seguintes actividades:

- Estabelecimento de uma parceria estratégica, a partir de 2005, entre o Ministério da Educação e as autarquias e que teve como resultado mudanças profundas nas condições de ensino e aprendizagem no 1.º ciclo do ensino básico;
- Definição do regime financeiro dos municípios, através da Lei das Finanças Locais, aprovada em 2007, e criação de regras que asseguraram o adequado financiamento de novas atribuições e competências. A mesma lei prevê a criação de um Fundo Social Municipal que constituiu uma transferência financeira do orçamento de Estado consignada ao financiamento de despesas associadas às funções sociais, nomeadamente nas áreas da Educação, Saúde e Acção Social;
- Definição de uma fórmula que permitiu estabelecer a rácio de pessoal não docente em função de vários critérios, nomeadamente a tipologia de escola;
- Aprovação do Decreto-Lei 144/2008, de 28 de Julho;
- Celebração de 150 contratos de execução;
- Criação do Observatório das Políticas Locais de Educação em parceria entre o Ministério da Educação, o Gabinete do secretário de Estado Adjunto e da Administração Local, a Associação Nacional de Municípios Portugueses e várias universidades e centros de investigação, com o objectivo de monitorizar o processo de transferência de competências e de aprofundar o conhecimento teórico sobre as políticas educativas locais.

Actores

A concretização do processo de transferência de competências e a celebração de contratos de execução foi possível após prolongados processos de identificação do património e dos recursos a transferir e da negociação sobre as condições da transferência, entre os serviços regionais do Ministério da Educação e os presidentes de Câmara. Foram também decisivas as reuniões de trabalho envolvendo a ANMP, a Secretaria de Estado da Administração Local e o Gabinete de Gestão Financeira do Ministério da Educação, que contaram sempre com a presença dos membros do Governo expressando confiança e vontade política para ultrapassar as dificuldades. O acordo obtido com a Federação dos Sindicatos da Administração Local foi indispensável para a transferência do pessoal não docente para os quadros das autarquias. Paulo Trigo Pereira e Jorge Martins trabalharam na proposta, e mais tarde na coordenação do Observatório das Políticas Locais de Educação.

Avaliação e resultados

Foram celebrados contratos de execução de transferência de competências com cerca de 150 câmaras municipais, ao abrigo dos quais foi transferido pessoal não docente, propriedade e responsabilidade pela manutenção e conservação das escolas básicas de 2.º e 3.º ciclos, bem como os recursos financeiros para as despesas correspondentes.

Foi criado, por protocolo com a ANMP e com algumas universidades, um observatório para o acompanhamento e monitorização destes protocolos, bem como de todo o processo de transferência de competências. As actividades a desenvolver no âmbito desta estrutura de acompanhamento deviam possibilitar a disponibilidade regular de informação estatística e de outros elementos que permitissem avaliar e continuar a dar passos seguros neste processo.

Desafios futuros

Há muito que se construiu uma retórica sobre a descentralização de competências da administração central, ora afirmando as suas vantagens para os cidadãos, ora reivindicando maior capacidade dos poderes locais. Na hora da verdade, porém, tem muitas vezes faltado vontade política, disponibilidade e até capacidade para aceitar os desafios da descentralização, invocando-se desconfianças, medos e incertezas. Mais de 20 anos depois das primeiras tentativas, é possível concluir que existe em Portugal pouca experiência e insuficiente conhecimento sobre a municipalização de políticas sociais, apesar de alguns trabalhos académicos sobre o tema. É, por isso, muito importante que este processo de transferência de competências em matéria de educação seja acompanhado e monitorizado, para que as experiências se possam consolidar e se produza conhecimento e informação pertinente.

O processo de transferência de competências deve ser visto como um longo percurso que, tendo por objectivo a melhoria da qualidade e da eficiência do serviço público de educação, está por natureza sempre inacabado e sujeito a constantes aperfeiçoamentos. Não dispensa, por isso, a criação de mecanismos de controlo e de reversibilidade das transferências de competências e de recursos, no caso de se verificarem quebras de padrões de qualidade que comprometam o direito de crianças e jovens a uma educação universal e de qualidade.

Uma vez que este processo foi acompanhado de um outro de descentralização de competências do Ministério da Educação para as escolas, há hoje um quadro de maior complexidade nos papéis e funções atribuídas a cada um destes agentes na concretização das políticas educativas: serviços do Ministério da Educação, direcção da escola e autarquias. Se é importante prosseguir o caminho de transferência de mais competências do Ministério da Educação para as autarquias – no domínio da afectação de recursos às escolas – é igualmente importante continuar a reforçar a autonomia das escolas em matéria de organização pedagógica e de gestão de recursos, para que estas possam mais eficazmente responder à diversidade de uma escola para todos. No que respeita aos diferentes serviços centrais e regionais do Ministério da Educação, o desafio é sobretudo a melhoria das condições de exercício das funções gerais de regulação, avaliação, inspecção e controlo da qualidade do sistema educativo e do cumprimento dos objectivos (estando entretanto prevista uma intervenção preventiva, sempre que se verificar quebra de contrato na prestação do serviço público de educação).

Documentos de referência

Normativos

Lei n.º 2/2007, de 15 de Janeiro – Estabelece o regime financeiro dos municípios e freguesias;
Decreto-Lei n.º 144/2008, de 2 de Abril – Desenvolve o quadro de transferência de competências para os municípios em matéria de educação.
Portaria n.º 1049-A/2008, de 16 de Setembro – Define os critérios e a respectiva fórmula de cálculo para a determinação da dotação máxima de referência do pessoal não docente, por agrupamento de escolas ou escola não agrupada.

Outros documentos

Memorando de Entendimento entre o Ministério da Educação, a Secretaria de Estado da Administração Local e a Frente de Sindicatos da União Geral de Trabalhadores relativo à transferência de competências para os municípios em matéria de gestão do pessoal não docente das escolas básicas e da educação pré-escolar;
Memorando de Entendimento entre o Ministério da Educação, a Secretaria de Estado da Administração Local e o Sindicato dos Quadros Técnicos do Estado relativo à transferência de competências para os municípios em matéria de gestão do pessoal não docente das escolas básicas e da educação pré-escolar;
Lista de Municípios que assinaram protocolos de transferência de competências em matéria de educação;
Observatório das Políticas Locais de Educação (*Site*).

23. CARREIRA DOCENTE COM AVALIAÇÃO

Em 2005, tinham passado mais de 15 anos de aplicação do Estatuto da Carreira Docente aprovado em 1990, verificando-se que, na prática, não vigorava qualquer exigência para a progressão na carreira: mesmo os professores que não davam aulas há mais de 20 anos progrediam e chegavam ao topo. Ao longo da carreira não se exigia qualquer prova pública, qualquer comprovativo das competências e da qualidade dos desempenhos, como também não vigorava qualquer mecanismo de selecção à entrada na profissão. Não estava regulamentada a componente do horário de professores destinada às actividades não lectivas nas escolas, pelo que estas, em regra, apenas podiam contar com a boa vontade de alguns professores. Foi, por isso, promovida a alteração do Estatuto da Carreira Docente com as seguintes orientações: 1) valorização da profissão, designadamente com o aumento dos índices remuneratórios à entrada na carreira; 2) estruturação vertical da carreira e correspondente diferenciação funcional; 3) exigência de prestação de provas públicas à entrada na profissão e na transição para a categoria mais elevada; 4) obrigatoriedade da avaliação de desempenho como instrumento de gestão de recursos humanos, no quadro de gestão das escolas; e 5) regulamentação dos tempos de trabalho na escola em funções não lectivas.

Análise do problema

Antecedentes

O Estatuto da Carreira Docente (ECD) que estava em vigor em 2005 foi aprovado em 1990. Ao longo desse período foi por sete vezes alvo de alterações e ajustamentos, mantendo, entretanto, alguns aspectos ainda por regulamentar. Quinze anos depois, tinham já ocorrido todos os efeitos da sua aplicação verificando-se que o estatuto produziu, certamente, impactos positivos, mas também impactos negativos ou "efeitos não esperados": tanto na estruturação interna e no desenvolvimento do grupo profissional, como na organização do trabalho docente e no funcionamento das escolas, como, ainda, na gestão dos recursos públicos do sistema educativo.

Dos aspectos positivos, identificam-se a actualização dos níveis de qualificação e profissionalização de professores. E, também, a valorização social e económica da profissão, com a criação de condições de estabilidade, de remuneração e de desenvolvimento profissional que tornaram a carreira atractiva para muitos jovens diplomados – ao contrário do ocorrido neste período em muitos países como, por exemplo, no Reino Unido. Este processo gerou um quadro de condições de trabalho que, permitindo conciliar de forma equilibrada a vida familiar com a vida profissional, tornou a carreira docente do ensino não superior particularmente atractiva para muitas mulheres diplomadas.

Alguns dos impactos negativos relacionam-se com o facto de a valorização social e económica da profissão não ter sido acompanhada de igual valorização e exigência no exercício da profissão e na progressão na carreira. De facto, tanto a experiência profissional (traduzida no tempo de serviço), como a avaliação de desempenho, previstas no ECD, acabaram, na prática, por sofrer uma completa desvalorização. Quanto à experiência profissional, o calendário contava da mesma forma para os professores que davam aulas e acumulavam experiência, como para os professores que não faziam qualquer trabalho na escola. No campo da avaliação, o estatuto transformou-se num acto administrativo sem conteúdo nem qualquer consequência. Todos os professores progrediam e chegavam ao topo da carreira – mesmo que não dessem aulas, não estivessem na escola e entregassem ou não os relatórios de auto-avaliação. Na versão inicial do ECD previa-se uma prova pública para acesso aos escalões de topo da carreira, mas as dificuldades da sua concretização e a pressão dos sindicatos de professores levaram à sua eliminação no ano lectivo de 1995/96, sem que fosse substituída por qualquer outra exigência. Estavam também previstos mecanismos de indução e de exigência à entrada da carreira que nunca chegaram a ter qualquer aplicação, vigorando apenas os critérios da lista graduada em torno da qual se organizava o recrutamento e colocação de professores: nota de final de curso e tempo de serviço.

Um outro aspecto crítico da aplicação do ECD consistia na indiferenciação funcional, associada à redução da componente lectiva por compensação do desgaste na profissão (nos 2.º e 3.º ciclos do básico e no secundário) e à ausência de orientações na componente do horário de professores destinada a trabalho na escola. Ou seja, a partir dos 40 anos de idade e 10 de serviço, o horário da componente lectiva era progressivamente reduzido das 20 ou 22 horas semanais, para as 12 ou 14 horas, podendo chegar a quatro horas se o professor tivesse um horário nocturno e acumulasse outras reduções de horário. As horas de redução integravam a componente de trabalho individual do horário do professor o que, num caso extremo, podia traduzir-se em quatro horas de trabalho lectivo na escola, destinando-se as restantes 31 horas exclusivamente a trabalho individual. Isto é: quanto mais experientes eram os professores, mais elevada era a sua remuneração, menor o número de alunos e de aulas que lhe eram atribuídos, e maior era o 4.º de horas que beneficiavam para preparação de aulas.

Esta situação teve como principal efeito agregado o afastamento da escola de professores mais velhos, mais experientes e com mais elevadas remunerações – e a correspondente sobrecarga de professores mais jovens com o trabalho lectivo e o desempenho das funções de coordenação (a despeito de serem os menos experientes e auferirem as remunerações mais baixas). Em termos concretos, em 2005, cerca de 55.000 professores beneficiava de redução da componente lectiva por desgaste na profissão (artigo 79.º do ECD). O total destas horas era de 1,240 milhões horas/mês, que revertiam inteiramente para trabalho individual dos professores. As escolas, mesmo assegurando o pagamento de cerca de 30 milhões de euros por mês por estes novos e necessitando deles para tarefas de coordenação ou de apoio aos alunos, ficavam sem a possibilidade de beneficiar deste tempo de trabalho. Por outro lado, as reduções por desgaste implicavam sempre novas contratações de jovens diplomados o que se traduzia em custos adicionais.

266   A ESCOLA PÚBLICA PODE FAZER A DIFERENÇA

Quadro 23.1. – Número de horas de redução por desgaste na profissão, custos directos e com novas contratações (2006-2009)

	2006 (Jun)	2007 (Nov)	2008 (Nov)	2009 (Nov)
N.º de horas (art.º 79) semanais	282.490	265.958	250.663	219.771
Despesa directa mensal (€)	33.410.672	30.888.261	29.684.898	26.541.762
N.º de professores	55.908	53.707	51.156	46.934
Novas contratações mensais (€)	16.611.405	15.800.087	15.204.218	13.717.042
Índice 100	856	865	883	909

Fonte: MISI, relatórios mensais.

Os jovens professores contratados devem assegurar não apenas o serviço lectivo que resulta das reduções por desgaste na profissão (art. 79.º), bem como assegurar o trabalho de coordenação e outras funções nas escolas, necessitando, também eles, de reduções de horas no horário lectivo.

Em 2005, apenas cerca de 900 professores (2.º, 3.º ciclo e secundário) tinham um horário lectivo de 20 ou 22 horas lectivas semanais. A situação dos professores mais jovens, fossem contratados ou estivessem em inicio de carreira, era a inversa dos professores com 15 ou mais anos de serviço: situação remuneratória muito desvalorizada, integrando-se entre as mais baixas do conjunto dos países do espaço da OCDE, com sobrecarga de responsabilidades e com os horários e as turmas mais difíceis.

Do ponto de vista da gestão dos recursos públicos, o Estatuto da Carreira Docente enquanto instrumento de gestão do sistema de ensino, provocou uma gestão ineficiente e desequilibrada dos recursos humanos e financeiros no sector da Educação. O orçamento de funcionamento no sector da Educação, que em 2005 atingiu 5.980 milhões de euros, aumentava 3% ao ano, sem que esse acréscimo correspondesse em aumentos visíveis de qualidade do serviço de educação. Assim, entre 1995 e 2005, apesar da diminuição em 21% do número de alunos no ensino básico e no secundário (de 1.640.000 para 1.300.000), o número de professores aumentou em 10% (de 135.000 para 149.000), o número de alunos por professor diminuiu de 11,9 para 8,7, a despesa no sector da educação duplicou (de 3.000 milhões de euros para 6.000 milhões de euros) e a despesa por aluno aumentou em 57% – sem tradução mínima numa melhoria da qualidade do serviço educativo prestado ou numa melhoria do acompanhamento dos alunos e dos seus resultados. Nos relatórios internacionais de avaliação dos sistemas educativos, Portugal apresentava-se com bons indicadores de investimento ao nível dos recursos humanos (*input*) e maus indicadores de resultados (*output*).

Figura 23.1. – Evolução do número de alunos e de docentes em Portugal (1997-2008)

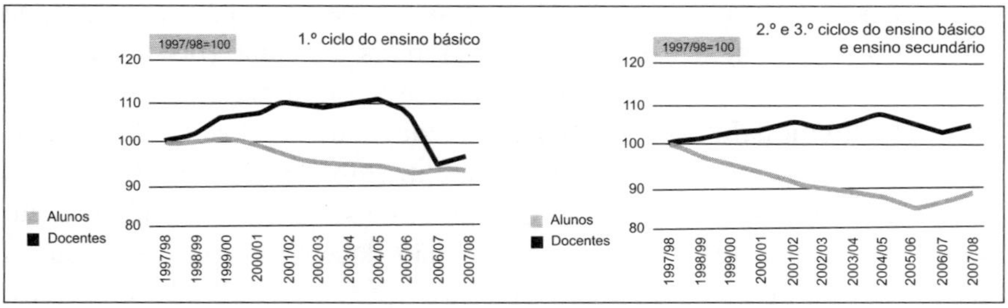

Fonte: GEPE, Educação em Números, 2009.

Em 2005, as perspectivas apontavam para o agravamento desta situação, não se vislumbrando a possibilidade de o país poder vir a dispor de meios financeiros necessários para outros investimentos que permitissem, designadamente, melhorar a qualidade dos edifícios escolares e dos equipamentos técnicos, contratar especialistas e outros técnicos, como psicólogos ou assistentes sociais, para apoiar o trabalho dos professores.

Justificação

O diagnóstico que permitiu caracterizar e identificar as alterações a introduzir no Estatuto da Carreira Docente foi elaborado e apresentado por João Freire, em Dezembro de 2005, tendo sido posteriormente analisado e debatido em diferentes fóruns nos quais participaram peritos de diferentes quadrantes.

Foram os seguintes os princípios seguidos:

– Manutenção dos mecanismos de valorização da profissão, designadamente a criação de um novo escalão no topo da carreira e o aumento dos índices remuneratórios à entrada da profissão;

268 A ESCOLA PÚBLICA PODE FAZER A DIFERENÇA

- Estruturação vertical da carreira docente, com a criação de duas categorias (professor e professor titular) e a correspondente diferenciação funcional. Isto é, a posições mais elevadas na carreira (professor titular) passaria a corresponder não apenas uma remuneração mais elevada, mas também a atribuição de mais responsabilidades no exercício da profissão e em funções de coordenação nas escolas;
- Exigência de prestação de provas públicas à entrada da profissão (provas escritas de ingresso e período probatório) e na transição ou acesso à categoria mais elevada (provas e concurso de acesso à categoria de professor titular);
- Institucionalização da obrigatoriedade da avaliação de desempenho de professores como instrumento de gestão de recursos humanos, no quadro de gestão das escolas, à semelhança do que já acontecia com o pessoal não docente e com os restantes sectores da administração pública que, desde 2004, aplicavam o Sistema Integrado de Avaliação de Desempenho na Administração Pública (SIADAP);
- Regulamentação da componente não lectiva do horário de trabalho destinada ao desenvolvimento de actividades na escola.

As soluções encontradas para a estruturação vertical da carreira docente, bem como para a avaliação de desempenho, foram as mais controversas e objecto de maior contestação tanto por parte de sindicatos e como de professores. Importa referir que estes dois princípios colidem frontalmente com a forma como se desenvolveu a carreira docente e o grupo profissional, nos últimos 30 anos. Neste período, o trabalho das organizações sindicais assentou na construção de um grupo profissional homogéneo, no interior do qual a única diferença aceitável era a da remuneração. Todas as outras distinções, verticais ou horizontais, antes existentes ao nível dos ciclos de ensino, das áreas disciplinares e de outras, foram progressivamente eliminadas, dando lugar a um quadro de regras valorizador da indiferenciação e da ausência de competição. Uma parte do poder dos sindicatos de professores radica justamente na indiferenciação e na construção de um grupo profissional homogéneo, em que eventuais necessidades de distinção e de reconhecimento profissional, por parte de alguns professores, canalizam-se para fora do espaço da escola e do sistema educativo. Essas necessidades são projectadas muitas vezes no espaço do ensino superior, da formação de professores ou das carreiras individuais baseadas na autoria de livros, manuais ou outros trabalhos individuais.

Existem, portanto, motivos que ajudam a explicar a rejeição e a oposição ao novo Estatuto da Carreira Docente cujos princípios se opõem diametralmente à visão que os sindicatos e que os professores manifestam da profissão. São duas perspectivas antagónicas e muito dificilmente conciliáveis: homogeneização *versus* diferenciação.

Do ponto de vista do interesse de professores e de sindicatos, em sentido estrito, a adesão ao modelo igualitarista da indiferenciação apresentava mais vantagens. De facto, todos os professores sem excepção beneficiavam com a situação – sobretudo aqueles que não davam aulas ou que tinham más práticas profissionais –, uma vez que não existiam mecanismos de classificação ou de seriação que obrigassem a fazer escolhas. Já num sistema assente na estruturação vertical e de diferenciação horizontal, baseada na classificação em termos relativos, apenas beneficiariam aqueles que cumprissem determinadas regras de maior exigência e que apresentassem um desempenho mais eficaz.

O que o tempo de aplicação do Estatuto da Carreira Docente, entre 1990 e 2005, provou foi que a indiferenciação não gerou estímulos para a melhoria da qualidade ou para a ambição de fazer melhor. Bem pelo contrário: nivelou por baixo na exigência e por cima nas condições remuneratórias e de carreira.

Este é o ponto crítico nesta discussão: na perspectiva da defesa do serviço público de educação e da melhoria da qualidade e da eficiência do sistema e da sua sustentabilidade – isto é, da defesa do interesse público – impõe-se a introdução de mecanismos mais exigentes de diferenciação, mesmo que de controlo interno. A comparação internacional da organização das carreiras de professores permite concluir que, praticamente, não existe paralelo com a situação criada para os professores no nosso país. Como não existe paralelo com outros grupos profissionais, como os médicos ou os enfermeiros, onde se reconhecem os princípios da estruturação vertical e da diferenciação interna como essenciais ao desenvolvimento profissional.

Desenho e definição de políticas

Objectivo global

O objectivo global que orientou as alterações introduzidas no Estatuto da Carreira Docente foi transformá-lo num instrumento de regulação mais equilibrado – do ponto de vista dos direitos e dos deveres – e mais eficiente, tendo em vista, simultaneamente a melhoria da qualidade do serviço público de educação e a gestão mais rigorosa dos recursos públicos afectos ao sector. Mantiveram-se ou melhoraram-se as condições de trabalho e o quadro dos direitos de professores, e introduziram-se alterações no quadro dos deveres e das obrigações, designadamente, as exigências de avaliação do trabalho realizado, de facto, e a atribuição de maior responsabilidade aos professores com mais experiência e com estatuto remuneratório mais elevado.

Objectivos específicos

Os objectivos específicos associados à orientação global relacionam-se sobretudo com a necessidade de uma evolução progressiva do Estatuto da Carreira Docente. Enquanto instrumento de regulação da relação de trabalho entre professores e o Ministério da Educação, enquanto entidade empregadora. Ele é incompatível com as expectativas de maior autonomia por parte das escolas e desadequado ao aprofundamento das tendências de descentralização do sistema educativo. Assim, na concretização das alterações empreendidas, procurou-se evoluir para um instrumento de gestão mais descentralizado. E que a sua aplicação resultasse num reforço de poder das direcções das escolas, atendendo a que são elas que medeiam as relações de trabalho entre os professores e o Ministério da Educação e exercem efectivamente grande parte das competências da entidade empregadora. Neste sentido, foram ainda considerados os seguintes objectivos específicos:

- Fazer reverter para as escolas o tempo de trabalho de professores mais experientes, criando condições para um exercício profissional diferenciado e estruturado verticalmente, ao nível das funções de enquadramento, coordenação, supervisão e avaliação;

- Rever o ECD, nomeadamente no que respeita ao ingresso e desenvolvimento da carreira e instituir a avaliação do desempenho como condição básica da progressão e do desenvolvimento profissional;
- Criar um regime próprio de Avaliação de Desempenho Docente (ADD), mais exigente e adequado à especificidade das funções docentes, com efeitos no desenvolvimento da carreira. O objectivo é permitir a diferenciação e o reconhecimento pelo mérito, com consequências directas, quer ao nível da carreira quer da melhoria das práticas de ensino;
- Inscrever na ADD a prática de observação de aulas, medida expressamente recomendada nos relatórios de avaliação da OCDE, uma vez que Portugal, nesta matéria, se distanciava muito dos restantes países desenvolvidos, onde a observação de aulas é um mecanismo de controlo de qualidade usado com regularidade;
- Alargar o espaço de intervenção da direcção das escolas na gestão das carreiras e do desenvolvimento profissional do seu quadro de pessoal, fazendo convergir a ADD com outros esforços de capacitação dos órgãos de liderança das escolas e com o reforço da autonomia e da descentralização do sistema educativo;
- Inscrever no ECD a importância de orientar a actividade dos professores e a organização das escolas para os objectivos da política educativa de apoio aos alunos e às famílias, nomeadamente através da prevenção do abandono escolar precoce, da melhoria dos resultados escolares e da qualidade das aprendizagens.

Estratégia de intervenção

A estratégia de intervenção assentou nos seguintes passos:

- Fundamentação técnica das decisões, solicitando pareceres a entidades externas independentes, nacionais e internacionais, de forma a dispor de estudos comparativos com outras carreiras profissionais de estatuto social equivalente em Portugal, bem como com as carreiras homólogas em países estrangeiros;

272 A ESCOLA PÚBLICA PODE FAZER A DIFERENÇA

– Promoção de espaços de debate e reflexão envolvendo peritos e professores, centrados nas questões mais controversas, em particular na estruturação vertical da carreira docente e na avaliação de desempenho;
– Negociação, de forma sistemática, com as organizações sindicais e audição de outros parceiros na área da educação;
– Concretização das novas soluções, após a aprovação das alterações do ECD, lançando as iniciativas concursais ou outras necessárias à aplicação das novas regras;
– Desenvolvimento de mecanismos de apropriação por parte das escolas tanto do processo de avaliação como da estruturação vertical da carreira, com base em modelos flexíveis e na promoção de canais de informação e comunicação com as escolas;
– Criação de mecanismos sistemáticos de acompanhamento e de apoio aos processos de mudança, nos serviços centrais e regionais.

Metodologia e actores

Actividades desenvolvidas

As alterações ao ECD foram publicadas em Janeiro de 2007, após o diagnóstico realizado em 2005, o trabalho técnico de incorporação das soluções no diploma legal, a sua discussão pública e a negociação com as organizações sindicais durante o ano de 2006.

Este processo incluiu a regulamentação do acesso à categoria de professor titular – instituída com as alterações ao estatuto – e a promoção de concursos extraordinários (de transição) para o provimento de uma parte dos lugares de quadro das escolas, destinados aos professores colocados já nos três últimos escalões da carreira (8.º, 9.º e 10.º). Foram providos na categoria de professor titular mais de 35.000 professores. Cerca de 15.000, pertencentes ao 8.º e 9.º escalões, ficaram sem esse título.

Durante o ano de 2007, realizaram-se mais de uma centena de reuniões de negociação sindical e várias sessões de informação e debate para a elaboração da regulamentação da avaliação de desempenho estabelecida na nova versão do ECD. No documento proposto e aprovado pelos sindicatos, a relação entre a avaliação de desempenho e a progressão na carreira de professores apresentava-se como a mais vantajosa de toda a Administração Pública, sobretudo porque era garantida a todos os professores que obtivessem a classificação de Bom, não dependendo de cabimentação orçamental. A ascensão na carreira em toda a Administração Pública, depende das notas de Muito Bom ou Excelente – só possível, no entanto, com disponibilidade orçamental.

Em Janeiro de 2008, publicou-se o regime de ADD e, em Fevereiro, foi criado o Conselho Científico para a Avaliação de Professores (CCAP). Os objectivos consistiam em assegurar o acompanhamento e a monitorização da ADD e elaborar recomendações, orientações, pareceres e propostas para o progressivo aperfeiçoamento do processo.

O reconhecimento das dificuldades de aplicação imediata sentidas pelas escolas e pelos professores levaram à assinatura, em Abril de 2008, de um Memorando de Entendimento com a plataforma sindical que reunia todas as organizações sindicais de professores, do qual constavam regras especiais e transitórias para o primeiro ciclo de avaliação (anos lectivos 2007/08 e 2008/09). Entre essas normas constava a suspensão dos efeitos negativos que decorreriam de eventuais avaliações com resultados negativos e a criação de uma comissão paritária de acompanhamento da avaliação, com representantes da administração e das associações sindicais.

Ao mesmo tempo, foram solicitados estudos e pareceres técnicos, sobre as dificuldades relatadas pelas escolas e a exequibilidade do modelo aprovado, a instituições e peritos nacionais e internacionais, designadamente à OCDE. Realizaram-se também acções de formação em avaliação de desempenho em todas as escolas, destinadas a avaliadores, coordenadores de departamento e a professores titulares.

Em Outubro de 2008, perante a reafirmação de dificuldades de concretização do processo de avaliação por parte de dirigentes das escolas e de professores, iniciou-se um novo período de auscultação de vários parceiros como o CNE, a CONFAP, o CCAP, o Conselho das Escolas e dirigentes de vários estabelecimentos de ensino. Essas dificuldades relacionavam-se com o excesso de trabalho burocrático induzido pelas fichas de avaliação, a dificuldade técnica em ponderar os resultados escolares dos alunos na avaliação dos professores e a dificuldade relacionada com a percepção da legitimidade de professores de diferentes áreas disciplinares, para avaliar.

No mês seguinte, na sequência do processo de auscultação, o Governo aprovou novas medidas de transição para o primeiro ciclo de avaliação, assentes em regras mais simples, atribuindo melhores condições e recursos às escolas, e respondendo assim, positivamente, às dificuldades expressas. Nesta altura, os sindicatos, reunidos em plataforma, recusaram honrar o estipulado no Memorando de Entendimento assinado em Abril, exigindo a suspensão imediata do processo de avaliação em todas as escolas e, recusando qualquer diálogo, abandonaram a comissão paritária.

A solução simplificada que o Ministério da Educação encontrou manteve os princípios do modelo de avaliação previsto no Estatuto da Carreira Docente, ou seja, a avaliação realizada por órgãos competentes das escolas, contemplando a vertente funcional e pedagógica do trabalho de professores, diferenciadora em termos das classificações e com observação de aulas (obrigatória para obter as classificações mais elevadas). Mas foi o facto de se ter retirado a ponderação dos resultados escolares dos alunos da avaliação de desempenho de professores, e de se haver clarificado o papel das fichas de avaliação, que contribuiu para a simplificação e garantiu a exequibilidade da avaliação.

Apesar de toda a controvérsia e contestação, mais empolada certamente por se tratar de um ano de eleições, ao longo de 2009, a avaliação de desempenho concretizou-se em todas as escolas. Desenvolveram-se mesmo novas competências antes inexistentes, uma vez que milhares de professores se dedicaram à função de avaliação, incluindo nesse processo a observação de aulas de colegas mais novos ou menos experientes. No Verão de 2009, a OCDE publicou os resultados do seu estudo sobre o modelo de avaliação de desempenho e as condições da sua concretização – reconhecendo a importância dos seus princípios e das medidas tomadas.

No mesmo período, com inicio nos primeiros meses de 2009, decorre, a pedido das organizações sindicais, outro processo de negociação de novas propostas de alteração do ECD, com vista à melhoria das condições de progressão. Nessa revisão simplificaram-se as condições de realização da prova escrita de ingresso e do período probatório, o que permitiu contratualizar entre a Direcção-Geral dos Recursos Humanos da Educação (DGRHE) e a Universidade de Aveiro.

Em Agosto de 2009, sem o acordo formal dos sindicatos, mas com o pedido informal de várias organizações sindicais, ficou aprovada uma nova alteração ao ECD. Estabelecem-se nela as condições de progressão mais rápida para os professores mais jovens, a simplificação do acesso à categoria de professor titular e outras oportunidades de progressão para os professores colocados nos dois últimos escalões da carreira, mas sem acesso à categoria de professor titular, bem como bonificações de tempo para a progressão de docentes que se distinguissem pela competência e qualidade de desempenho.

Actores

A responsabilidade do processo de revisão e negociação das alterações ao Estatuto da Carreira Docente foi, em primeiro lugar, dos gabinetes dos membros do Governo. Os serviços centrais do Ministério da Educação, como a Direcção-Geral dos Recursos Humanos da Educação (DGRHE) e as Direcções Regionais de Educação, bem como os Centros de Formação de Professores, tiveram um papel importante no apoio às escolas que procuravam concretizar as novas regras do ECD, incluindo a Avaliação de Desempenho Docente (ADD).

O Conselho Científico para a Avaliação de Professores, inicialmente presidido por Conceição Castro Ramos e mais tarde pelo professor Alexandre Ventura, desempenhou as suas funções, com total independência e competência técnica, no acompanhamento do trabalho das escolas e na produção de recomendações que facilitassem a aplicação do modelo de avaliação de desempenho. Conceição Castro Ramos foi ainda a responsável do relatório nacional que serviu de base ao trabalho da OCDE.

O Conselho Nacional de Educação, o Conselho das Escolas, a CONFAP e várias associações de professores desempenharam um papel inovador de aconselhamento em função da identificação das dificuldades reais das escolas na concretização de processos complexos, como o da avaliação. De uma posição mais distante, a OCDE forneceu um quadro de *benchmark* internacional, segundo o qual se procurou avaliar e se procuraram ancorar as alterações ao Estatuto da Carreira Docente.

Os directores das escolas enfrentaram as situações mais difíceis de contestação às novas regras, no dia-a-dia mas, de uma forma geral, procuraram concretizar as medidas propostas, mantendo com o Ministério da Educação e os seus serviços um diálogo aberto sobre os problemas e as melhores soluções, e procurando compreender o sentido das medidas e os objectivos que se pretendiam alcançar. Para efeitos precisos de concretização da Avaliação de Desempenho Docente, milhares de professores, designadamente os coordenadores de departamento ou de estabelecimento e os professores avaliadores, estudaram seriamente esta matéria, procurando adquirir as competências necessárias ao desempenho das suas funções de avaliadores, participando na observação de aulas e distinguindo com melhores classificações uma parte dos professores avaliados. Por seu lado, as organizações sindicais e uma parte dos professores foram os actores da contestação e da resistência às mudanças, sobretudo quando estas atingiram a fase da sua concretização.

A equipa da Universidade de Aveiro, dirigida por Neuza Nunes da Costa e contando com a colaboração de Maria do Céu Roldão, por contrato com a DGRHE, definiram os referênciais e iniciaram o acompanhamento de cerca de 100 professores que entraram em período probatório e a formação dos respectivos professores mentores.

Avaliação e resultados

Apesar da profundidade das alterações ao Estatuto da Carreira Docente e à Avaliação de Desempenho Docente e da controvérsia e contestação geradas, foi possível a sua concretização e algumas melhorias imediatas no funcionamento das escolas. Cerca de 35.000 professores candidataram-se e foram providos em lugares do quadro de professores titulares. A adesão aos concursos de transição mobilizou mais de 80% dos professores em condições de se candidatar. Os professores posicionados já nos antigos 8.º e 9.º escalões que não obtiveram provimento interiorizaram sentimentos de injustiça e a percepção de uma carreira bloqueada, não vislumbrando possibilidades de recuperação e de progressão no quadro das novas regras. O sentimento de injustiça associado aos concursos de transição resultou, em larga medida, do facto de estes concursos terem sido realizados no interior de cada escola, e de os professores terem sido classificados dentro de cada departamento, quando a prática dos concursos havia cristalizado as listas nacionais de graduação como referencial de posição. Por outro lado, o facto de se ter ponderado apenas a actividade dos últimos anos, para efeitos destes concursos, foi também percebido como gerador de "injustiças".

Sobre o horário de trabalho de professores, lectivo e não lectivo, bem como quanto ao mecanismo de redução das horas lectivas por desgaste na profissão, a principal alteração introduzida no ECD foi a regulamentação da componente do horário destinada a trabalho na escola. Nunca foi equacionada pelo Governo a possibilidade de acabar com as referidas reduções de horas lectivas, mesmo conhecendo o seu elevado impacto no orçamento de estado, mesmo sabendo que esse mecanismo não vigora para os professores que ensinam no sector privado e cooperativo, nem nos sistemas de ensino de outros países da EU, e mesmo conhecendo as propostas do PSD nessa matéria. A preocupação do Governo foi, considerando o valor e a importância do tempo de trabalho de professores, introduzir maior exigência na sua aplicação nas actividades pedagógicas das escolas, com resultados positivos uma vez que os professores com estas horas de trabalho, embora não exclusivamente, passaram a garantir mais tempo de acompanhamento e de trabalho com os alunos em aulas de substituição, nos planos de recuperação e noutras actividades pedagógicas.

No que respeita à Avaliação de Desempenho Docente, no final do ano lectivo tinham definido os seus objectivos e tinham sido avaliados mais de 97.000 professores, 16% com a classificação de Excelente ou Muito Bom. Cerca de 25.000 professores requereram a dispensa de avaliação ou recusaram ser avaliados. Milhares de professores titulares e directores das escolas estiveram envolvidos no processo de avaliação, levando a bom porto uma tarefa tão difícil e um objectivo tão ambicioso, provando que é possível fazê-lo com competência e com ganhos para as escolas e para os professores. Acresce ainda que, tendo sido suspensos os efeitos das avaliações com resultados negativos, e apresentando os professores condições excepcionais de progressão na carreira e de desenvolvimento profissional desde que obtivessem uma classificação igual ou superior a Bom (ao contrário do que está estabelecido para todos os funcionários da Administração Pública), pode dizer-se que a avaliação não prejudicou nenhum professor. Pelo contrário, a sua suspensão teria como principal consequência o prolongamento da indiferenciação que prejudicaria sobretudo os melhores professores, aqueles professores que podendo ser distinguidos com uma classificação de Muito Bom ou de Excelente não o seriam, não vendo as suas competências reconhecidas.

A avaliação com consequências na classificação permite iniciar o processo de articulação dos vários instrumentos de gestão e obter outros ganhos de eficiência e qualidade. É o caso de milhares de professores contratados que obtiveram as classificações mais elevadas e puderam beneficiar disso vendo reconhecida a sua distinção em sede dos concursos anuais de recrutamento e de colocação. No mesmo sentido, será possível estabelecer articulação entre a avaliação de desempenho e os mecanismos de acompanhamento previstos para o período probatório, ou as provas previstas em outros momentos da carreira.

Desafios futuros

Os desafios futuros, como em quase todas as medidas de política educativa, passam pela consolidação e monitorização das mudanças, de modo a continuar a aperfeiçoar os processos e a garantir que as finalidades e os objectivos são alcançados. As linhas de força ou de tendência da intervenção política nesta matéria decorrem, por um lado, da necessidade de descentralizar e de atribuir mais competências e responsabilidades às direcções das escolas, a par do desenvolvimento de mecanismos de regulação, acompanhamento e controlo do cumprimento da sua missão; por outro lado, resultam da necessidade de garantir a qualidade e a eficiência na prestação do serviço público de educação que passa seguramente pela garantia da qualidade do trabalho de professores. Ocupando os professores um lugar tão importante e insubstituível no processo de ensino, constituindo a qualidade do seu trabalho o factor mais influente na qualidade das aprendizagens, como é sublinhado no relatório da OCDE *Teachers Matter*, é natural que a regulação do ingresso na profissão e do desenvolvimento na carreira, bem como das condições de exercício profissional, mereçam uma continuada reflexão e acompanhamento que permitam o seu aperfeiçoamento e adequação às necessidades do sistema educativo.

Neste desiderato, são dois os desafios: o da diferenciação e o da formação.

Em primeiro lugar, o desafio da diferenciação. O processo de avaliação de desempenho de professores acabou por revelar com grande clareza que a rejeição da avaliação, tal como da categoria de professor titular, por parte da maioria dos sindicatos e provavelmente por parte de uma maioria de professores, radica na recusa da simples ideia de poder haver uma diferenciação, de alguns professores se poderem distinguir positivamente. O que esteve em causa não foi verdadeiramente este ou aquele modelo de avaliação. O que esteve em causa foi a possibilidade de dela resultar uma classificação e a correspondente distinção de alguns professores. O reconhecimento formal das diferenças decorrente da avaliação, tal como a existência de professores com um estatuto profissional e hierárquico diferente (categoria de professor titular), assentam ambos em mecanismos de diferenciação no interior do grupo profissional, o que é percepcionado muito negativamente pela maioria dos seus membros. A orientação de uma maioria de professores e de organizações sindicais continua a ser fortemente dirigida para a indiferenciação e o igualitarismo de todos os membros do grupo. E a questão crítica não é a destes valores em si mesmos. A questão crítica é o facto de estes valores prevalecerem num quadro de enfraquecimento de regras e de referenciais que afirmem também os valores do dever de exigência e de rigor no exercício profissional, bem como do dever de prestação de contas no serviço público.

Em segundo lugar, o desafio da formação de professores. As necessidades de formação de professores são sempre invocadas quando surge uma nova área de trabalho ou quando algum problema na educação ganha visibilidade. Assim é com as tecnologias de informação e comunicação (TIC), com a educação para a cidadania, com a segurança escolar, com a educação sexual, com os novos programas, com a avaliação, com a gestão e administração escolar. Revelador de duas realidades: 1) que a educação, apesar das permanências, está em contínua mudança, e que os professores e as escolas têm a percepção de que precisam de responder a essas mudanças, mantendo-se actualizados; 2) que a formação é um instrumento muito importante para a melhoria da qualidade do trabalho de professores e de escolas. Nos últimos 20 anos, tanto a formação inicial de professores como a formação contínua foram quase totalmente liberalizadas no quadro de um sistema de ensino que se manteve fortemente centralizado e uniformizado. Resultaram daqui descoincidências nos objectivos e disfunções que têm impedido que uma e outra formação se constituam como verdadeiros instrumentos na melhoria do trabalho de professores e de escolas.

A questão da formação inicial de professores, agora adaptada aos requisitos de Bolonha e organizada em função de algumas das exigências actuais do sistema de ensino, requer que se completem as outras duas mudanças previstas: a avaliação e a certificação dos cursos do ensino superior e as provas de ingresso e o período probatório à entrada na profissão. Com a avaliação e a certificação poderá ficar disponível informação sobre a qualidade e a adequação dos cursos das diferentes instituições do ensino superior. Com a alteração dos mecanismos de recrutamento de professores o Ministério da Educação, as escolas e os professores ficarão com outras garantias da qualidade desses mecanismos. A autonomia das instituições de ensino superior na formação de professores exige que estas prestem contas, mas, com a configuração que tem actualmente o nosso sistema de ensino, exige simultaneamente que se concretizem os mecanismos, previstos no ECD para o recrutamento de professores, de reforço das garantias de qualidade. É o caso do período probatório que, iniciado com cerca de 100 professores mentores de várias escolas, deve progressivamente ser alargado a todas os estabelecimentos de ensino. Só assim todas as escolas ficam em condições de proporcionar um período probatório à generalidade dos professores quando colocados pela primeira vez com um horário completo.

A questão da formação contínua é um pouco diferente. No período de vigência do III Quadro Comunitário de Apoio foram gastos cerca de 400 milhões de euros com a formação contínua de professores, de uma forma quase totalmente liberalizada. Ou seja: a iniciativa de formação, bem como a sua organização e definição de conteúdos, cabia às entidades formadoras dos sindicatos, das universidades, dos centros de formação de professores, etc. Para os docentes, individualmente, ficavam a procura e as escolhas, de acordo com os seus interesses específicos. Para que as escolas e o sistema de ensino possam beneficiar, como precisam, da formação contínua de professores – como instrumento de melhoria das práticas profissionais exercidas no quadro das escolas –, é necessário que estes recursos possam ser geridos também pelas escolas. E que elas possam também fazer escolhas no que respeita tanto à organização da oferta de formação como da orientação da procura.

A rede de centros de formação de professores, bem como a de instituições com competências neste domínio, são já uma base de recursos mobilizáveis pelas escolas, através de relações contratuais. Só assim é possível fazer convergir os interesses individuais de professores com os interesses de escolas e com os interesses mais gerais do Ministério da Educação, e de desenvolvimento do sistema educativo. Mas nem as escolas, nem o ME se podem demitir ou inibir de definir as suas prioridades e de exercer o direito e o dever de emitir orientações no que respeita ao conteúdo e à organização dos programas de formação contínua que identificarem como prioritários.

A formação inicial, assim como a formação contínua, são, ambas, um desafio à criação de espaços de relacionamento do Ministério da Educação com as instituições do ensino superior e as instituições científicas. As actividades de uns e de outros beneficiariam com a existência de plataformas de desenvolvimento de investigação orientadas para a resolução de problemas concretos designadamente nas matérias que respeitam às práticas e à organização pedagógica, para apoio à decisão técnica no campo escolar e no campo político. O espaço da investigação é o espaço que pode alimentar a melhoria do conhecimento e o aperfeiçoamento da formação inicial e continua de professores, beneficiando ainda as práticas políticas, profissionais, pedagógicas e organizacionais.

O relacionamento do ME com estas instituições foi no passado diferente porque decorria naturalmente da tutela do sector, tendo sido desenvolvidos inúmeros trabalhos de investigação solicitados expressamente para fundamentar e apoiar a tomada de decisão, os quais se tornaram referência no campo.

O concurso para apoio a projectos de investigação na área da educação, lançado em 2008, numa colaboração entre o Ministério da Educação e a Fundação para a Ciência e a Tecnologia, acompanhado por Carlos Pinto Ferreira, enquadrava-se já neste objectivo. Os onze projectos aprovados pela FCT ficaram claramente aquém das necessidades do Ministério da Educação e das escolas, bem como do potencial científico existente nesta área. É pois necessário continuar a estimular o interesse das instituições científicas e da comunidade académica pela investigação orientada para a resolução de problemas, sem prejuízo, evidentemente, da agenda científica própria das instituições e dos investigadores.

Documentos de referência

Normativos

Decreto-Lei n.º 15/2007, de 19 de Janeiro – Estabelece a sétima alteração do Estatuto da Carreira dos Educadores de Infância e dos Professores dos Ensinos Básico e Secundário;

Decreto-Lei n.º 200/2007, de 22 de Maio – Estabelece o regime do primeiro concurso de acesso para lugares da categoria de professor titular da carreira dos educadores de infância e dos professores dos ensinos básico e secundário;

Decreto Regulamentar n.º 2/2008, de 10 de Janeiro – Regulamenta o sistema de avaliação de desempenho do pessoal docente da educação pré-escolar e dos ensinos básico e secundário;

Decreto Regulamentar n.º 3/2008, de 21 de Janeiro – Estabelece o regime da prova de avaliação de conhecimentos e competências prevista no artigo 22.º do Estatuto da Carreira dos Educadores de Infância e dos Professores dos Ensinos Básico e Secundário;

Decreto Regulamentar n.º 4/2008, de 5 de Fevereiro – Define a composição e o modo de funcionamento do conselho científico para a avaliação de professores;

Despacho n.º 6753/2008, de 7 de Março – Designa os membros do conselho científico para a avaliação de professores;

Despacho n.º 7465/2008, de 13 de Março – Delega competências de avaliador e nomeia em comissão de serviço professores na categoria de professor titular;

Portaria n.º 343/2008, de 30 de Abril – Fixa as funções ou cargos a identificar como de natureza técnico-pedagógica;

Despacho n.º 13459/2008, de 14 de Maio – Constitui uma comissão paritária com vista a garantir o acompanhamento da concretização do regime de avaliação de desempenho do pessoal docente, definido no Decreto Regulamentar n.º 2/2008, de 10 de Janeiro;

Decreto Regulamentar n.º 11/2008, de 23 de Maio – Define o regime transitório de avaliação de desempenho do pessoal docente até ao ano escolar de 2008-2009;

Despacho n.º 16872/2008, de 23 de Junho – Aprova os modelos de impressos das fichas de auto-avaliação e avaliação do desempenho do pessoal docente, bem como as ponderações dos parâmetros classificativos constantes das fichas de avaliação;

Decreto-Lei n.º 104/2008, 24 de Junho – Estabelece o regime do concurso e prova pública de acesso para lugares da categoria de professor titular, aberto para o preenchimento de vaga existente em cada agrupamento de escolas ou escola não agrupada da rede do Ministério da Educação;

Despacho n.º 20131/2008, de 30 de Julho – Determina as percentagens máximas para atribuição das menções qualitativas de Excelente e de Muito Bom em cada agrupamento de escolas ou escolas não agrupadas na sequência do procedimento da avaliação de desempenho de pessoal docente;

Decreto Regulamentar n.º 1-A/2009, de 5 de Janeiro – Estabelece um regime transitório de avaliação de desempenho do pessoal a que se refere o Estatuto da Carreira dos Educadores de Infância e dos Professores dos Ensinos Básico e Secundário, aprovado pelo Decreto-Lei n.º 139-A/90, de 28 de Abril;

EFICIÊNCIA 283

Despacho n.º 3006/2009, de 23 de Janeiro – Altera e republica o anexo XVI ao Despacho n.º 16 872/2008, de 7 de Abril, que aprova os modelos de impressos das fichas de auto-avaliação e avaliação do desempenho do pessoal docente, bem como as ponderações dos parâmetros classificativos constantes das fichas de avaliação;

Despacho n.º 4196-A/2009, de 2 de Fevereiro – Regulamenta a abertura de procedimento de mobilidade por transferência destinado a professores titulares;

Despacho n.º 19255/2009, de 20 de Agosto – Define os requisitos formais do trabalho a anexar ao requerimento de realização da prova pública, para admissão a concurso de acesso para lugares da categoria de professor titular;

Decreto Regulamentar n.º 14/2009, de 21 de Agosto – Prorroga a vigência do Decreto Regulamentar n.º 1-A/2009, de 5 de Janeiro, que estabelece o regime transitório de avaliação de desempenho do pessoal docente da educação pré-escolar e dos ensinos básico e Secundário;

Portaria n.º 966/2009, de 25 de Agosto – Altera a Portaria n.º 343/2008, de 30 de Abril, que fixa as funções ou cargos a identificar como de natureza técnico-pedagógica;

Despacho n.º 21666/2009, de 28 de Setembro – Define as regras da realização do período probatório previsto no Estatuto da Carreira Docente;

Decreto-Lei n.º 270/2009, de 30 de Setembro – Procede à nona alteração ao Estatuto da Carreira dos Educadores de Infância e dos Professores dos Ensinos Básico e Secundário, aprovado pelo Decreto-Lei n.º 139-A/90, de 28 de Abril, à terceira alteração ao Decreto-Lei n.º 20/2006, de 31 de Janeiro, e à primeira alteração ao Decreto-Lei n.º 104/2008, de 24 de Junho;

Decreto Regulamentar n.º 27/2009, de 6 de Outubro – Procede à primeira alteração ao Decreto Regulamentar n.º 3/2008, de 21 de Janeiro, que estabelece o regime da prova de avaliação de conhecimentos e competências prevista no artigo 22.º do Estatuto da Carreira dos Educadores de Infância e dos Professores dos Ensinos Básico e Secundário.

Outros documentos

Freire, João (2005), Estudo sobre a Reorganização da Carreira Docente do Ministério da Educação – Relatório Final;

OECD (2007) Education at a Glance – OECD Indicators, OECD;

Aviso de Abertura de Concurso para Acesso à Categoria de Professor Titular – 2007;

Memorando de Entendimento entre o Ministério da Educação e a Plataforma Sindical, Abril de 2008;

Abertura de concurso para financiar projectos de investigação sobre sucesso escolar, Abril de 2008;

Ramos, Conceição Castro (2009), Teacher Evaluation in Portugal – Country Background Report for OECD, OECD;

Deloitte Consultores (2009), Apresentação do Estudo de Impacto do Modelo de Avaliação dos Docentes – Relatório Final;

Deloitte Consultores (2009), Benchmark de Avaliação de Desempenho – Sumário Executivo;

Recomendações do Conselho Cientifico para a Avaliação de Professores; CCAP, 2009;

Santiago, Paulo, et. Al., (2009), Avaliação de Professores em Portugal: Avaliação e Conclusões, OCDE;

Santiago, Paulo (2009), Teacher Evaluation in Portugal, OECD;

284 A ESCOLA PÚBLICA PODE FAZER A DIFERENÇA

CCAP-ME (2009), Relatório sobre o Acompanhamento e a Monitorização da Avaliação do
 Desempenho Docente na Rede de Escolas Associadas ao CCAP, CCAP;
Conjunto de perguntas e respostas sobre a avaliação do desempenho docente;
OECD (2009), Education at a Glance 2009 – OECD Indicators, OECD;
Projecto de Decreto Regulamentar sobre a Avaliação de Desempenho Docente;
Guia da Avaliação do Desempenho dos Docentes para o Ano Lectivo de 2008-2009, Portal
 da Educação, Ministério da Educação;
Lista de projectos de investigação aprovados sobre sucesso escolar.
Concurso de Acesso a Professor Titular – Uma Breve Apresentação, ME, sem data;
Apresentação "ECD – Uma Breve Síntese", ME, sem data.

24. ESTABILIZAÇÃO DO CORPO DOCENTE

Desde final dos anos 1980 que a instabilidade dos professores era um problema identificado em muitos diagnósticos sobre o sistema de ensino. Todos os anos se realizavam, obrigatoriamente, concursos de recrutamento e colocação que provocavam todos os anos a mudança de escola de mais de 60% dos professores. Para promover a estabilidade dos professores, das escolas e dos alunos, condição essencial para a continuidade do trabalho pedagógico, foi promovida uma alteração ao diploma legal, passando o concurso a realizar-se com a periodicidade de quatro anos. Simultaneamente, alargou-se a margem de autonomia das escolas no recrutamento de professores para preenchimento de necessidades docentes residuais dos estabelecimentos de ensino.

Análise do problema

Antecedentes

O regime de recrutamento e colocação de professores determinava, desde 1988, a realização de um concurso anual, que abrangia todos os docentes dos quadros de escola que quisessem mudar de estabelecimento de ensino e, obrigatoriamente, todos os professores dos quadros de zona pedagógica e todos os professores contratados. Anualmente, mudavam de escola mais de 60% dos professores no sistema. Para uma parte significativa dos professores, esta mobilidade era obrigatória. Mas, para os docentes dos quadros da escola, a mobilidade resultava do seu interesse individual.

Para além do concurso anual de colocação de professores, as modalidades do destacamento e da requisição permitiam que após o concurso, mais de 20.000 professores mudassem de novo de escola para afectação às mais variadas funções. Destaca-se, entre elas, o ensino de crianças com necessidades educativas especiais, situação que implicava a mobilidade anual de mais de 12.000 professores. Estes iniciavam o seu trabalho anualmente no mês de Setembro, e quatro meses depois, em Janeiro, começava o concurso para o ano seguinte, sabendo muitos professores que não ficariam na mesma escola.

Justificação

O concurso anual de professores, em vigor desde 1988, era considerado há muito um instrumento de gestão totalmente obsoleto. Vários outros governantes – como foi o caso de Augusto Santos Silva como ministro da Educação –, apresentaram aos sindicatos propostas de alteração deste regime de contratação anual para uma contratação plurianual. Tinha-se em vista criar condições de maior estabilidade para as escolas, para os alunos e famílias, bem como para os professores.

O primeiro problema prendia-se com a obrigação de o realizar anualmente. Não existe no mundo, seja qual for o sector de actividade, qualquer outra organização com dimensão equivalente – cerca de 150.000 professores e mais de 1.200 unidades orgânicas espalhadas pelo país –, obrigada a promover e a garantir a mobilidade anual de todos os seus quadros. Do ponto de vista da gestão de recursos, o concurso anual, numa altura em que o sistema de ensino está completamente estabilizado, é pouco racional. Mas o problema mais debatido pelos especialistas era o da instabilidade que este mecanismo criava no interior do próprio sistema educativo. A estabilidade do corpo docente é a condição básica para a continuidade da relação pedagógica entre professores e alunos e para a consolidação dos projectos educativos das escolas, mas também para a estabilização das expectativas dos docentes face ao local de trabalho.

O concurso de professores, enquanto instrumento de gestão, contém outras dimensões inadequadas às exigências actuais do sistema de ensino. O processo baseia-se numa "lista graduada" que hierarquiza os professores exclusivamente em função da nota final de curso e do tempo de serviço acumulado. São colocados nas escolas sem que sejam consideradas as suas qualidades profissionais, designadamente as que decorrem da experiência acumulada – não se prevendo, sequer uma análise ou ponderação curricular, ou o uso das técnicas de selecção e de recrutamento que qualquer organização utilize. Já para não falar na total ausência da participação das escolas em todo o processo de colocação e da ausência de articulação com mecanismos de acompanhamento do trabalho de professores à entrada da profissão, que o Estatuto da Carreira Docente previa, mas que nunca foram regulamentados. Uma actividade tão exigente como o ensino requer uma atenção e um cuidado na selecção e no recrutamento de professores que o concurso, mesmo plurianual, nunca permitirá.

Justificava-se pois uma alteração profunda em todo o regime de recrutamento e de contratação de professores. O processo de alteração lançado resolveu de imediato o problema mais urgente – o da estabilidade dos docentes –, alargando para quatro anos o período de vigência das colocações. Simultaneamente, abriu-se a possibilidade de as escolas procederem elas próprias à selecção e recrutamento de professores para suprir necessidades residuais, procurando criar um espaço de inovação no uso de novos instrumentos de gestão e de novas responsabilidades. Os restantes aspectos críticos do modelo do concurso tiveram uma solução nas alterações introduzidas no Estatuto da Carreira Docente – a exigência da prova escrita de ingresso, do período probatório e avaliação de desempenho – que, à medida que se foram concretizando, produziram efeitos no concurso, bem como nas formas de recrutamento ao nível das escolas.

Desenho e definição de políticas

Objectivo global

Criar condições de estabilidade aos professores, escolas e famílias, e aumentar a racionalização e eficiência na gestão dos recursos docentes, garantindo a progressiva descentralização do processo de recrutamento de professores e reforçando a autonomia das escolas.

Objectivos específicos

Foram objectivos específicos:

- Promover a realização de concursos de colocação de professores apenas de quatro em quatro anos, alterando o regime anual que estava estabelecido;

288 A ESCOLA PÚBLICA PODE FAZER A DIFERENÇA

- Clarificar a dimensão dos quadros de pessoal das escolas e das suas efectivas necessidades;
- Aumentar a capacidade de contratação de professores por parte das escolas, sobretudo para as necessidades residuais ou temporárias;
- Promover uma articulação entre as regras do concurso e o ECD designadamente nas matérias respeitantes à avaliação de desempenho, às provas de ingresso e ao período probatório;
- Reorganizar e racionalizar os grupos de docência e adequá-los às necessidades das escolas e às actuais exigências do currículo;
- Alterar o enquadramento das de habilitações para a docência e da formação inicial de professores, reforçando a componente científica na formação inicial de professores.

Estratégia de intervenção

A estratégia seguida, numa matéria de elevada complexidade técnica na sua execução e com implicações nas expectativas de mobilidade por parte de professores, exigiu um longo e aturado trabalho de cariz técnico e jurídico. Procedeu-se a uma profunda análise das implicações legais e sistémicas decorrentes da alteração do diploma dos concursos, sobretudo quanto ao provimento de vagas de quadro, e identificação das diferentes alternativas.

Esta medida foi contestada por algumas associações sindicais e continua a ser objecto de oposição por parte dos sindicatos da Fenprof. A principal preocupação apresentada pelos sindicatos centrava-se na forma como passariam a ser preenchidas as vagas de quadro de escola que anualmente resultavam de saídas por aposentação ou por outros motivos, sabendo-se que podiam ser libertadas cerca de 4.000 vagas por ano. Embora em mais de 50% dos casos existisse a hipótese de extinção, não havendo concurso anual de colocação, era necessário estabelecer as novas condições de preenchimento das vagas disponíveis. Nesse sentido, consensualizou-se com alguns dos sindicatos a solução adoptada: acumulação das vagas que vão sendo libertadas ao longo do período de colocação, sendo todas colocadas a concurso no final de quatro anos.

Metodologia e actores

Actividades desenvolvidas

- Foi lançado, em 2006, o primeiro concurso plurianual previsto no novo regime jurídico da colocação de professores, que assegurou pela primeira vez a colocação por três anos. Em 2009, realizou-se o segundo concurso que garantiu a colocação por quatro anos;
- Foram efectuados diversos concursos anuais para a satisfação das necessidades residuais de contratação, com possibilidade de renovação das contratações até à data de novo concurso nacional, sempre que as necessidades se mantivessem e existisse interesse mútuo do professor e da escola. Mas o espaço de decisão das escolas foi sendo alargado, de modo a poderem elas fazer directamente o recrutamento, no cumprimento das regras de transparência da Administração Pública;
- Promoveram-se e aprovaram-se alterações à organização dos grupos de docência, que passaram de 48 a 32, tendo sido criado um grupo específico para os professores do ensino especial, que passaram a ter também condições de estabilidade e de desenvolvimento profissional mais adequadas às necessidades das escolas e dos alunos.
- Aprovado novo enquadramento legal das habilitações para a docência e da formação inicial de professores, que teve em conta as alterações introduzidas no ensino superior com o processo de Bolonha. No diploma são estabelecidas novas condições de profissionalização, o reforço da componente científica da formação e adequação da formação às exigências actuais dos currículos e programas do ensino básico e do secundário. Para avaliar estas inovações, foi solicitado um estudo prévio e a colaboração de Bártolo Paiva Campos;
- Estabeleceram-se regras sobre os efeitos dos resultados da avaliação no posicionamento no concurso, estando em curso o primeiro ciclo da avaliação de desempenho de todos os professores.

Avaliação e resultados

Realizaram-se, ao longo da legislatura, dois concursos plurianuais, em 2006 e em 2009. Os professores, as escolas e os alunos puderam finalmente dispor de condições de estabilidade essenciais à organização e à continuidade das actividades pedagógicas.

A experiência acabou por mostrar que a acumulação de vagas de quadro postas a concurso de quatro em quatro anos tem vantagens para todos, incluindo para os professores. No concurso de 2009, colocaram-se a concurso as vagas acumuladas nos três anos anteriores e os níveis de conformidade entre as escolhas dos professores e as colocações conseguidas foram muito elevados. Cerca de 60% dos professores que se candidataram ficaram colocados na escola indicada como primeira preferência. Indicador disso mesmo é o facto de os relatos e as reportagens sobre professores "desterrados" – ou seja, docentes destacados e obrigados a mudar de escola todos os anos – deixarem de fazer parte da agenda mediática de abertura do ano lectivo nos meses de Setembro.

O recrutamento directo de professores pelas escolas, através de contratos individuais de trabalho, permitiu a substituição temporária de docentes assim como o recrutamento de formadores para as áreas técnicas e profissionais. Contribuiu, ainda, para a contratação de professores para projectos especiais de enriquecimento curricular e de combate ao insucesso escolar.

A diminuição do número de grupos de docência permitiu gerir com mais eficiência a colocação de professores, sobretudo nos casos em que foi possível afectar, a novos grupos, professores de grupos de disciplinas que são hoje pouco procuradas pelos alunos, como é o caso do Francês ou do Alemão.

Desafios futuros

O concurso de colocação de professores, tal como existia em 2005, provocava grande instabilidade no sistema de ensino pelo facto de ser anual. Essa dimensão está agora corrigida. Todavia, a própria existência de um concurso central deve ser ponderada e analisada a eficácia e a eficiência deste instrumento de gestão excessivamente centralizado e burocrático. O regime de recrutamento e colocação de professores não é compaginável com as exigências colocadas às direcções das escolas, em termos de liderança e de disponibilidade para assumir mais autonomia e mais responsabilidades, respondendo por resultados em sede de avaliação externa. O desafio é, portanto, continuar a alargar a participação das escolas nos processos de recrutamento de professores, mobilizando novos critérios de selecção que valorizem as competências dos candidatos e que não radiquem, exclusivamente, no tempo de serviço e na nota de fim de curso. O que significa utilizar os resultados das provas de ingresso que se realizem, bem como os resultados de avaliação de desempenho já apurados, e ainda os resultados do período probatório, para melhorar a sua articulação com o concurso.

Os sindicatos de professores são hoje os principais defensores do modelo centralizado de colocação de professores, opondo-se, inclusivamente, à abertura de excepções mesmo quando a adopção de metodologias descentralizadas de recrutamento de professores é essencial para a melhoria do funcionamento das escolas, como é o caso comprovado das escolas TEIP (territórios educativos de intervenção prioritária). Há muito que se sabe que um dos problemas das escolas em meio difícil é o da selecção e recrutamento de professores, mas os sindicatos opuseram-se seriamente à excepção criada para estas escolas no concurso de 2009 que, pela primeira vez, permitiu a aplicação de critérios de selecção e recrutamento de professores, diferentes dos critérios do concurso nacional, mais adequados à sua realidade.

A relação entre a formação inicial e os grupos de docência necessita de periódica revisão, sobretudo tendo em consideração as dinâmicas geradas por alterações na organização dos cursos ou das disciplinas, tanto para o ensino básico como para o secundário. Devem dar-se passos no sentido de maior flexibilidade que evite o desemprego (ou subocupação) de professores cujas disciplinas perdem alunos, como é o caso do Francês e do Alemão, ou de algumas disciplinas tecnológicas cujos programas tenham sido alterados.

O diploma que define o novo enquadramento das habilitações para a docência e da formação inicial de professores entrou em vigor em todas as instituições do ensino superior. Em simultâneo, pressupunha-se a criação de mecanismos de avaliação e de acreditação dos cursos oferecidos pelas instituições de ensino superior. Tal não aconteceu e não existe, em alternativa, qualquer mecanismo que permita dispor de informação sobre a qualidade e a adequação da formação inicial de professores e do trabalho que está a ser realizado por estas instituições. Mas o novo enquadramento das habilitações para a docência pressupunha também, como mecanismos complementares de recrutamento e de selecção de professores, a realização de provas de ingresso e de período probatório. A inexistência destes mecanismos, essenciais à melhoria da qualidade da actividade das escolas, coloca tanto o Ministério da Educação como as escolas numa situação de grande vulnerabilidade.

Desafio para o futuro é também, como se referiu atrás, repensar e refundar a relação do Ministério da Educação com as instituições de formação de professores, sugerindo-se a medição pelas instituições científicas através do apoio à investigação orientada para a resolução de problemas e para o apoio à decisão. A produção e consolidação de conhecimento científico pluridisciplinar nas matérias de educação permitiria, certamente, melhorar a acção política, mas também a formação de professores e o seu trabalho nas escolas, como se referiu no capítulo anterior.

Documentos de referência

Normativos

Decreto-Lei n.º 20/2006, de 31 de Janeiro – Revê o regime jurídico do concurso para selecção e recrutamento do pessoal docente da educação pré-escolar e dos ensinos básico e secundário, bem como da educação especial, revogando o Decreto-Lei n.º 35/2003, de 27 de Fevereiro;

Decreto-Lei n.º 27/2006, de 10 de Fevereiro – Cria e define os grupos de recrutamento para efeitos de selecção e recrutamento do pessoal docente;

Decreto-Lei n.º 35/2007, de 15 de Fevereiro – Estabelece o regime jurídico de vinculação do pessoal docente da educação pré-escolar e dos ensinos básico e secundário para o exercício transitório de funções docentes ou de formação em áreas técnicas específicas, no âmbito dos estabelecimentos públicos de educação e ensino não superior;

Decreto-Lei n.º 43/2007, de 22 de Fevereiro – Aprova o regime jurídico da habilitação profissional para a docência na educação pré-escolar e nos ensinos básico e secundário;

Portaria n.º 254/2007, de 9 de Março – Reconhece vários cursos como habilitação profissional para a docência;

Despacho n.º 16 735/2007, de 31 de Julho – Possibilidade do destacamento de docentes para os anos em que não se verifique o concurso de destacamento por condições específicas;

Portaria n.º 1164/2007, de 12 de Setembro – Contratação cíclica de recrutamento para vários grupos de docentes para o ano escolar de 2007-2008;

EFICIÊNCIA 293

Despacho n.º 8774/2008, de 26 de Março – Reforça o princípio da estabilidade do sistema de colocações do corpo docente;

Portaria n.º 1029-A/2008, de 11 de Setembro – Fixa as datas de cessação de contratação cíclica de recrutamento para vários grupos de docentes para o ano escolar de 2008-2009;

Decreto-Lei n.º 51/2009, de 27 de Fevereiro – Procede à segunda alteração ao Decreto-Lei n.º 20/2006, de 31 de Janeiro, que reviu o regime jurídico do concurso para selecção e recrutamento do pessoal docente da educação pré-escolar e dos ensinos básico e secundário, bem como da educação especial;

Portaria n.º 212/2009, de 23 de Fevereiro – Identifica os requisitos que conferem habilitação profissional para a docência nos grupos de recrutamento de educação especial, a que se refere a alínea e) do artigo 3.º do Decreto-Lei n.º 27/2006, de 10 de Fevereiro;

Despacho n.º 10151/2009, de 16 de Abril – Define a profissionalização em serviço decorrente de curso ministrado pela Universidade Aberta;

Portaria n.º 967/2009, de 25 de Agosto – Aprova a regulamentação do reconhecimento das qualificações dos educadores de infância e dos professores dos ensinos básico e secundário previsto na Directiva n.º 2005/36/CE, do Parlamento e do Conselho, de 7 de Setembro, e na Directiva n.º 2006/100/CE, do Conselho, de 20 de Novembro, transpostas para a ordem jurídica interna através da Lei n.º 9/2009, de 4 de Março;

Decreto-Lei n.º 220/2009, de 8 de Setembro – Aprova o regime jurídico da habilitação profissional para a docência nos domínios de habilitação não abrangidos pelo Decreto-Lei n.º 43/2007, de 22 de Fevereiro.

Outros documentos

Concurso de Professores – 1.ª Fase – Apresentação de Resultados, DGRHE-ME, sem data;
Concurso de Professores – 2.ª Fase – Apresentação de Resultados, DGRHE-ME, sem data.

25. VOZ ÀS ESCOLAS

As escolas são hoje o centro do sistema educativo, porque é nesse espaço que se concretiza a prestação do serviço público de educação. Progressivamente, foram alargadas as competências e responsabilidades dos órgãos de gestão das escolas, tornando-se necessário alterar a natureza das suas relações com os serviços do Ministério da Educação, alteração que passava por lhes dar voz, isto é, por lhes assegurar um espaço de participação na definição das políticas educativas. Assim, foi criado o Conselho das Escolas, órgão consultivo do Ministério da Educação para a política educativa com a representação dos directores das escolas. O Conselho das Escolas reúne em plenário com 60 membros, os quais asseguram uma representação distrital.

Análise do problema

Antecedentes e justificação

No passado, as escolas eram meros postos ou extensões da administração central ou regional, e o centro da política educativa encontrava-se no Ministério da Educação. Hoje, a percepção é muito diferente, e as escolas afirmam-se crescentemente como o centro da política educativa. É nas escolas que se presta o serviço público de educação, que se resolve a tensão entre as exigências do currículo nacional, que garante a todos os alunos acesso universal ao conhecimento, e os projectos educativos adequados às especificidades e necessidades dos contextos em que elas se inserem. É, pois, nas escolas que se organizam as actividades de ensino e de educação que permitem as aprendizagens dos alunos e a aquisição de competências, e é para as escolas que se canalizam os recursos humanos, tecnológicos e financeiros necessários ao cumprimento da sua missão. Foi para as escolas que se criaram os instrumentos de gestão e de administração, entendidas como unidades orgânicas com graus de autonomia crescentes.

Todavia, e apesar dos progressos dos últimos anos, as escolas não tinham qualquer visibilidade na orgânica do Ministério da Educação continuando a existir apenas uma linha hierárquica de comando e de comunicação de decisões, indirecta e descendente, dos serviços para os estabelecimentos, ainda concebidos como meras unidades de execução dependentes das direcções regionais de educação. Nos processos e rotinas definidos não existiam, formal ou informalmente, mecanismos de retorno de informação (*feedback*), nem existiam espaços organizacionais para qualquer tipo de participação das escolas ou dos seus dirigentes na tomada de decisões ou no desenho de medidas.

Em Junho de 2005, foram promovidas, pela primeira vez, reuniões de trabalho, dirigidas pelos membros do Governo, entre os serviços do Ministério da Educação e os dirigentes de todas as escolas, com o objectivo de criar um espaço de comunicação directa entre todos os agentes envolvidos na preparação do ano lectivo seguinte. Manifestou-se então a necessidade de formalizar este espaço de comunicação e de participação directa, sentida também pelos dirigentes das escolas, que apresentaram propostas concretas nesse mesmo sentido.

Desenho e definição de políticas

Objectivo global

Modernizar a relação do Ministério da Educação e dos serviços com a direcção das escolas através da criação de novos espaços de comunicação e de participação, melhorando, dessa forma, as condições de definição das políticas educativas, bem como a sua compreensão, apropriação e condições de execução.

Objectivos específicos

O objectivo específico consistiu na criação de um órgão que assegurasse a representação dos dirigentes das escolas e a sua participação na definição das políticas educativas. Procurava-se dessa forma contribuir para a valorização e dignificação das funções de direcção das escolas. Foi, assim, criado o Conselho das Escolas, um órgão consultivo do Ministério da Educação, que pode ser ouvido, emitir pareceres ou elaborar propostas de regulamentação sobre os diferentes tópicos da política educativa.

Metodologia e actores

Actividades desenvolvidas

Foi pedido um parecer jurídico ao constitucionalista Vital Moreira e de Bernardo Azevedo, relativo à natureza do órgão a criar, e que veio apoiar a elaboração de regulamentação específica. Seguiu-se a designação de uma comissão eleitoral, constituída por ex-presidentes dos conselhos executivos em situação de aposentação, e dirigida por Albertina Mateus. Foi ela quem organizou o processo da primeira eleição, numa base de representação distrital, que contou com a participação de 85% de votantes. Em Junho de 2007, tomaram posse os 60 membros do Conselho das Escolas, procedendo-se à eleição do seu primeiro presidente Álvaro Santos, assessorado por Teodolinda Silveira e João Paulo Mineiro.

Avaliação e resultados

O Conselho das Escolas reuniu regularmente e teve oportunidade de dar parecer sobre propostas de intervenção em diferentes matérias, tendo definido o seu próprio programa de actividades e calendário. É possível afirmar que, hoje, o debate público conta com a participação institucionalizada e qualificada de dirigentes das escolas – através do Conselho das Escolas, mas não exclusivamente – o que corresponde à garantia da sua auscultação, assim como a importância conferida aos respectivos pareceres sobre os diferentes temas da política educativa.

Desafios futuros

Do ponto de vista político, é essencial continuar a reafirmar o lugar e o papel das escolas no quadro do sistema educativo, num processo que contribui para o alargamento dos espaços de participação qualificada e de envolvimento de actores relevantes na gestão da coisa pública. Do ponto de vista do sistema educativo, a participação e a comunicação directa permitiu melhorar muito os níveis de compreensão, apropriação, eficiência e concretização das políticas educativas. A rapidez com que se concretizaram e generalizaram medidas como os cursos profissionais nas escolas públicas, a escola a tempo inteiro no 1.º ciclo, ou as aulas de substituição, foi tributária da existência de espaços, hoje insubstituíveis, de comunicação directa e de debate entre o Ministério da Educação e as escolas.

O debate sobre a escola pública foi e será sempre um debate atravessado por ideologias e por interesses particulares (aliás, legítimos). O problema não está na legitimidade para afirmar convicções ou interesses; está antes na possibilidade de a coisa pública poder ser capturada e colocada prioritariamente ao serviço de grupos e de interesses particulares. Os directores das escolas representam, no Conselho das Escolas, as escolas públicas do seu distrito/região. Não se representam a si próprios, nem ao partido político ou ao sindicato ou a associação de pais a que possam, eventualmente, pertencer também.

Estas são as regras do jogo e o papel atribuído aos membros do Conselho. O principal desafio no futuro é melhorar estas regras e o desempenho do espaço colectivo que representa, tendo por objectivo a afirmação de referenciais de qualidade e de valorização da escola pública – e, ao mesmo tempo, evitar que o Conselho se torne em mais uma câmara de ressonância dos discursos de outros interesses e de outros actores que têm já os seus espaços de participação.

Documentos de referência

Normativos

Decreto Regulamentar n.º 32/2007, de 29 de Março – Define a composição e o modo de funcionamento do Conselho das Escolas do Ministério da Educação;

Despacho n.º 9000/2007, de 17 de Maio – Nomeia os membros da comissão eleitoral para a 1.ª eleição para o conselho das escolas;

Despacho n.º 9001/2007, de 17 de Maio – Determina a data da primeira eleição para o conselho das escolas;

Declaração de Rectificação n.º 40/2007, de 22 de Maio – Rectifica o Decreto Regulamentar n.º 32/2007, de 29 de Março de 2007, que define a composição e o modo de funcionamento do Conselho das Escolas do Ministério da Educação.

Outros documentos

Distribuição dos Membros do Conselho das Escolas, Secretaria-Geral, ME;
Resultados das Eleições para o Conselho de Escolas;
Cadernos Eleitorais Definitivos, por Distrito;
Estudo e Projecto de Diploma sobre a Criação de Um Conselho Representativo das Escolas do Ensino Básico e Secundário, por Vital Moreira e Bernardo de Azevedo.

IV
A ESCOLA COMPENSA

26. O PROGRAMA "NOVAS OPORTUNIDADES"

Em 2005, cerca de 3,5 milhões de adultos inseridos no mercado de trabalho tinham habilitações escolares inferiores ao secundário, tendo uma parte significa destes idades inferiores a 30 anos. O programa Novas Oportunidades foi uma resposta, com escala, ao défice de certificação escolar dos adultos, para a qual se mobilizaram as estruturas da educação e da formação, os agentes públicos e privados.

Foram criados 500 centros Novas Oportunidades e generalizadas as metodologias de reconhecimento e certificação de competências adquiridas ao longo da vida, associadas a formação modular complementar. Entre 2005 e 2009, inscreveram-se nos centros Novas Oportunidades um milhão de adultos, dos quais 350.000 obtiveram a certificação escolar de nível básico ou secundário.

Análise do problema

Antecedentes

Desde 1952, quando Francisco Leite Pinto era ministro da Educação, que a questão da qualificação e escolarização dos adultos entrou na agenda da política educativa com a criação do Plano Nacional de Educação Popular, depois de um recenseamento revelar que a taxa de analfabetismo desde 1911 foi sempre crescente. Ao longo de mais de 50 anos, foram lançados inúmeros programas, muito diferentes entre si, mas com o objectivo comum de instituir mecanismos de recuperação dos adultos que no seu tempo não tinham tido oportunidade de escolarização. A necessidade desta atenção da política educativa e o esforço realizado com a designada educação de adultos foi sempre mais evidente nos momentos da história em que se actualizava a ambição do país em matéria de escolarização dos jovens. Com ela acentuavam-se as clivagens geracionais, aumentando muito a distância, em termos de qualificação, entre os mais jovens e os adultos. São assim momentos importantes a reforma de 1964 do ministro da Educação Inocêncio Galvão Teles, que, para generalizar o acesso ao 5.º e 6.º anos de escolaridade, cria a telescola e coloca-a também ao serviço da formação de adultos. Em 1970, com a reforma de Veiga Simão, a questão da educação de adultos adquire tal importância que dá lugar à criação de uma estrutura na orgânica do Ministério da Educação, a Direcção-Geral de Educação Permanente. Já depois do 25 de Abril, o combate ao analfabetismo organiza todos os programas que são lançados, assistindo-se à diversificação das metodologias de ensino e de certificação, à diversificação das instituições mobilizadas e envolvidas nas campanhas de alfabetização e de formação extra-escolar, bem como à diversificação dos meios para o financiamento deste esforço. Com Roberto Carneiro como ministro da Educação, a recuperação do défice de qualificação dos adultos entra na agenda dos fundos comunitários que passam a ser orientados também para a resolução deste problema.

Em 2000, com Paulo Pedroso como secretário de Estado do Trabalho e da Formação e Ana Benavente, como secretária de Estado da Educação, sendo ministros respectivamente Eduardo Ferro Rodrigues e Augusto Santos Silva, é pela primeira vez assumida explicitamente a partilha de responsabilidades pela educação e qualificação dos adultos, entre o Ministério da Educação e o Ministério do Trabalho e Solidariedade Social. Criou-se a Agência Nacional de Educação e Formação de Adultos – ANEFA, organismo do Estado, tutelada pelos dois ministérios e dirigido por Márcia Trigo. Esta instituição, herdeira directa do trabalho continuado de Alberto de Melo e outros, no desenvolvimento e concretização das metodologias de reconhecimento e certificação de competências adquiridas pelos adultos ao longo da vida, inicia o processo de generalização destas metodologias.

Entre 2000 e 2005, estavam certificadas cerca de 100 instituições privadas, de solidariedade social, de cultura e de desenvolvimento local, que através de financiamento do PRODEP, reconheceram e certificaram competências ao nível do 9.º ano de escolaridade a cerca de 25.000 adultos.

Justificação

Os programas lançados e o esforço realizado ao longo dos anos não permitiram resolver o problema da recuperação do défice de qualificação dos adultos. Em primeiro lugar, porque nenhum dos programas de intervenção teve o tempo de concretização e consolidação necessários, sentindo-se neste campo muito mais os impactos negativos da descontinuidade da acção política. Por outro lado, a dificuldade em alcançar resultados é justificada também pela escassez dos recursos previstos, ou até disponíveis no país, e a sua adequação à dimensão do problema (isto é ao número de adultos que necessitavam de ser abrangidos).

Com a publicação do Recenseamento Geral da População de 2001, revelam-se dados sobre as habilitações escolares da população activa. Neles pode observar-se com clareza dois problemas: os efeitos do insucesso escolar no défice de qualificação da população activa e do mercado de trabalho, sobretudo ao nível do secundário e a escassez de oportunidades, dirigidas aos adultos, para a recuperação dos níveis de escolaridade.

Quadro 26.1. – Níveis de escolaridade efectiva da população activa com habilitações iguais ou inferiores ao secundário (2001)

	Completo	Incompleto	A frequentar
1.º ciclo	1.217.312	202.642	6.720
2.º ciclo	601.059	151.128	3.950
3.º ciclo	354.760	208.952	15.686
Secundário	560.108	418.171	48.401
Total	2.733.239	980.893	74.757

Fonte: Rodrigues (2003).

Pode assim observar-se, em primeiro lugar, a existência de cerca de 1 milhão de adultos com escolaridade incompleta. Ou seja, adultos que frequentaram a escola, mas não concluíram com êxito o nível de ensino que frequentaram, tendo a maior parte deles o secundário incompleto. A análise mais fina destes dados permitirá verificar que mais de metade destes adultos são ainda jovens com menos de 34 anos.

A ESCOLA PÚBLICA PODE FAZER A DIFERENÇA

Por outras palavras, o insucesso escolar ao nível do ensino básico e do ensino secundário permitiu que chegassem ao mercado de trabalho milhares de jovens que frequentaram a escola, mas não concluíram o respectivo grau. Se juntarmos ao milhão de adultos com habilitações incompletas o número dos que têm habilitações inferiores ao ensino secundário (2.173.000 adultos) chegaremos a um número superior a 3 milhões de activos, necessitando de regressar à escola ou à formação para completar as suas habilitações (ou seja, mais de metade da população activa).

Em segundo lugar, é muito reduzido número dos que estão a frequentar cursos que lhes permitam concluir o seu nível de qualificação: apenas 74.757. O problema reside justamente neste paradoxo: 3 milhões de adultos já no mercado de trabalho, metade dos quais muito jovens ainda, necessitando de estudar para completar o nível de habilitações porque têm à sua frente 30 ou mais anos de vida activa – e, destes, apenas 74.000 a frequentar a escola. Pergunta óbvia: com este ritmo, de quantos anos precisaríamos para resolver o problema?

O programa dirigido aos adultos, tendo em vista a recuperação do défice de qualificação exigia assim uma intervenção em duas frentes:

1) Estancar o fluxo da desqualificação, ou seja, inverter a tendência do abandono escolar precoce, por parte dos jovens, criando percursos alternativos de educação e formação, ao nível do ensino básico, e prosseguindo a reforma do secundário iniciada em 2004, sem nunca perder de vista o objectivo principal de evitar a saída dos jovens da escola, depois de 10 ou 12 anos de frequência, sem qualquer qualificação;
2) Criar um quadro de oportunidades de formação para os adultos com escala, isto é, com a dimensão, os recursos e as infra-estruturas adequadas à dimensão do problema.

O número de adultos com défice de qualificação necessitados de regressar à escola ou à formação pode variar entre 1 milhão e 3 milhões, mas onde quer que se coloquem os limites é um número superior ao dos jovens que actualmente frequentam o sistema de ensino entre o pré-escolar e o ensino secundário (cerca de 1,5 Milhão de alunos). Significa isto que toda a capacidade existente nas escolas, nos centros de formação, nas instituições públicas e privadas, de solidariedade e de cultura, instituições empregadoras, todos os recursos do país em matéria de educação e formação não são excessivos para a dimensão do nosso problema – pelo contrário. Enfrentar com determinação a questão dos adultos exige a mobilização de todos esses recursos. Só dessa forma seria possível multiplicar as oportunidades de formação, potenciar as capacidades existentes e chegar a todos os pontos do país; mas, sobretudo, poder prever um prazo razoável para alcançar objectivos que nos aproximem dos restantes países da União Europeia.

Finalmente, o recenseamento de 2001 vem confirmar que o défice de qualificação dos adultos é essencialmente um défice de certificação escolar, resultante do défice de escolarização ou do insucesso escolar – no caso dos adultos mais jovens. Afigurava-se assim muito importante associar obrigatoriamente a todos os processos de formação profissional, a exigência, mas também a possibilidade de certificação escolar, através de uma articulação e coordenação entre os dois sectores de intervenção: a formação e a educação.

Desenho e definição de políticas

Os objectivos, calendários e metas da Iniciativa Novas Oportunidades ficaram definidos no programa de acção e publicados com o seu lançamento. Nele previram-se duas linhas de intervenção: uma dirigida aos jovens e outra dirigida aos adultos, sendo que nos ocupamos aqui apenas desta última.

Objectivo global

O objectivo global da Iniciativa Novas Oportunidades inscrevia-se na tradição dos programas de redução do défice de qualificação dos adultos, num momento em que se discutia e preparava a decisão de alargamento da escolaridade obrigatória até aos 18 anos. O objectivo era alargar, envolvendo mais instituições de ensino e formação, e estender até ao ensino secundário, o programa que a Agência Nacional de Educação e Formação de Adultos (ANEFA) vinha a desenvolver desde 2000.

Objectivos específicos

O programa continha três objectivos específicos:

– Articular a intervenção dirigida aos adultos com a intervenção orientada para os jovens, tendo em vista estancar o fluxo de abandono escolar precoce por parte dos mais novos e a entrada no mercado de trabalho desqualificado;

– Dimensionar o programa com uma escala proporcional à dimensão do problema, o que implicava, desde logo, que se mobilizasse toda a estrutura da educação e da formação e que se reforçassem os mecanismos de articulação e coordenação sectorial;

– Reformar a formação contínua dos adultos de forma a inscrever a obrigatoriedade da certificação escolar, através de um sistema de créditos, a todas as acções de formação continua.

Estratégia de intervenção

A estratégia seguida procurou em primeiro lugar tomar como ponto de partida o trabalho realizado pela ANEFA desde 2000, introduzindo alterações que permitissem ganhar escala, chegar a mais adultos, estender a possibilidade de certificação até ao nível do ensino secundário. O que implicou uma intervenção em várias frentes e um conjunto de iniciativas de diferente natureza:

– Criação de uma imagem de marca adequada à especificidade do programa para os adultos, em termos de objectivos, de metodologias, de espaços e profissionais envolvidos, e que facilitasse a legibilidade e acessibilidade ao programa;

– Mobilização dos adultos para a formação, através de campanhas fortes nos meios de comunicação social;

– Afectação, ao serviço da qualificação dos adultos, de todo o potencial de educação e formação existente no país, mobilizando as escolas e os centros de formação profissional para a prestação de um novo serviço público;

– Generalização do uso das metodologias de reconhecimento, validação e certificação de competências adquiridas ao longo da vida, nos processos de formação dos adultos, certificando e capacitando para esse efeito as instituições de educação e

formação, públicas e privadas, em todo o território nacional, e estender a sua aplicação até ao nível do ensino secundário;
– Criação em todos os processos de formação contínua profissional, da exigência, mas também da possibilidade de certificação escolar, através de uma articulação e coordenação entre os dois sectores de intervenção: a formação e a educação;
– Mobilização e envolvimento das instituições empregadoras, públicas e privadas, da administração central e local, no objectivo da melhoria das condições de acesso à formação por parte dos adultos empregados.

Metodologia e actores

Actividades desenvolvidas

As principais actividades desenvolvidas no programa dirigido aos adultos foram:

– Apresentação na Assembleia da República da Iniciativa Novas Oportunidades, em Setembro de 2005,contendo um programa dirigido aos jovens e outro dirigido aos adultos;
– Transformação dos ex-centros RVCC (reconhecimento, validação e certificação de competências) em centros Novas Oportunidades e alargamento da rede. Criaram-se então 400 novos centros em escolas, públicas e privadas, e em centros de formação profissional, públicos, de gestão participada, de associações empresariais ou de empresas, em autarquias e em instituições de desenvolvimento local;
– Desenvolvimento de um sistema de informação – SIGO – para o acompanhamento da concretização do programa e da sua articulação com o sistema de financiamento;
– Aprovação dos referenciais de competências-chave para o secundário, em finais de 2006, tendo sido posteriormente concretizado um plano de formação das equipas técnico-pedagógicas dos centros Novas Oportunidades
– Criação, em 2007, da Agência Nacional para a Qualificação (ANQ), estrutura de coordenação entre o Ministério do Trabalho e da Segurança Social e o Ministério da Educação;

- Criação do Catálogo Nacional das Profissões, no quadro do Sistema Nacional de Qualificações, como instrumento promotor da legibilidade e da flexibilidade na obtenção de qualificações e na construção de percursos individuais de aprendizagem ao longo da vida;
- Promoção, ao longo de 2007, pelo Ministério do Trabalho e da Solidariedade Social, da reforma da formação profissional e aprovação das linhas de financiamento e dos regulamentos do Programa Operacional do Potencial Humano (POPH), de forma convergente com a Iniciativa Novas Oportunidades;
- Inclusão dos adultos em formação, nos Centros Novas Oportunidades, no programa e-escola que permitiu a cerca de 200.000 formandos terem acesso a um computador pessoal portátil, assim como à Internet em casa, em condições especiais (à semelhança do que havia sido definido para os alunos do ensino secundário e para os professores);
- Lançamento, em 2007, da campanha Aprender Compensa, nos meios de comunicação social, destinada à mobilização de jovens e de adultos para a formação.

Actores

Os principais actores deste programa foram, e são, os adultos em formação e os profissionais dos centros Novas Oportunidades. Os adultos que se inscreveram no programa, mais de um milhão, e que trabalharam tendo em vista a certificação das suas competências, surpreenderam o país com a sua vontade de aprender, com a sua confiança e o seu gosto pela escola, com o seu orgulho e com a importância que, afinal, atribuem ao diploma. Os profissionais dos centros Novas Oportunidades são na sua maioria jovens diplomados do ensino superior das mais diversas áreas de formação que, com elevado profissionalismo, garantem a qualidade dos procedimentos e recebem quotidianamente o reconhecimento de todos os adultos com quem trabalham.

Foi decisivo para a transformação a que assistimos, o entusiasmo das escolas e dos centros de formação na criação e organização dos centros Novas Oportunidades, através dos quais passaram a prestar um novo serviço público decisivo.

As instituições empregadoras, organismos da administração central e local, as mais de 500 empresas e associações empresariais, com as quais a ANQ e as direcções regionais de educação estabeleceram protocolos, ajudaram a transformar o quadro de condições de estudo para os trabalhadores, bem como de reconhecimento das certificações escolares no mundo do trabalho.

Os serviços centrais e regionais do Ministério da Educação e do Ministério do Trabalho e da Solidariedade Social, sob orientação do organismo tutelado conjuntamente, procuraram ultrapassar a tradição de trabalho de "costas voltadas", orientando a sua acção pelos objectivos comuns do programa Novas Oportunidades.

Ao longo de quatro anos o programa contou com apoios e ventos favoráveis, com muita gente entusiasmada e disponível para dar o seu melhor, para abrir caminhos para ultrapassar dificuldades, em todos os patamares da sua concretização, incluindo o próprio Governo no seu conjunto. Para além do empenho pessoal do primeiro-ministro, José Sócrates, o ministro José António Vieira da Silva e o secretário de Estado Fernando Medina foram co-responsáveis por todas as realizações, e outros membros do Governo estiveram envolvidos na celebração de protocolos de adesão dos respectivos sectores ao programa Novas Oportunidades, como foi o caso do ministro da Justiça, Alberto Costa, dos ministros da Administração Interna. António Costa e Rui Pereira, os ministros da Defesa, Luís Amado e Nuno Severino Teixeira.

Avaliação de resultados

Os principais resultados do programa Novas Oportunidades, dirigido aos adultos, foram sendo documentados em relatórios semestrais, nos quais se dava conta da evolução do número de adultos inscritos e do número de adultos com competências certificadas. Entre 2000 e 2009, inscreveram-se no programa um milhão de adultos, tendo obtido diploma de certificação de competências 350.000.

Para além da dimensão dos resultados quantitativos e agregados, reveladores da possibilidade de se alterar a situação do país no que respeita à qualificação dos adultos, os testemunhos de adultos, de instituições empregadoras, de profissionais e de técnicos de RVCC, de formadores e de professores envolvidos nesta actividade – testemunhos estes publicados em livros, editados em filmes e divulgados em várias situações e disponíveis na Internet – são uma importante fonte de informação para avaliação dos resultados do Programa. Fonte de informação sobretudo quanto à vida familiar e profissional dos que viveram a experiência do programa.

É certamente significativo que muitos adultos envolvidos no processo de formação e certificação de competências refiram a importância que atribuem a uma mudança em particular: passaram a poder acompanhar a vida escolar dos filhos. Não por acaso, algumas escolas com centro Novas Oportunidades, como por exemplo, a Escola Secundária de Gondomar, a Escola Secundária de Amares e a Escola Secundária Júlio Dantas, em Lagos, estrategicamente elegeram os pais dos seus alunos como grupo-alvo e prioritário a abranger. Porque o envolvimento dos pais em processos de formação e qualificação ajuda a melhorar a relação dos pais com a escola, a melhorar a sua compreensão e valorização dos processos de ensino e de aprendizagem. No mesmo sentido ainda, Lucília Salgado desenvolveu um estudo sobre as alterações positivas nos hábitos de leitura das crianças de famílias cujos pais tinham vivido, ou estavam a viver, o processo de formação e certificação no Novas Oportunidades.

O programa foi acusado de promover o facilitismo. Os críticos lançaram a suspeição sobre a seriedade e a qualidade da actividade dos centros, referindo perplexidade pelo facto de um adulto poder obter um diploma de certificação das suas competências em seis meses ou mesmo em um ano. Alguns terão genuínas dúvidas sobre a metodologia de reconhecimento, validação e certificação de competências que o adulto adquiriu ao longo da vida de trabalho que pode ser de 5 anos, de 10 ou de 20. A esses críticos importa responder explicando a especificidade de tal método, importa fornecer a informação sobre a formação complementar que os adultos frequentam, importa mostrar o tipo de exercícios e trabalhos que os adultos realizam, importa explicar e demonstrar a natureza do *saber* e do *saber-fazer* que se acumula ao longo da vida, e com a vida, sobretudo com a vida de trabalho. Também vale a pena esclarecer quantos duvidam e se preocupam com a qualidade, o rigor e o nível de exigência, pelo facto de se estarem a formar muitas pessoas ao mesmo tempo. Cabe explicar-lhes que, ao contrário do que julga o senso comum, a quantidade não implica fatalmente quebras de qualidade. E descrever-lhes os mecanismos de controlo da qualidade instituídos, assim como os procedimentos e penas previstas para os casos de fraude comprovada.

Há outro tipo de críticas que não relevam de dúvidas ou de preocupações com a qualidade, mas de uma visão do mundo diferente, mais fechada, mais elitista e mais pessimista. São aqueles que acreditam que só se aprende na escola – ou que só tem valor o que se aprende na escola –, que se os adultos não estudaram é porque não tinham capacidades para o fazer, procurando agora um caminho de facilidade. São aqueles que também não acreditam, provavelmente não querem, que o país sofra mudanças que diminuam as desigualdades entre os portugueses. Com estes críticos vale a pena o debate de ideias, vale a pena construir argumentos que permitam defender os pontos de vista, os princípios em que se baseia o programa Novas Oportunidades.

Desafios futuros

Foi contratualizada, entre a Agência Nacional para a Qualificação e a Universidade Católica, a avaliação e o acompanhamento externo do Programa Novas Oportunidades, durante os próximos três anos, sob coordenação de Roberto Carneiro, tendo sido já apresentados os primeiros resultados e as primeiras sugestões e recomendações para a sua progressiva melhoria.

Porém, nenhuma avaliação externa dispensa os mecanismos de acompanhamento e controlo interno, sobretudo programas como este com um tempo de concretização muito curto e um alcance tão amplo.

Considero que se colocam quatro desafios ou questões a merecer uma atenção continuada.

Em primeiro lugar, a qualidade e o rigor dos procedimentos de aplicação das metodologias. Embora este seja um dos programas, na área do ensino e da formação, mais documentado e com maior recolha de dados, dispondo-se de informação pormenorizada sobre os adultos em formação, os formadores e as instituições, os procedimentos e os percursos, para continuar a manter a confiança dos adultos e das instituições empregadoras no programa Novas Oportunidades é necessário que a Agência Nacional para a Qualificação, os directores dos centros e os profissionais garantam a qualidade e o rigor dos procedimentos. E que não sejam complacentes com as más práticas, porque serão esses casos que servirão como exemplo a todos aqueles que não acreditam no programa.

Em segundo lugar, o modelo de financiamento da formação contínua de adultos, incluindo a actividade dos centros Novas Oportunidades, requer acompanhamento e avaliação específica, devendo evitar-se a todo o custo que, através do financiamento, sejam dados estímulos errados que acabam por afastar as instituições dos objectivos do programa.

Em terceiro lugar, a especificidade do diploma de certificação de competência ao nível do secundário. Esta questão, que começou a ser trabalhada pela Agência Nacional para a Qualificação com a equipa de avaliadores externos, requer um importante investimento. O ensino secundário caracteriza-se hoje por uma diversidade de vias de formação que preparam para a vida activa (cursos profissionais) ou para prosseguimento de estudos (cursos cientifico-humanísticos). Deve por isso ser ponderada a possibilidade de diversificar e, simultaneamente, especificar profissionalmente a certificação de competências adquiridas ao longo da vida para este nível de qualificação. Esta evolução implica investimento na especificação dos referenciais de competências-chave e na formação de profissionais e de técnicos de RVCC – profissional, exigindo-se o envolvimento das instituições com representação no Catálogo Nacional das Profissões. Este é talvez um caminho que poderá permitir aos centros Novas Oportunidades uma resposta mais eficaz aos adultos inscritos no secundário, mas que também poderá permitir melhorar a articulação entre os processos de RVCC e os processos de formação complementar através dos cursos EFA ao nível do secundário.

Finalmente um último desafio. É necessário manter as dinâmicas de motivação dos adultos e de envolvimento das instituições empregadoras e do ritmo de inscrição e de resposta por parte dos centros Novas Oportunidades.

Documentos de referência

Normativos

Despacho Conjunto n.º 26401/2006, de 29 de Dezembro – Regulamenta a criação e organização dos cursos EFA;

A ESCOLA COMPENSA 313

Portaria n.º 86/2007, de 12 de Janeiro – Alarga o processo de RVCC ao ensino secundário;

Despacho n.º 7794/2007, de 27 de Abril – Aplica as orientações sobre a rede nacional dos centros Novas Oportunidades do Sistema Nacional RVCC às escolas e agrupamento de escolas;

Despacho n.º 11203/2007, de 8 de Junho – Define as orientações aplicáveis aos centros Novas Oportunidades e às entidades formadoras dos cursos de educação e formação de adultos;

Portaria n.º 817/2007, de 27 de Julho – Novo regime jurídico dos cursos de Educação e Formação de Adultos;

Declaração de Rectificação n.º 117/2007, de 28 de Dezembro – Rectifica o Decreto-Lei n.º 357/2007, de 29 de Outubro, que regulamenta o processo de conclusão e certificação, por parte de adultos com percursos formativos incompletos, do nível Secundário de educação relativo a planos de estudo já extintos;

Decreto-Lei n.º 357/2007, de 29 de Outubro – Regulamenta o processo de conclusão e certificação, por parte de adultos com percursos formativos incompletos, do nível secundário de educação relativo a planos de estudo já extintos;

Despacho n.º 29176/2007, de 21 de Dezembro – Regula o acesso de pessoas com deficiência ou incapacidade ao processo de reconhecimento, validação e certificação de competências (RVCC) e as ofertas de educação e formação de adultos;

Despacho n.º 6260/2008, de 5 de Março – É aprovado o regulamento de exames a nível de escola para a conclusão e certificação do nível secundário de educação ao abrigo do Decreto-Lei n.º 357/2007, de 29 de Outubro;

Portaria n.º 230/2008, de 7 de Março – Define o regime jurídico dos cursos de educação e formação de adultos (cursos EFA) e das formações modulares previstos no Decreto-Lei n.º 396/2007, de 31 de Dezembro, e revoga a Portaria n.º 817/2007, de 27 de Julho;

Despacho n.º 6950/2008, de 10 de Março – Autoriza a criação de centros Novas Oportunidades em entidades e concelhos identificados, em acréscimo à rede de centros já existente;

Despacho n.º 14310/2008, de 23 de Maio – Define as orientações para o funcionamento dos centros Novas Oportunidades nos estabelecimentos públicos de ensino;

Portaria n.º 370/2008, de 21 de Maio – Regula a criação e o funcionamento dos centros Novas Oportunidades;

Despacho normativo n.º 1/2008, de 8 de Janeiro – Regulamenta a concessão de equivalências entre disciplinas e áreas de formação integradas em planos de estudo de cursos de nível secundário de educação e disciplinas e áreas e formação do ensino secundário recorrente por módulos capitalizáveis;

Despacho n.º 15642/2008, de 5 de Junho – Estabelece os modelos de diplomas e certificação de conclusão do nível secundário de educação, ao abrigo do Decreto-Lei n.º 357/2007, de 29 de Outubro;

Portaria n.º 782/2009, de 23 de Julho – Regula o Quadro Nacional de Qualificações e define os descritores para a caracterização dos níveis de qualificação nacionais;

Portaria n.º 781/2009, de 23 de Julho – Estabelece a estrutura e organização do Catálogo Nacional de Qualificações;

Despacho n.º 15889/2009, de 13 de Julho – Aprova o regulamento das comissões técnicas dos centros Novas Oportunidades;

Despacho n.º 20650/2009, de 14 de Setembro – Cria o grupo de trabalho com o objectivo de apresentar um diagnóstico das necessidades de formação de dupla certificação;

314 A ESCOLA PÚBLICA PODE FAZER A DIFERENÇA

Despacho n.º 21028/2009, de 18 de Setembro – Reconhece as acções de formação contínua em educação e formação de adultos, realizadas por coordenadores e formadores dos Centros Novas Oportunidades, no âmbito do Estatuto da Carreira Docente;

Outros documentos

Carneiro, Roberto (Coord.) (2009), Análise da Iniciativa Novas Oportunidades como Acção de Política Pública Educativa, ANQ;

Carneiro, Roberto (Coord.) (2009), Percepções sobre a Iniciativa Novas Oportunidades, ANQ, 2009;

Carneiro, Roberto (Coord.) (2009), Estudos de Caso de Centros Novas Oportunidades, ANQ, 2009;

Carneiro, Roberto (Coord.) (2009), Auto-Avaliação de Centros Novas Oportunidades: Adequação do SIGO às Necessidades de Avaliação, ANQ, 2009;

Carneiro, Roberto (Coord.) (2009), Estudo de Percepção da Qualidade de Serviço e de Satisfação, ANQ, 2009;

Carneiro, Roberto (Coord.) (2009), Painel de Avaliação de Diferenciação entre Inscritos e não Inscritos na Iniciativa Novas Oportunidades, ANQ, 2009;

Apresentação Iniciativa Novas Oportunidades Adultos, Principais Resultados, 20 de Maio de 2007, ANQ;

Simões, Maria Francisca; Silva, Maria Pastora (2008), A Operacionalização de Processos de Reconhecimento, Validação e Certificação de Competências Profissionais – Guia de apoio, ANQ;

Capucha, Luís (2009), Balanço da Iniciativa Novas Oportunidades – Eixo Adultos: Portugal em Mudança, ANQ;

Canelas, Ana Maria (Coord.) (2007), Carta de Qualidade dos Centros Novas Oportunidades, ANQ;

Catálogo Nacional das Qualificações, ANQ;

Quintas, Helena Luísa Martins (2008), Educação de Adultos – vida no currículo e currículo na vida, ANQ;

ANQ (2009), Guia das Profissões, ANQ;

Sousa, Jerónimo (Coord.) (2009), Guia Metodológico para o Acesso das Pessoas com Deficiências e Incapacidades ao Processo de Reconhecimento, Validação e Certificação de Competências — Nível Básico, ANQ;

Apresentação "Iniciativa Novas Oportunidades", ME e MTSS, sem data;

Pinto, Helena Rebelo, et. Al. (2008), Instrumentos de Apoio à Construção de um Projecto Vocacional nos Centros Novas Oportunidades, ANQ;

Almeida, Maryline (2008), Metodologia de Acolhimento, Diagnóstico e Encaminhamento de Adultos: Centros Novas Oportunidades, ANQ;

Iniciativa Novas Oportunidades – Iniciativa no Âmbito do Plano Nacional de Emprego e do Plano Tecnológico, ME e MTSS, 2006;

Rodrigues, Sandra Pratas (2009), Guia de Operacionalização de Cursos de Educação e Formação de Adultos, ANQ;

Gomes, Maria do Carmo (Coord.) (2006), Referencial de Competências-Chave para a Educação e Formação de Adultos – Nível Secundário, DGFV;

Iniciativa Novas Oportunidades – Eixo Adultos, Relatório de Dezembro de 2009, ANQ;

Iniciativa Novas Oportunidades – Eixo Adultos, Relatório de Março de 2010, ANQ;

Apresentação Iniciativa Novas Oportunidades ME e MTSS (sem data);

Gomes, Maria do Carmo; Santos, Dora (Coord.) (2009), Um milhão de Novas Oportunidades, ANQ;

ME e MTSS (sem data), Iniciativa Novas Oportunidades – Dois Anos em Balanço, ANQ;

ANQ (sem data), Brienfing Iniciativa Novas Oportunidades, ANQ;

Agência Nacional para a Qualificação (*Site*);

O Mundo das Profissões (*Site*);

Catálogo Nacional das Qualificações (*Site*).

AGRADECIMENTOS

Escrever um livro é uma forma de revelar o que se sabe, o que se conhece, o que se pensa, o que se fez, o que se ambicionou ou se sonhou, seja um livro de poesia, um romance, a descrição de uma viagem, o resultado de uma investigação, um manual ou um livro sobre política. É um acto solitário, de encontro de quem escreve consigo próprio e com as suas circunstâncias, as suas limitações e as suas forças.

Mas o que permite escrever é a vida com os outros. A matéria de que os livros são feitos resulta de muitos encontros, de muitas vontades, de muitas forças e da competência de muitos. Referir aqueles que, entre Março de 2005 e Outubro de 2009, acompanharam a concretização da política educativa, que a viabilizaram, que se envolveram, que foram parceiros, que tornaram possível este livro, quase exige outro livro, mas não posso deixar de o fazer.

O primeiro reconhecimento é devido ao primeiro-ministro José Sócrates. Nada teria sido possível sem a força da sua vontade política, sem a sua sensibilidade para dar prioridade à educação e sem o seu desejo de construir um país mais justo e mais moderno, convicto de que isso passava, e passará sempre, por mais e melhor educação para todos. Foi grande o seu envolvimento em dossiês como o da introdução do Inglês no 1.º ciclo e dos programas Novas Oportunidades e de Modernização das Escolas Secundárias.

Quero recordar, indicando os seus nomes, todos os que desempenharam cargos de assessoria nos gabinetes ou cargos de direcção nos serviços regionais e centrais do Ministério da Educação, para memória futura, mas também como testemunho do meu reconhecimento pelo seu trabalho e dedicação à causa pública.

Os secretários de Estado da Educação foram Jorge Pedreira e Valter Lemos e os nossos gabinetes foram chefiados durante todo o mandato por Maria José Morgado (ME), Vasco Alves (SEAE) e

Maria do Rosário Mendes (SEE). É relativamente pequena a lista de assessores que apoiaram e acompanharam o desenvolvimento da actividade dos três gabinetes. Nem todos permaneceram durante todo o mandato e alguns integraram a equipa já depois do início da legislatura, em diferentes momentos, mas todos tiveram a oportunidade de dar uma colaboração importante: Ana Paula Gravito, Filipa de Jesus, Mariana Vieira da Silva, Mário Araújo, Jorge Barra, Hugo Mendes, Sara Amor, Luísa Araújo, Teresa Almeida Costa, Rui Almas, Alexandra Duarte, Helena Caniço, Tiago Barra, António Correia, Ana Canelas, João Correira de Freitas (ME), Joaquim Silva Pereira, José Manuel Baptista, Raquel Sabino Pereira, António Grilo, Madalena Martins, Ana Paula Varela, Manuela Perdigão (SEAE), Manuel Joaquim Ramos, Alexandra Figueiredo, António Torres, Carlos Reis Silva, Margarida Chambel, Luís Goucho, Manuela Augusto, Dulcineia Gil, Fátima Almeida, Berta Rafael, Jorge Morais e Jesuína Ribeiro (SEE).

Asseguraram as actividades de comunicação e assessoria de imprensa António Ramos André, Rui Nunes, Ana Paula Ferreirinha, Elsa Barros, Joana Horta, João Limão, Paula Fonseca e Tiago Vaz.

O secretariado dos gabinetes foi assegurado por Isabel Silva, Aldina Teixeira, Ana Alfaro, Fátima Romana, Maria João Tomás, Vera Costa e Teresa Brito. Fernando Grilo, Carlos Galrrito, Paulo Palma, Carlos Cabral, Mário Luís e Antero Morais foram os motoristas que nos acompanharam em todas as missões.

Foram dirigentes dos serviços regionais do Ministério, embora por períodos de duração diferente. Na DRE do Norte: Margarida Moreira, António Leite e Manuel Oliveira; na DRE do Alentejo: José Verdasca, José Bravo Nico (até Novembro de 2005) e Carlos Calhau; na DRE do Algarve: Luís Correia, Eduardo Dias e João Libório (até Setembro de 2007); na DRE de Lisboa e Vale do Tejo: José Leitão, Joaquim Barbosa e Rui Correia; na DRE do Centro: Engrácia Castro, Cristina Dias, Helena Libório e José Manuel Silva (até Agosto de 2006).

Foram dirigentes dos serviços centrais. GAVE: Carlos Pinto-Ferreira, Sandra Pereira, Anabela Serrão e Glória Ramalho (até Novembro de 2006); GEPE: João Mata, João Pedro Ruivo, Isabel Almeida e Maria João Valente Rosa (até Junho 2006); IGE: José Maria Azevedo, Alexandre Ventura e Conceição Castro Ramos (até

Novembro de 2006); MISI: Luís Custódio; DGRHE: Jorge Morais, Idalete Gonçalves e Diogo Simões Pereira (até Maio de 2007); ANQ: Luís Capucha, Paulo Feliciano, Carmo Gomes e Clara Correia (até Junho de 2008); DGIDC: Joana Brocardo, Teresa Evaristo, Jesuína Ribeiro e Cristina Paulo (até Maio de 2006) e Luís Capucha (até Setembro de 2008); Rede de Bibliotecas Escolares: Teresa Calçada; PNL: Isabel Alçada; PRODEP e POPH: Alexandra Vilela; GGF: Edmundo Gomes e Clementina Reis; Secretaria Geral: João Batista, José Pascoal e Paulo Silva (até Julho de 2009); Gabinete de Segurança: Paula Peneda, Jorge Nunes e José Fernandes; ANPALV: Isabel Duarte; Parque Escolar, EPE: João Sintra Nunes, Teresa Heitor, Rui Reis e Paulo Farinha.

Em terceiro lugar, gostava de referir os nomes de todos os que, não pertencendo nem aos Gabinetes, nem ao Ministério da Educação, contribuíram para a concretização da política educativa. A grande maioria dos que, individualmente ou em representação institucional, participaram no desenho, na realização ou na avaliação das medidas lançadas, são identificados, ao longo do livro, sendo descrito o respectivo contributo. Todavia, o facto de se terem apresentado apenas 24 medidas de um conjunto mais vasto de iniciativas lançadas, não permitiu o reconhecimento de todos os que, tendo-lhes sido solicitado apoio e colaboração, responderam generosa e prontamente.

O Conselho Nacional de Educação, nos mais de quatro anos de legislatura, foi presidido sucessivamente por Manuel Porto, Júlio Pedrosa e Ana Maria Bettencourt. O Conselho cumpriu a sua missão com rigor e elevado nível de exigência, tendo, sob responsabilidade de Júlio Pedrosa, organizado um importante debate nacional no ano de 2006, por ocasião dos 20 anos da Lei de Bases.

Com a Associação Nacional de Municípios Portugueses, presidida por Fernando Ruas e tendo como secretário geral Artur Trindade, foi possível construir uma agenda comum de trabalhos que em muito contribuiu para valorizar a participação das autarquias nas matérias de educação. Foram inúmeras as reuniões de trabalho em que participaram vários autarcas dos órgãos de direcção da ANMP, sendo responsável pela área da educação, António Ganhão.

A CONFAP, presidida por Albino Almeida, revelou permanente disponibilidade para ajudar a valorizar a imagem e a presença dos pais e das associações de pais nas escolas, tendo-se alargado e valorizado a sua participação no acompanhamento das políticas educativas. Com a CNIS, dirigida inicialmente pelo padre Crespo e mais tarde pelo padre Lino Maia, foi mantido um diálogo permanente sobre as matérias relativas ao desenvolvimento do pré-escolar e das actividades de apoio à família no primeiro ciclo.

Com as associações de professores das várias áreas disciplinares, como de Inglês, de História e de Educação Física, de Música, de Matemática, dos Educadores de Infância, bem como com a Associação Nacional das Escolas Profissionais e a Associação do Ensino Particular e Cooperativo presidida por J. Alverenga e tendo como Secretário-geral Rodrigo Queiroz e Melo foi mantido um diálogo e uma colaboração decisivas para a realização de várias medidas de política educativa.

João Costa, Victor Aguiar e Silva, Olívia Figueiredo e Vitor Oliveira deram um apoio precioso na resolução da polémica criada em torno da terminologia linguística. Neste campo, a colaboração de Carlos Reis, na coordenação dos trabalhos relacionados com os novos programas de português para o ensino básico, foi marcada pela procura de soluções equilibradas.

Daniel Sampaio e, mais tarde, Roberto Carneiro presidiram ao júri do Prémio Nacional de Professores, que nas várias edições contou ainda com a participação de António Nóvoa, Isabel Alarcão, Dulce Lavajo, Raquel Seruca, Manuela Castro Neves, Manuel Rangel, José Marques dos Santos, Inês Sim-Sim e Albertina Mateus. Arsélio Martins e Jacinta Moreira foram os primeiros professores distinguidos com o Prémio Nacional de Professores, tendo integrado o júri nas edições seguintes.

Conceição Castro Ramos, para além de relatora do relatório nacional sobre a avaliação de professores solicitado pela OCDE, presidiu à Comissão Científica para a Avaliação de Professores, que contou ainda com a participação Arsélio Martins, Jorge Trigo Mira, José Matias Alves, Maria João Mexia Leitão, Mário José Duarte Silva, Ludgero Leote, Matilde Azenha, Maria Cristina Bastos, Maria Helena Veríssimo, Alexandra Castanheira Rufino, Ana Paula Curado, António Caetano, José Palma, Maria do Céu Roldão, Maria Eugénia Barbosa, Maria Helena Peralta, Natércio Afonso, Fernando Elias, José Ramos e Rogério Bacalhau Coelho.

Daniel Proença de Carvalho e Gomes Canotilho deram um apoio inestimável num momento muito difícil com os pareceres pro bono sobre o caso de colocação abusiva de câmaras de televisão nas salas de aula de uma escola.

Bártolo Paiva Campos organizou e coordenou, em 2007, a presidência portuguesa da UE na área da educação. No mesmo sentido, embora com diferentes metodologias também Daniel Sampaio, com Margarida Gaspar de Matos e Miguel Oliveira da Silva, apoiados por Isabel Baptista da DGIDC, definiram uma metodologia de organização da educação para a saúde nas escolas. E Eduardo Marçal Grilo coordenou o debate, que envolveu inúmeras instituições e personalidades, sobre as questões da educação para a cidadania. Estas iniciativas foram lançadas em articulação respectivamente com os gabinetes do ministro da Saúde António Correia de Campos e do secretário de Estado Jorge Lacão. O trabalho realizado por estas equipas exteriores ao Ministério da Educação, que todavia contaram com a colaboração dos serviços e dos seus dirigentes, constitui uma importante mais-valia para as escolas e pode ser consultado uma vez que se encontra publicado ou divulgado nos sítios específicos na Internet.

Maria Emília Brederode Santos garantiu a edição renovada da NOESIS, e com essa actividade deu continuidade ao trabalho de divulgação de boas práticas de organização pedagógica.

Eurico Lemos Pires, João Freire, Manuel Sarmento, Pedro Guedes de Oliveira, Maria de Lurdes Serrazina, Inês Sim-Sim, Lucília Salgado, João Pedro da Ponte, João Formosinho, João Sebastião, Carlos Reis, Nelson Matias, Ana Maria Bettencourt, Domingos Fernandes, Maria do Céu Roldão, António Dornelas e Paulo Pedroso, em diferentes momentos e de diferentes formas, tiveram disponibilidade para ouvir e aconselhar, para se envolver e participar na concretização de programas e iniciativas de política educativa.

Aos directores das escolas foi dada "voz" e fizeram-se ouvir, com total autonomia. Pudemos beneficiar de tudo o que resultou das inúmeras reuniões de trabalho, de debate, de reflexão, de troca de pontos de vista sobre os problemas e as soluções. Agradeço a todos a dedicação à causa da educação e àqueles com quem foi possível maior proximidade agradeço também a amizade e confiança.

Aos ex-ministros da Educação agradeço a disponibilidade que revelaram para conversar, para apoiar e até para ajudar a resolver

322　A ESCOLA PÚBLICA PODE FAZER A DIFERENÇA

problemas. Sinto um grande orgulho em pertencer a este grupo de pessoas que se mantiveram, apesar dos muitos dissabores e incompreensões, cidadãos positivos que acreditam no país e que continuam dedicados à causa pública.

Não posso deixar de referir a colaboração dos deputados do Partido Socialista, em particular os membros da Comissão de Educação e Cultura presidida durante toda a legislatura por António José Seguro. As reuniões da Comissão constituíram importantes momentos de debate e reflexão, tendo sido particularmente estimulantes as sessões de trabalho com os deputados Manuela de Melo, Odete João, João Bernardo, Bravo Nico, Paula Barros, Fernanda Asseiceira, Luís Fagundes Duarte, Aldemira Pinho e Manuel Mota.

O Partido Socialista, em particular os presidentes das federações distritais, Joaquim Raposo, Joaquim Barreto, Joaquim Mourão, Vitor Baptista, Afonso Candal, Rui Solheiro, Miguel Freitas, João Paulo Pedrosa, Mota Andrade, Renato Sampaio, José Junqueiro, Vitor Ramalho, Ceia da Silva, criaram inúmeras oportunidades de encontro com militantes de base e espaços de discussão franca das dificuldades, dos dilemas e da importância do trabalho do governo na área da educação. Uma palavra de reconhecimento especial para a Juventude Socialista, presidida por Duarte Cordeiro. O que retenho na memória dos encontros em que participei é a força das convicções e das competências para construir um país melhor.

Aos autarcas, presidentes de câmara e respectivos vereadores da educação, para além de todo o trabalho que realizaram junto das escolas, devo reconhecer a disponibilidade para a definição de uma política local na área da educação. Foram particularmente importantes as reuniões de trabalho com Joaquim Raposo (Amadora), Joaquim Barreto (Cabeceiras de Basto), Rui Solheiro (Melgaço), Silvino Sequeira (Rio Maior), António Borges (Resende), António Pereira Júnior (Paredes de Coura), António Magalhães (Guimarães), António Vassalo de Abreu (Ponte da Barca), Celso Ferreira (Paredes), José Luís Carneiro (Baião), Maria Amélia Antunes (Montijo), Suzana Amador (Odivelas), Carlos Teixeira (Loures), Maria da Luz Rosinha (Vila Franca de Xira), António Camilo (Odemira), José Apolinário (Faro), Jorge Magalhães (Lousada), Jorge Bento (Condeixa-a-Nova), João Taveira Pinto (Ponte de Sôr), Fátima Felgueiras (Felgueiras), Defensor de Moura (Viana do Castelo), Pedro Pinto (Paços de Ferreira),

João Baptista (Chaves), Castro Fernandes (Santo Tirso), Valentim Loureiro (Gondomar), Francisco Araújo (Arcos de Valdevez), Daniel Campelo (Ponte de Lima), José Ribeiro (Fafe), António Bragança Fernandes (Maia), Júlio Barroso (Lagos), Macário Correia (Tavira), Isaltino Morais (Oeiras), António Oliveira Rodrigues (Torres Novas), Álvaro Pedro (Alenquer), José Gomes (Almeirim), Joaquim Rosa do Céu (Alpiarça), Carlos Lourenço (Arruda dos vinhos), Joaquim António Ramos (Azambuja), Telmo Faria (Óbidos), José Custódio (Lourinhã), Fernando Corvelo de Sousa (Tomar), Vitor Frazão (Ourém), Francisco Orelha (Cuba), José Ernesto de Oliveira (Évora), Norberto Patinho (Portel), Francisco Santos (Beja), Manuel Coelho (Sines), Carlos Beato (Grândola), Pedro do Carmo (Ourique), Manuel António da Luz (Portimão), Rui Rio (Porto), Mesquita Machado (Braga), Guilherme Pinto (Matosinhos), Mário Almeida (Vila do Conde), Ministro dos Santos (Mafra), Joaquim Mourão (Castelo Branco) e António Costa (Lisboa).

José Mário Costa ajudou na revisão do texto, mas qualquer falha que tenha permanecido é da minha inteira responsabilidade.

Agradeço à Luisa Amorim que, além de toda a amizade, me ajudou, e tantas vezes me substituiu, nas tarefas de filha.

Para terminar quero dizer ao Rui, à Ana Laura, ao Nuno e ao Luís que tenho muita sorte em tê-los perto de mim.

BIBLIOGRAFIA

Abrantes, Paulo, Lurdes Serrazina e Isolina Oliveira (1999), *A Matemática na Educação Básica*, Lisboa, Ministério da Educação.

Afonso, Almerindo Janela (1998), *Políticas Educativas e Avaliação Educacional. Para Uma Análise Sociológica da Reforma Educativa em Portugal*, Braga, Universidade do Minho.

Afonso, Almerindo Janela (2001), "A redefinição do papel do Estado e as políticas educativas: elementos para pensar a transição", *Sociologia Problemas e Práticas*, 37, pp. 33-48.

Afonso, Natércio G. (1995), *A Imagem Pública da Escola. Inquérito à População sobre o Sistema Educativo*, Lisboa, Instituto de Inovação Educacional.

Alarcão, Isabel (org.) (2005), *Supervisão. Investigações em Contexto Educativo*, Aveiro, Universidade de Aveiro e Direcção Regional da Educação / Ponta Delgada, Universidade dos Açores.

Almeida, Ana Nunes, e Maria Manuel Vieira (2006), *A Escola em Portugal. Novos Olhares, Outros Cenários*, Lisboa, ICS.

Almeida, Fátima, e outros (2007), *Novo Estatuto da Carreira Docente*, Lisboa, Texto Editores.

Alonso, Luísa, e Maria do Céu Roldão (2005), *Ser Professor do 1.º Ciclo. Construindo a Profissão*, Coimbra, Almedina.

Alves, Luís Alberto Marques (1989), *As Escolas e a Qualidade*, Rio Tinto, Edições ASA.

Alves, Luís Alberto Marques, e outros (2009), *Ensino Técnico (1756-1973)*, Lisboa, Secretaria-Geral do Ministério da Educação.

Ambrósio, Teresa (1985), "Aspirações, sociais e políticas de educação", *Análise Social*, 21, Lisboa, pp. 1023-1039.

ANQ (2009), *Iniciativa Novas Oportunidades, Eixo Adultos. Relatório de Dezembro de 2009*, Lisboa, MTSS / ME.

Azevedo, Joaquim (1994), *Reflexões sobre Política Educativa*, Porto, Edições ASA.

Azevedo, José Maria (1996), *Os Nós da Rede. O Problema das Escolas Primárias em Zonas Rurais*, Porto, Edições ASA.

Ball, Stephen J. (2008), *The Education Debate*, Bristol, The Policy Press.

Barroso, João (2005), *Políticas Educativas e Organização Escolar*, Lisboa, Universidade Aberta.

Baudelot, Christian, e Roger Establet (2009), *L'Elitisme Républicain. L'Ecole Française à L'Epreuve des Comparaisons Internationales*, Paris, La Republique des Idees / Éditions du Seuil.

Benavente, Ana, e outros (1996), *A Literacia em Portugal. Resultados de Uma Pesquisa Extensiva e Monográfica*, Lisboa, Fundação Calouste Gulbenkian / Conselho Nacional de Educação.

Bettencourt, Ana Maria, e outros (2000), *Territórios Educativos de Intervenção Prioritária. Construção "Ecológica" da Acção Educativa*, Lisboa, Instituto de Inovação Educacional.

Cabral, Manuel Vilaverde (org.) (2008), *Conferência Internacional Sucesso e Insucesso. Escola, Economia e Sociedade*, Lisboa, Fundação Calouste Gulbenkian.

Caetano, António (2008), *Avaliação de Desempenho. O Essencial que Avaliadores e Avaliados Precisam de Saber*, Lisboa, Livros Horizonte.

Campos, Bártolo Paiva (1991), *Educação e Desenvolvimento Pessoal e Social*, Porto, Edições Afrontamento.

Campos, Bártolo Paiva, e outros (1991), *Ciências da Educação em Portugal. Situação Actual e Perspectivas*, Porto, Sociedade Portuguesa de Ciências da Educação.

Canário, Rui (2000), *Educação de Adultos. Um Campo e Uma Problemática*, Lisboa, Educa.

Canário, Rui, Clara Rolo e Mariana Alves (1997), *A Parceria Professores/Pais na Construção de Uma Escola do 1º. Ciclo. Estudo de Caso*, Lisboa, Ministério da Educação.

Canavarro, José Manuel (relator) (2004), *Eu Não Desisto. Plano Nacional de Prevenção do Abandono Escolar*, Lisboa, ME e MSST.

Capel, Fanny, e François Dubet (2009), *Le Niveau Baisse-t-il Vraiment?*, Paris, Éditions Magnard.

Capucha, Luís (2009), *Balanço da Iniciativa Novas Oportunidades, Eixo Adultos, Portugal em Mudança*, Lisboa, Agência Nacional para a Qualificação.

Capucha, Luís (coord.) (2009), *Mais Escolaridade. Realidade e Ambição. Estudo Preparatório do Alargamento da Escolaridade Obrigatória*, Lisboa, Agência Nacional para a Qualificação.

Cardona, Maria João (2006), *Educação de Infância. Formação e Desenvolvimento Profissional*, Lisboa, Edição Cosmos.

Carneiro, Roberto (coord.) (2009), *Análise da Iniciativa Novas Oportunidades como Acção de Política Pública Educativa*, Lisboa, Agência Nacional para a Qualificação.

Carneiro, Roberto (coord.) (2009), *Estudo de Percepção da Qualidade de Serviço e de Satisfação*, Lisboa, Agência Nacional para a Qualificação.

Carneiro, Roberto (coord.) (2009), *Estudos de Caso de Centros Novas Oportunidades*, Lisboa, Agência Nacional para a Qualificação.

Carneiro, Roberto (coord.) (2009), *Painel de Avaliação de Diferenciação entre Inscritos e não Inscritos na Iniciativa Novas Oportunidades*, Lisboa, Agência Nacional para a Qualificação.

Carneiro, Roberto (coord.) (2009), *Percepções sobre a Iniciativa Novas Oportunidades*, Lisboa, Agência Nacional para a Qualificação.

Carvalho, Maria Adelina Sá, e Paula Padrão Oliveira (1990), *O Estatuto da Carreira Docente*, Porto, Edições ASA.

Conselho da Europa (2001), *Quadro Europeu Comum de Referência para as Línguas*, Lisboa, Edições ASA.

Conselho Nacional da Educação (org.) (2004), *As Bases da Educação*, Lisboa, Conselho Nacional da Educação.

Conselho Nacional da Educação (org.) (2007), *Educação e Municípios*, Lisboa, Conselho Nacional de Educação.

Conselho Nacional de Educação (1999), *O Ensino Secundário em Portugal. Estudos*, Lisboa, Conselho Nacional de Educação.

Conselho Nacional de Educação (2007), *Relatório Final do Debate Nacional sobre a Educação*, Lisboa, Conselho Nacional de Educação.

BIBLIOGRAFIA 327

Conselho Nacional de Educação (2007), *A Educação em Portugal (1986-2006). Alguns Contributos de Investigação*, Lisboa, Conselho Nacional de Educação.

Costa, António Firmino da, et. Al (2008), *Avaliação do Plano Nacional de Leitura*, Lisboa, GEPE-ME.

Costa, António Firmino da, e outros (2008), *Barómetro de Opinião Pública. Atitudes dos Portugueses Perante a Leitura e o Plano Nacional de Leitura*, Lisboa, CIES-ISCTE.

Costa, Fernando Albuquerque (coord.) (2008), *Competências TIC. Estudo de Implementação*, Lisboa, GEPE-ME.

Costa, Jorge Adelino (2005), *Reorganização Curricular do Ensino Básico*, Aveiro, Universidade de Aveiro.

Costa, Jorge Adelino, e António Neto-Mendes (2006), *Avaliação de Organizações Educativas*, Aveiro, Universidade de Aveiro.

Crato, Nuno (coord.) (2006), *Desastre no Ensino da Matemática. Como Recuperar o Tempo Perdido*, Lisboa, Gradiva Editora.

Direcção de Serviços de Informação e Documentação (2008), *Quatro Décadas de Educação 1962- 2005*, Lisboa, Secretaria-Geral do Ministério da Educação.

Duarte, Maria Isabel (2007), *Estudo de Avaliação e Acompanhamento da Implementação da Reforma do Ensino Secundário*, IV Relatório, Grupo de Acompanhamento da Implementação da Reforma do Ensino Secundário, Lisboa, ME.

Dubet, François (2004), *L'Ecole des Chances. Qu'Est-ce Qu'Une École Juste?*, Paris, La République des Idées / Éditions du Seuil.

Dubet, François (2008), *Faits d'École*, Paris, Editions de L'école des Hautes Études en Sciences Sociales.

Duru-Bellat, Marie (2006), *L'Inflation Scolaire. Les Désillusions de la Méritocratie*, Paris, La République des Idées / Éditions du Seuil.

Esping-Andersen, et al. (2008), *Trois Leçons sur L'État-Providence*, Paris, La République des Idées / Éditions du Seuil.

Estrela, Albano (2008), *Teoria e Prática de Observação de Classes. Uma Estratégia de Formação de Professores*, Porto, Porto Editora.

Estrela, Albano, e António Nóvoa (2003), *Avaliações em Educação. Novas Perspectivas*, Porto, Porto Editora.

Fernandes, Domingos (org.) (1998), "Conferência internacional projectar o futuro: políticas, currículos, práticas", em Rui Vieira de Castro e outros (1998), *Reforma, Escola e Meio. Discursos sobre as Práticas em Contexto Local*, Lisboa, Ministério da Educação.

Ferrão, João, e outros (2000), "Abandono escolar precoce: olhares cruzados em tempo de transição", *Sociedade e Trabalho*, 10.

Field, Simon, Malgorzata Kuczera e Beatriz Pont (2007), *No More Failures. Ten Steps to Equity in Education*, Paris, OCDE.

Formosinho, João, e Joaquim Machado (2007), "Nova profissionalidade e diferenciação docente", em M.A. Flores e I.C. Viana (orgs.), *Profissionalismo Docente em Transição. As Identidades dos Professores em Tempos de Mudança*, Braga, CIED/IEP/UM, pp. 71-82.

Formosinho, João (1998), *Educação para Todos. O Ensino Primário. De Ciclo Único do Ensino Básico a Ciclo Intermédio da Educação Básica*, Cadernos PEPT, Lisboa, Editorial do Ministério da Educação.

Formosinho, João, e outros (2000), "*Estudos sobre a Mobilidade Docente. Descontinuidade Educativa no Coração da Prática Pedagógica*", Cadernos PEPT, Lisboa, Editorial do Ministério da Educação.

Fournier, Martine, e Vincent Troger (coord.) (2005), *Les Mutations de l'École. Le Regard des Sociologues*, Paris, Sciences Humaines Éditions.

Freire, João (2005), *Estudo sobre a Reorganização da Carreira Docente do Ministério da Educação. Relatório Final,* Lisboa, Ministério da Educação.

GEPE-ME (2009), *Educação em Números. Portugal 2009*, Lisboa, GEPE-ME.

GEPE-ME (2009), *Estatísticas da Educação 2007/2008*, Lisboa, GEPE-ME.

GEPE-ME (2009), *50 anos de Estatísticas da Educação*, volumes I, II e III, Lisboa, GEPE-ME e INE.

GIASE-ME (2006), *Séries Cronológicas. 30 Anos de Estatística da Educação. Anos 1977-2006*, volumes I e II, Lisboa, GIASE-ME.

GIASE-ME (2006), *Recenseamento Escolar 06/07*, Lisboa, GIASE-ME.

Gomes, Maria do Carmo (coord.) (2006), *Referencial de Competências-Chave para a Educação e Formação de Adultos. Nível Secundário*, Lisboa, DGFV.

Gomes, Maria do Carmo, e Dora Santos (coord.) (2009), *Um Milhão de Novas Oportunidades*, Lisboa, Agência Nacional para a Qualificação.

Grácio, Sérgio (1986), *Política Educativa como Tecnologia Social. As Reformas do Ensino Técnico de 1948 e 1983*, Lisboa, Livros Horizonte.

Gradstein, Mark, Moshe Justman e Volker Meier (2005), *The Political Economy of Education. Implications for Growth and Inequality*, Cambridge, Hans-Werner Sinn Editor.

Grosso, Maria José (coord.) (2008), *O Português para Falantes de Outras Línguas. O Utilizador Elementar no País de Acolhimento*, Lisboa, DGIDC-ME.

Guerreiro, Maria das Dores (coord.) (2009), *Trajectórias Escolares e Profissionais de Jovens com Baixas Qualificações. Relatório Final*, Lisboa, CIES-ISCTE.

Guerreiro, Maria das Dores, e Pedro Abrantes (2004), *Transições Incertas. Os Jovens Perante o Trabalho e a Família*, Comissão para a Igualdade no Trabalho e no Emprego, Lisboa, DGEEP.

Heitor, Teresa (2008), *Modernizing Portugal's Secondary Schools*, Paris, OCDE.

Inspecção-Geral da Educação (2007), *As Escolas Face a Novos Desafios / Schools Facing up to New Challenges*, Lisboa, Inspecção-Geral da Educação, Ministério da Educação.

Justino, David, e outros (2006), *A Reforma do Ensino Secundário 2004. Legislação Anotada*, Porto, Porto Editora.

Lahire, Bernard (2008), *La Raison Scolaire. École et Pratiques d'Écriture, entre Savoir et Pouvoir*, Rennes, Presses Universitaires de Rennes.

Lessard, Claude, e Philippe Meirieu (2005), *L'Obligation de Résultats en Éducation. Évolutions, Perspectives et Enjeux Internationaux*, Bruxelles, Éditions De Boeck.

Líma, Licínio (2006), *Educação não Escolar de Adultos. Iniciativas de Educação e Formação em Contextos Associativos*, Braga, Universidade do Minho.

Lopes, Margarida Chagas, e Pedro Goulart (2005), *Educação e Trabalho Infantil em Portugal*, Lisboa, IEFP.

Martins, Jorge, Gracinda Nave e Fernando Leite (2006), *As Autarquias e a Educação em 2001/2002 na Região Norte*, Braga, Associação Nacional de Professores.

BIBLIOGRAFIA 329

Matias, Nelson, e outros (2010), *Relatório de Execução do Programa TEIP 2, Comissão de Coordenação Permanente do Programa*, Lisboa, DGIDC-ME.

Matthews, Peter, e outros (2008), *Policy Measures Implemented in the First Cycle of Compulsory Education in Portugal. International Evaluation for the Ministry of Education 2008*, Lisboa, GEPE.

Matthews, Peter, e outros (2009), *Política Educativa para o 1.º Ciclo do Ensino Básico 2005-2008. Avaliação Internacional*, Lisboa, GEPE-ME.

Maurin, Éric (2004), *Le Ghetto Français. Enquête sur le Séparatisme Social*, Paris, La République des Idées / Éditions du Seuil.

Maurin, Éric (2007), *La Nouvelle Question Scolaire. Les Bénéfices de la Démocratisation*, Paris, Éditions du Seuil.

Maurin, Éric (2009), *La Peur du Déclassement. Une Sociologie des Récessions*, Paris, La République des Idées / Éditions du Seuil.

Ministério da Educação (2009), *A a Z da Educação. 2005-2009 Mais e Melhor Serviço Público de Educação*, Lisboa, Ministério da Educação.

Morais, Ana Maria (2000), *Estudos para uma Sociologia da Aprendizagem*, Lisboa, Instituto de Inovação Educacional.

Nóvoa, António (2002), "O espaço público da educação: imagens, narrativas e dilemas", em *Espaços de Educação, Tempos de Formação*, Lisboa, Fundação Calouste Gulbenkian, pp. 237-263.

Nóvoa, António (2007), *Desafios do Trabalho do Professor Contemporâneo*, São Paulo, Sindicato dos Professores de São Paulo.

Ó, Jorge Ramos do (2009), *Ensino Liceal (1836-1975)*, Lisboa, Secretaria-Geral do Ministério da Educação.

OECD (2001), *Education at a Glance. OECD Indicators. Education and Skills*, Paris, OCDE.

OECD (2001), *Education Policy Analysis 2001*, Paris, OCDE.

OECD (2005), *Teachers Matter. Attracting, Developing and Retaining Effective Teachers*, Paris, OCDE.

OECD (2007), *Education at a Glance 2007. OECD Indicators*, Paris, OCDE.

OECD (2008), *Education at a Glance 2008. OECD Indicators*, Paris, OCDE.

OECD (2009), *Education at a Glance 2009. OECD Indicators*, Paris, OCDE.

OECD (s/data), *Education at OECD. Core Findings and Policy Directions*, Paris, OCDE.

Oliveira, Pedro Guedes, e outros (2006), *Relatório Final da Actividade do Grupo de Trabalho para Avaliação das Escolas,* Lisboa, ME.

Partido Socialista (2005), *Compromisso de Governo para Portugal 2005-2009. Bases Programáticas*, Lisboa, Partido Socialista.

Pires, Eurico Lemos (1993), *Escolas Básicas Integradas como Centros Locais de Educação Básica*, Porto, Sociedade Portuguesa de Ciências da Educação.

Pires, Eurico Lemos (2000), *Nos Meandros do Labirinto Escolar*, Oeiras, Celta Editora.

Pires, Eurico Lemos (2002), *Da Inquietude à Quietude. O Caso do PIPSE*, Lisboa, Instituto de Inovação Educacional.

Ponte, J.P. (1995), "Perspectivas de desenvolvimento profissional de professores de Matemática", em J.P. Ponte, C. Monteiro, M. Maia, L. Serrazina e C. Loureiro (orgs.), *Desenvolvimento Profissional de Professores de Matemática. Que formação?*, Lisboa, SEM-SPCE, pp. 193-211.

Ponte, J.P. (2002), "A investigação sobre a prática como suporte do conhecimento e da identidade profissional do professor", em M.L. Cabral (org.), *A Universidade e a Formação de Professores*, Faro, Universidade do Algarve, pp. 37-42.

Ponte, João Pedro da, e outros (2007), *Programa de Matemática do Ensino Básico*, Lisboa, DGIDC-ME.

Ponte, João Pedro da, e outros (2007), *Avaliação de Manuais de Matemática do 9.º Ano. Resumo*, Lisboa, DGIDC-ME.

Presidência do Conselho de Ministros (2005) *Programa do XVII Governo Constitucional 2005-2009*, Lisboa, Presidência do Conselho de Ministros.

Prost, Antoine (2002), *Pour Un Programme Stratégique de Recherche en Éducation. Rapport aux Ministres de L'Éducation Nationale et de la Recherche*, Paris, La Documentation Française.

Ramos, Conceição Castro (2009), *Avaliação de Professores em Portugal. Relatório Nacional para a OCDE*, Lisboa, ME.

Resende, José Manuel (2003), *O Engrandecimento de uma Profissão. Os Professores do Ensino Secundário Público no Estado Novo*, Lisboa, Fundação Calouste Gulbenkian.

Rico, Hugo, e Tânia Libório (2009), *Impacte do Centro de RVCC da Fundação Alentejo na Qualificação dos Alentejanos*, Évora, Fundação Alentejo.

Rodrigues, Maria de Lurdes (2003), "Qualificação da população activa em Portugal 1991-2001", em Grupo Parlamentar do PS, *Novas Políticas para a Competitividade*, Oeiras, Celta Editora.

Roldão, Maria do Céu (coord.) (2008), *Estudo Curricular da Medida PIEF. Programa Integrado de Educação e Formação 2006-2007*, Lisboa, Edições Colibri / PETI.

Rothes, Luís (2009), *Recomposição Induzida do Campo da Educação Básica de Adultos. Lógicas de Apropriação Local num Contexto Político-Institucional Redefinido*, Lisboa, Fundação Calouste Gulbenkian.

Salgado, Lucília Salgado (1998), *A Educação para Todos. A Qualidade Educativa do 1.º Ciclo*, Lisboa, Editorial do Ministério da Educação.

Santiago, Paulo, e outros (2009), *Teacher Evaluation in Portugal*, Paris, OCDE.

Santiago, Paulo, e outros (2009), *Avaliação de Professores em Portugal. Estudo da OCDE. Avaliação e Conclusões*, Paris, OCDE.

Santos, Maria de Lourdes Lima dos (coord.) (2007), *A Leitura em Portugal*, Lisboa, GEPE-ME.

Sarmento, Manuel Jacinto (2000), *Lógicas de Acção nas Escolas*, Lisboa, Instituto de Inovação Educacional.

Sarmento, Teresa (org.) (2009), *Infância, Família e Comunidade. As Crianças como Actores Sociais*, Porto, Porto Editora.

Seabra, Teresa (2009), "Desigualdades escolares e desigualdades sociais", *Sociologia Problemas e Práticas*, 59, pp. 75-106.

Sebastião, João (2009), *Democratização do Ensino, Desigualdades Sociais e Trajectórias Escolares*, Lisboa, Fundação Calouste Gulbenkian.

Serra, Alfredo Bernardo (2007), *Entrelaços Escola-Poder Local. Atitudes e Lógicas dos Professores e dos Autarcas nos Processos da Territorialização Educativa*, Proença-a-Nova, edição de autor.

Silva, Augusto Santos (2002), *Por Uma Política de Ideias em Educação. Intervenções no XIV Governo, 1999-2001*, Porto, Edições Asa.

BIBLIOGRAFIA 331

Silva, Augusto Santos, e outros (2009), *O Sentido da Mudança. Políticas Públicas em Portugal, 2005-2009,* Lisboa, Fundação Res Publica.

Silva, Pedro (org.) (2007), *Escolas, Famílias e Lares. Um Caleidoscópio de Olhares,* Porto, Profedições.

Stoer, Stephen (1982), *Educação, Estado e Desenvolvimento em Portugal,* Lisboa, Livros Horizonte.

Teodoro, António (1982), *O Sistema Educativo Português. Situação e Perspectivas,* Lisboa, Livros Horizonte.

Teodoro, António (1994), *Política Educativa em Portugal. Educação, Desenvolvimento e Participação Política dos Professores,* Venda Nova, Bertrand Editora.

Todd, Emmanuel (2008), *Après la Démocratie,* Paris, Gallimard.

Tomlinson, Sally (2005), *Education in a Post-Welfare Society,* 2.ª edição, Reading, Open University Press.

Torrão, António Preto (1993), *Escola Básica Integrada. Modalidades Organizacionais para a Escola Básica de Nove Anos,* Porto, Porto Editora.

Tucker, Pamela D, e James H. Stronge (2007), *A Avaliação dos Professores e os Resultados dos Alunos,* Porto, Edições ASA.

Vasconcelos, Teresa (2009), *A Educação de Infância no Cruzamento de Fronteiras,* Lisboa, Texto Editores.

Weber, Max (1919, 1979), *O Político e o Cientista,* Lisboa, Editorial Presença.